経営と宗教

メタ理念の諸相

住原則也 編

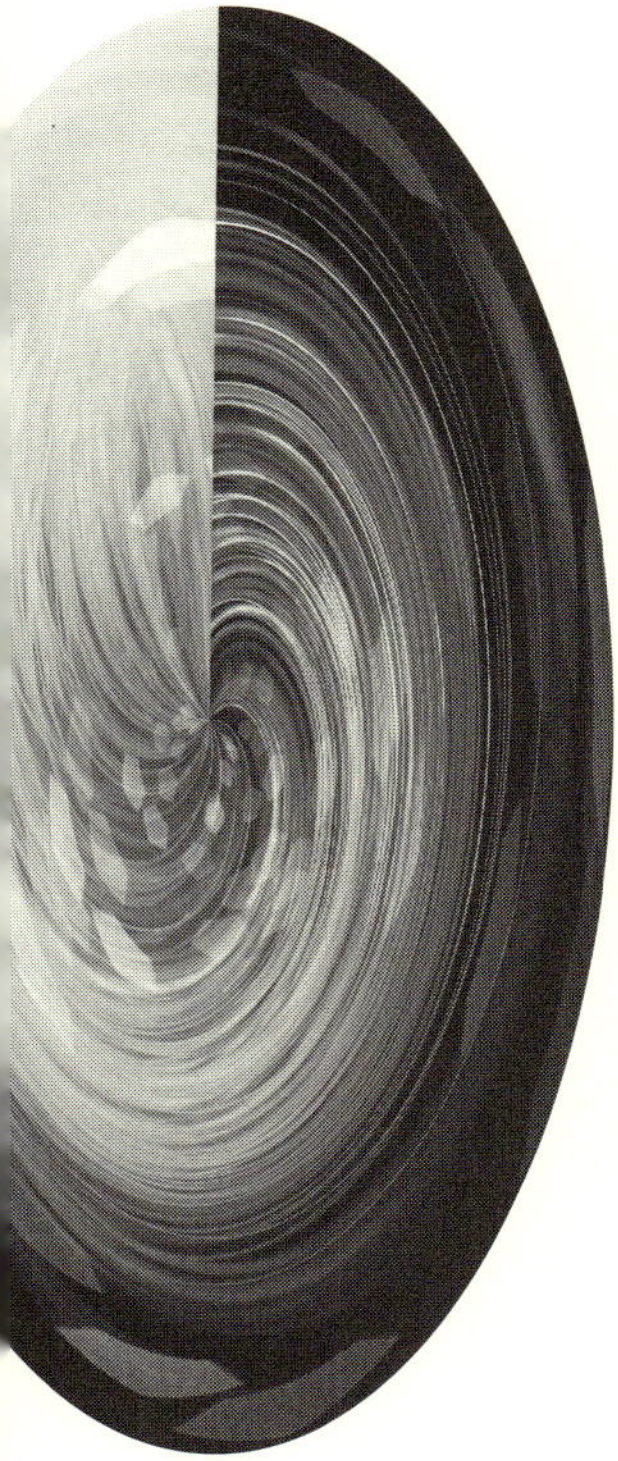

東方出版

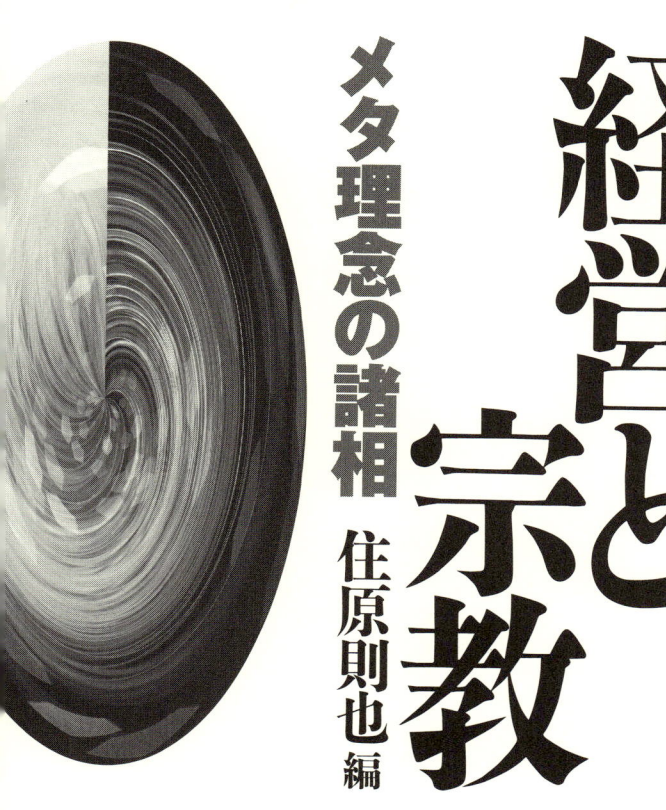

はしがき

「宗教」ということばが、特定の宗教団体などを含む、「非日常的」生活に関するものと考えられるようになって久しい。Religion という西洋語が入ってきた、幕末や明治初期に、その訳語として「宗教」という用語が初めて使われはじめ現在に至っている。このように元々日本語として存在しなかったからといって、宗教が無かった、などと思う人はいない。神道、仏教など、古来の宗教的伝統を日本は持っていることは言うまでもない。用語が無かったのは、むしろ宗教が「非日常的」なものではなく、日常生活に組み込まれたものとして当然のように存在していたからと考えられる。

現在では一般的に「宗教」「無宗教」を区別するものは、特定の宗教（団体）の信者であるかどうか、の違いである。ところが、宗教を研究する学術的な世界を少し見てみると、現在でも「宗教」の定義は文言として定まってはいない。見る立場により、多様な意味合いを持っており、研究者の視点の違いに基づいて、様々の定義が示されてきた。筆者が、アメリカの大学院の文化人類学の授業で聞いたことは、宗教の統一された定義というものは無いものの、大まかに言って、「超自然的現象への信念や信仰」と考えられる、というものであった。言い換えれば、超自然、つまり、科学的に証明のつかないものでありながら、存在している、と信じる行為が宗教的行為なのだという。超自然な存在とは、神や仏や霊などとは限らない。例えば「愛」や「友情」などといった、人間がつくり上げた概念もまた、「超自然」の部類に入る。「愛」の存在を科学的に証明することなどできないはずであるのに、

「愛」があると信じることで、まるでそれが実在のモノであるかのように大切に扱い、愛の心に基づき特別の行動を起こす。それは丁度、「神」の存在など証明できないにもかかわらず、存在すると信じることによって、特別な行為をするのと、現象的には同質である。「愛」や「友情」に限らず、人間の日常生活の中には、そのような存在証明ができないが重要視される価値概念は多数ある。このように考えると、他の動物と区別される「人間的」な生活とは、実は「超自然的な存在を信じていること」つまり、広い意味で「宗教的」であると言えるのではないか。

本書は、神・仏を対象とする特定の狭い意味での「宗教」に重きを置きながらも、このような広い意味をも含んで「宗教」という用語を意識したつもりであり、本書で紹介される人物たちもまた、特定の宗教の信奉者とは限られていない。それでも「宗教的」と呼びうる営為が、会社や組織運営においても見られる。

本書は、直接には、二〇一〇年秋から二〇一三年春にかけて行われた、天理大学地域文化研究センター主催の共同研究会『宗教哲学と企業経営者の関係をめぐる総合的研究』（代表者：住原則也）の成果を示すものであるが、本書にたどりつくまでの道のりをたどると、さらに遠い過去に遡ることになる。編著者である私住原は、企業や職業・仕事を文化人類学的に調査し民族誌として記録を残すことに興味を持ってきた。「はたらく」という人間の普遍的な行為に妙に心惹かれてきたと思われる。企業における経営という行為もまた、経営という名称の「はたらく」行為であるとも理解してきた。そこに当初から「宗教」がとりわけ意識されていたわけではない。

企業を、文化人類学を含めた学際的な視点から見てみようとする動きは、とりわけ、一九九〇年代初頭から国立民族学博物館（民博）で行われていた、会社の人類学的研究（後に「経営人類学」と命名、代表者：民博の中牧弘允教授〈現名誉教授〉と京都大学の日置弘一郎教授）であり、私も立ち上げ後間もない時期から一メンバーとして参加させていただいてきていた。

そのような研究会に参加し、とりわけ日本の企業を調査する中で、ビジネスをグローバルに行うに際しても、文化の一重要要素である宗教への配慮は避けて通れないことを確認できたり、また最先端のビジネスに関わる主要人物が宗教の篤い信仰者である、といった事実に触れることを通じて、すでに九〇年代から「宗教と企業経営者の関係」といったテーマには興味が湧いていた。しかしそれをどのように分析すべきであるのかについては、手がかりをつかむことができないまま年月が過ぎてゆき、他の諸テーマを追いかけていた。

それが再び宗教に目が向くようになったきっかけは、二〇〇六年の一月のある日、PHP研究所（松下幸之助創設のシンクタンク）の研究員渡邊祐介氏（本書にも氏の論文所収）から、「経営理念の継承」というテーマで共同研究会を、松下資料館（川越森雄館長当時）を会場にして主導してみてはという提案をいただくことになったことである。そこで前述の民博での「経営人類学」参加者の中から何人かに声をかけメンバーとして集まっていただき、文化人類学からは私住原が、経営学からは日本大学教授三井泉氏を中心にして、二～三か月ごとに集まり研究会を重ねた。メンバーは、文化人類学や経営学ばかりでなく、宗教学、社会学などから成っており、少人数ながら学際色豊かな研究会であった。そのような研究形態自体、経営理念研究の歴史においては特異である。その成果は、『経営理念――継承と伝播の経営人類学的研究』（二〇〇八年、PHP研究所）として結実している。それまでの先行研究とは違った新しい視点、すなわち、経営理念を特定の文言やその浸透、といった静的な存在として捉えず、むしろ、たとえその理念が文字化されていない場合でも、特定の価値を各人が経営やビジネスの現場で、「解釈・再解釈」することを通じて現実に適用してゆくという動的な存在として捉え論じている。

そもそも経営理念というテーマは、すでに何十年も前から、経営学・経営史学ばかりでなく、一般書としても無数の先行研究・著作があり、厚く手垢のついたテーマであるように見えたが、文化人類学的な先行研究は見当たらず、そのことにむしろ新鮮さを感じ、企業理念や経営理念という名のつく古本を数十冊読み漁ってみた。そのような中で、とりわけ日本の企業や商家が、古くから宗教的な倫理観に基づく経営理念を作成し奉じてきた事実を確認できたことで、あらためて宗教と企業・商家経営の動的な生きた関係について興味を深めることになった。宗教的背景はしばしば自明のこととして、その詳しい内容についてはブラックボックスに入れられたままであるように感じたからである。

さらに、ＰＨＰからの呼びかけから始まったこの「経営理念研究」は、二〇〇九年から二〇一二年にかけて、日本大学中国・アジア研究センター主催による研究会『アジア企業における経営理念の生成・継承・伝播に関する調査研究』（代表者：三井泉氏）として継続され、その成果は、『アジア企業の経営理念――生成・伝播・継承のダイナミズム』（二〇一三年、文眞堂）として結実している。その研究会メンバーの一員として私は、迷わず、アジアのどこかの国の、信仰心に篤い企業経営者を発見し研究しようと考えた。インドを代表する、長い歴史を持つ財閥であるタタ・グループの最高経営者が歴代、ゾロアスター教徒であることを知り、研究の対象と定めた。研究内容の一部は本書にも収められている。なお、この理念研究会は、さらに二〇一三年度より、当初からのメンバーであった、甲南大学の教授奥野明子氏が中心となって継続されている。

このような経営理念の諸研究と平行して、私は、特に宗教を核に据えた研究会を思いつき、先述したように二〇一〇年の開始から、新たなメンバーも加わっていただき現在に至っている。本書のキーワードであり序章で詳しく論じられている「メタ理念」という用語（前述の二〇〇八年の成果本が初出）は、歴史的に見て日本などでは特に企業の経営理念が、宗教的な価値観を背景とすることが多く、経営者はいわば、宗教や道徳思想を、意識的にせよ無意識的にせよ、一つの重要な「知識・知恵の源泉」として依拠してきたということから、宗教が「経営理念のための理念」となっているという意味で私の脳裏に浮かんだことばである。ただし二〇〇八年当時は、「メタ理念」を宗教にのみ限定して想定したわけではない。

本書では日本の事例ばかりでなく、海外の事例もいくつか扱っているが、同時に、扱われている宗教も、仏教、キリスト教、イスラム教、などの世界に何億人も信仰する宗教ばかりでなく、天理教やゾロアスター教、さらには特定の宗教の枠を超えた信仰や信念を持つ経営者、など、これまでの先行研究には見られない切り口の諸事例が紹介されている。さらには、宗教そのものというより、「宗教文化」(宗教に基づく生活文化)と事業経営や技術との関係などに触れられていることも、本書の特徴を成している。

住原則也

●目次

第2章　財界リーダー中島久万吉と仏教的精神
——精神的指導者への道

村山元理　60

第6章　「自分だけの信仰」論
——ある経営者の信仰体験から　大森弘　144

第7章　「道」に昇華される経営
――鍵山秀三郎氏「掃除道」、坂田道信氏「ハガキ道」を例に
渡邊祐介　168

第Ⅱ部　海外の事例

第9章 「官民連動」による国際救援活動
――慈済会の東日本大震災支援を事例として

序章　「メタ理念」「精神財」、宗教と経営（者）の関係の諸類型

住原則也

宗教と企業・事業あるいは宗教と実業家の関係については、研究対象としてあまり扱われることはない。しかし、宗教上の信仰と事業・経営・経済的行為の間には、看過できない関係があることは古くから論じられてきた。例えば、古典的研究としてマックス・ウェーバーの『プロテスタンティズムの倫理と資本主義の精神』（原書一九二〇）はあまりに広く知られているが、ウェーバーによれば、プロテスタントの宗教倫理が、図らずも、資本主義の精神の生成をもたらしたという。損得といった経済的な目的への意識（目的合理性）とはしばしば対峙する、特定の価値や倫理を重視する行為（価値合理性）のプロテスタント的な追求が、資本主義という一つの経済合理性を生み出す精神と確かに繋がっているというのである。

そしてこのウェーバー的分析手法をお手本としながら、江戸時代に形成されたとされる日本的な経済的・経営的合理主義を扱った研究として、ロバート・ベラーの『日本近代化と宗教倫理』（原書一九五七）がある。ベラーによれば、日本の国内外に起源を持つ、仏教や儒教そして神道などを融合した江戸期の武士道が、蔑まれていた商業世界にも適用されることで道義的な正当性を得たのだという。さらにこのような研究に刺激を受けて、日本経営史家の土屋喬雄による『日本経営理念史』（原書は二冊、一九六四、一九六七）においては、江戸時代の商人の経営理念

に始まり、儒教倫理を基本に据える明治期の経営者、さらに明治以降新たに入ってきたキリスト教倫理を基本にする経営者たちが扱われている。

また近年に至り、経営人類学という新しい学際的分野の観点から、中牧弘允らが『会社のなかの宗教』〔二〇〇九〕で、日本ばかりでなく欧米の企業の中にも、会社文化の中に宗教文化の表象が見られることなどを扱っている。さらにその研究では、「新宗教」（天理教など）やスピリチュアリティ（霊性）という、厳密に言えば特定の「宗教」とは一線を画した領域をも新たに取り入れていることが、それ以前の先行研究に比して特徴的である。また、一般的な読み物として、宗教学者島田裕巳が『7大企業を動かす宗教哲学』〔二〇一三〕の中で日本の名だたる大手企業の創業者と宗教の関係を扱い、「宗教教団と企業は同じ角度から分析できる」と断じている。

このように、宗教および宗教文化（宗教が基になって創り出されている生活文化）を理解することは、ビジネスのグローバル化が著しい昨今、ますます重要性が増している。経済・経営行為の向こう側にある宗教的信仰や、また大衆に共有された特定の宗教文化の知識は、ビジネスの世界でも看過できない領域である。本書においても、所収の鷹木氏の論考では、イスラム教徒にとってのふさわしい食文化に関わるビジネスは、世界で巨大な市場があり、その市場をめぐる企業間競争は熾烈になってきており、日本の企業も遅ればせながら参入しようとしている。イスラムの宗教文化を深く理解せずには参入できない市場である。

このような日々のビジネスに即結びつく宗教（文化）ばかりではなく、宗教は依然として多様な形態によって、先進国途上国の別なく、直接間接に人間社会の多くの領域で影響を与えており、今後も学術的な探求の必要な領域であると筆者および本書の執筆陣は考えている。

「はしがき」に記した、本書の編者住原則也が代表する研究会は、元々「経営理念」の研究から発したものであり（一成果として、二〇〇八年の『経営理念――継承と伝播の経営人類学的研究』住原則也・三井泉・渡邊祐介共編著）、当初から「宗教」と経営・経済の関係が意識されたものではなかった。ただ、理念研究を通じて見えてきたことは、古い歴史を持つ商家や会社になるほど、経営理念の内容は宗教的倫理性・道徳性の色濃いものが多く、業種の垣根を越えて、共通した倫理・道徳的な用語が使われている。先述のロバート・ベラーばかりでなく、日本の経営史家が指摘するように、特に江戸時代以降、商家の経営理念の向こう側には、宗教的背景が色濃く見える。

そのような伝統は、二〇世紀になっても引き継がれ、戦後の高度経済成長期以降においても、経営理念の文言や形式は大きく変化し、表面的には宗教的色合いは払拭されているように見えながら、企業は自らの姿を、私的な営利追求集団と見なすよりむしろ、「社会的存在」としての位置づけを自社内外に示そうとしている。そのような動きは、倫理・道徳・宗教一般が主に訴えてきた共通項である、人本主義的、社会的利益の追求の姿勢が、現在は世俗的な用語を使って語られるようになったに過ぎないように思われる。昨今は、多くの企業が、経営理念の文言として、自社の業態を通じて広く社会の発展・幸福に貢献すること、と表現することで無難に、自社の社会的意識を表明していることに気づく。

したがって、本書はあらためて、これまであまり取り上げられなかった、特定の宗教を信奉する経営者や経営のあり方を、国の内外から選択して記述することが一つの大きな目的である。さらに、これまでの先行研究には見られなかった概念として、「メタ理念」という新用語を創出し使用している。その意味合いについては次項で詳細に説明している。さらに、本書ではそれだけではなく、イスラム関係の事例で既述したように、宗教文化と産業や起業家・実業家などとの関係で、あまり知られてこなかった事例も近年の新しい動きとして紹介している。

以下、まず少し抽象的な説明になるが、（1）「メタ理念」という本書の中心的概念の解説を行うとともに、（2）宗教が企業の中でいわば「精神財」（筆者の用語）としての位置づけを持つものとして概説した後、後半はより具体的な事例も紹介しつつ、（3）宗教と経営（者）の関係の諸類型を示し、（4）最後に本書の構成を概説したい。

1 「メタ理念・経営理念」と実践行為の関係のダイナミズム

特定の宗教や、倫理・道徳を奉じる経営者や企業を見るにあたり、「メタ理念」という新しい用語と概念を筆者は創出してみた。その用語の初出は、先に紹介した『経営理念』〔二〇〇八〕であるが、本書ではその概念への考察をさらにおし進めている。

そもそも、個々の創業者や経営者は、たとえ経営理念を文章化していない場合でも、自身の実体験や将来展望を基にして、信念・方針・理念を、独自のことばで表現しており、それはしばしば、尊敬する先人実業家の知恵ばかりでなく、思想的・宗教的偉人などの言葉や考え方を、自己の企業や商家の経営理念として採用している。その意味で、尊敬する先人の知恵や、特定の思想（倫理・道徳）や宗教が、具体的な経営理念や方針のための「知恵・知識の貯蔵庫」（Stock of knowledge）としての役割を果たしてきたと考えられる。

経営者などが依拠する「知恵・知識の貯蔵庫」とは、このように多種多様の源泉がある。しかし、思想・宗教は、単に雑多な知識の寄せ集めではなく、個々の言葉や概念が系統立ち、統一された価値体系としての性格を持っている。さらに、それは、科学的知識体系などのような、新事実が発見されることによって、それまでの理論や常識が塗り替えられてゆく性格のものではなく、時代がどのように変化しても変わらぬ、いわば「閉じられた価値体系」という性格を持つものである。とりわけ宗教はそのような性格を有している。本書に収められているゾロアスター教などは、三千年以上変わらぬ価値体系を持っている。したがって、「知恵・知識の貯蔵庫」の中でも、思想（儒教など）・宗教は高度に統一された価値体系を持つ貯蔵庫という意味で、特に「メタ理念」という用語を筆者は使いたい。

その意味で、あらゆる「宗教」が「メタ理念」となりうるわけではない。宗教がメタ理念となりうるのは、言い換えれば、宗教の教えが「合理化」されていることである。つまり、教理が一定の体系立った内的な合理性を持っていることで、はじめて「知識の貯蔵庫」としての機能を果たしうると言える。呪術的宗教のような、神々や霊が偏在する、というだけではメタ理念として導入できない。さらに、合理性も、比較的単純明快なものであることも重要である。形而上的、複雑で深い哲学的内容では、一般の日常生活の上に参考にしがたい。

さらに関連して重要なことは、「合理化」された教えが、倫理性、つまり、世俗的・社会的に広く認められる人間行動・行為を促す内容であることによって、メタ理念として参考にされるのである。

さてそれでは、本書の鍵概念である「メタ理念」と、具体的に表現される、あるいは、経営者の頭の中にある「経営理念」さらに、その理念に基づく経営やビジネス上の行為とはどのような関係にあるものと想定されるのだろうか。前述のように、系統立った合理性を持つ、特定の宗教や思想体系をメタ理念と限定した場合、それを経営者なり、依拠しようとする人は、無意識に機械的に適用するというより、むしろ、どのように、宗教・思想で語られる言葉の内容を「解釈」し「応用」するのか、が問題となる。「解釈」とは人それぞれであり、同じ宗教に帰依するからといって、信徒である経営者がすべて同じように解釈するとは限らない。「閉じられた価値の体系」も、決して静的で固定的な存在ではなく、現実社会に活かされるためには、「解釈」という人間の思考を通過する必要がある。つまり、思想的・宗教的価値体系という「知識の貯蔵庫」から、経営者は知恵・知識を引っ張り出すとともに、その過程において、現実に即した「解釈」というフィルターを通すことで、実際の行為や判断に映しかえることができる。実は、この過程を通じて、後述するように、一見固定的で拘束的で「閉じられた」特定の宗教的・倫理的概念が、実際は動的で、時に創造的ですらある存在としての役割を果たす可能性が発生すると考えることができる。「メタ理念」とわざわざ命名したのは、「解釈」過程を通過することで、価値体系という静的な存在が動的な存在に転化してゆく可能性を秘めたもの、という意味合いを込めるためでもある。

このような、「拘束的」であるものが、「動的で創造的ですらある」という一種の逆説を、筆者は、これまでの研究の中で、社会学者・人類学者のアンソニー・ギデンズ［Anthony Giddens 1979］の「構造化の理論」に依拠しながら考察してきた。

その概略をあらためて説明すれば、「思想的・宗教的価値体系」（メタ理念）と人間の実際の「行為」との関係性とは、いわば、固定され規定された「制度」あるいは「システム」と、個人の自由な「行為」の関係として置き換えてみることができる。ギデンズは、哲学者ヴィットゲンシュタインの言語ゲームの理論などに依拠しながら詳細な説明を試みている。ヴィットゲンシュタインによれば、人の自由を縛るはずの「拘束」と、反対に縛られていない「自由」とは、決して反意語の関係にあるのではなく、むしろ「拘束」こそ「自由」を生み出すのだ、と論じた。その意味するところは、例えば、チェスというゲームを考えたとき、チェスの駒の動かし方などのルールとは、いわば「拘束」と言ってよい。駒を個人が好き勝手に動かすことを制限しているからである。しかし、ルールという拘束が存在しているおかげで、人は、チェスというゲームを楽しむ新たな「自由」が与えられるのだといえう。もしルールが無ければ、駒という単なる物質が存在するだけであり、駒という物質を好きなようにもてあそぶ「自由」はあるとしても、ゲームとして楽しむ「自由」は無い。さらに、チェスや将棋には「定跡」と呼ばれる厳密にはルールではないものの、勝つためにはプレーヤーが知っておくべき、指し方の拘束がある。このような基本ルールと定跡などの決まりごとに縛られ活用しながら、プレーヤーは変化してゆくゲームの局面で、無数の選択肢の中から、次の一手を「自由」な解釈によって選択してゆく。したがって、チェスの本質とは、そのルールそのものでもなければ定跡でもなく、ましてや物質としての盤や駒ではない。それら諸拘束の中で、人によって繰り広げられるゲームそのものがチェスの本質であり、腕前が上達すれば、まさに盤上で縦横無尽（＝自由）に駒を動かしゲームを楽しむことができる。

同じことが、外国語の習得についても言える。私たちはよく「外国語をぺらぺらしゃべりたい」などと言う。ぺらぺらしゃべる、とはまさに「自由」に外国語を操っている、という意味である。ではこの自由はどのように獲得されたのだろうか。それは、その外国語の文法や単語・熟語の習得、そして発音のしかた、イントネーションなどを苦労してしっかり見につけた、ということになるが、それらはすべて、いわば「拘束」を身につけたということである。発音の時の口や舌の動かし方、など、母国語には無い動きを「拘束」として習得したことで、外国語をぺらぺらしゃべる、という「自由」を獲得したことになる。さらに言えば、どのような言語でも、限られた数の単語や熟語しかないはずであるのに、「自由」に使いこなす達人は、それまでどの文人・文学者も考えつかなかった新しい言語表現を行い、表現の新しい境地を切り開いている。このように、「拘束」されているからこそ新たな「自由」を得、「創造」すらしてゆく過程を、言語学者チョムスキーは、「拘束に支配された創造性」(rule-governed creativity)と呼んだ。

これを、「メタ理念・経営理念」「行為」の相互関係の中で捉えなおすと、「解釈」という媒体を通じて、閉じられた価値体系であり「拘束的」であるメタ理念が経営理念・方針として解釈され、さらに日常の「行為」のレベルにまで及びながら、その行為とは、決して、メタ理念にがんじがらめに縛られたものではなく、むしろ「解釈」と「応用・適用」のしかたによって、その拘束が無ければ現れなかったかもしれない「新たな」自由あるいは創造性を、行為を通じて表現するかもしれない、と考えてみることができる。であるからこそ、本書で所収されている実業家も、形態は違っても、特定の宗教や思想に依拠することに意義を感じている、と言えるのではないだろうか。経営者が「宗教」に帰依することは、しばしば単なる「神頼み」とは違う次元がありうる。本書で扱う「メタ理念」は、とりわけ宗教という、複雑ながらもかなり明確な枠組み、つまり閉じられた価値体系であるために、一層、拘束的な力が働きやすいと考えられる。その意味では、概して、上記の「構造化の理論」の援用に適していると筆者は考える。

同じ宗教を奉じる経営者の間でも、多様な経営実践が見られるのは、このような理由からであると考えられる。

2　「精神財」としての経営理念と宗教

筆者は、企業・経営理念を考察する中で、企業や組織の財産とは、一般的に「ヒト、モノ、カネ」と表現されているが、それらを健全に有効に活用するための大方針としての経営理念とは、物資や人間のような姿かたちがあるものではない、という意味で「精神財」という言葉を考えついた［住原　二〇一二］。

そして本書においては、その精神財が、宗教的色合いの濃いものとして、どのような特性を持ちやすいと言えるのかを考察してみたい。結論を先取りして言えば、それは、信仰という主観的な性格が強いために、であるからこそ一層、情動的・情感的（emotional）な信念となりやすい、という点である。これは、宗教的信仰を持つ経営者が、客観的で冷静・冷徹な決断ができない、などという短絡な意味あいではない。そうではなく、特定の価値観に対する、強いコミットメント（ゆるがない信念）が、人間を常に見ているとされる神や仏という絶対的存在を前提として発生しやすいものと考えられる。

信仰心に基づく強い情動を持つことで、神仏を絶対視し、熱くなりすぎたり、固執して、柔軟な発想の妨げになっていることもあるかもしれない。しかし同時に、普通ならあきらめるかもしれないような局面ですら、直面している事態を「神仏の意志」として解釈し、問題解決のために強い探究心を持つという場合もありうる。本書は、事業家・経営者と宗教の関係の善悪や損得を問うことが目的ではなく、その関係がどのような意味を持ち、現象として表現されているかの諸事例を示すことにある。

そもそも、一般的にも、「信念のある人は強い」とか、「志をもつことが大切だ」と言われる。しかし、どうしてそのように言えるのか、どのようなメカニズムが働いているのか、といったことについては、経験知として自明のことのように、いわばブラックボックスに入れられ、学術的な研究対象からは除外されてきたのではないだろうか。

しかし、そのような疑問に、一つの新しいヒントを与えてくれそうな、近年流行の脳科学上の研究がある。その研究というのは、世界的に注目されるようになっている神経科学の医師アントニオ・R・ダマシオ氏の、情動と理性のはたらきの関係についての新しい知見である［アントニオ・ダマシオ　二〇一二］。

その概説を試みると、ダマシオ氏の臨床例から見えてきたことは、偶然の事故や病気で、脳障害を負った患者が、理性的つまり論理的思考を司ると考えられてきた脳の部位が、どれほど無傷で健全な状態で機能しているようでも、情動を司る脳の部位がわずかに損傷しているだけで、日常生活の簡単な判断行動にすら深刻な支障をきたすようになる、というものであった。そもそも私たちが一般常識的に、「私情を極力排した冷徹な理性的な判断」と呼んでしまっているものは、脳の本当のはたらきを正確に表現しているのではなく、実際はあらゆる「理性的な判断」に、むしろ必ずなんらかの情動が決定的な関与をしているものであることを自覚してこなかっただけと言える。

ダマシオ氏は、稀な症例を長年にわたって診察し続けることを通じて、意思決定障害には、脳の特定部位の障害によって起こる感情や情動の衰退が関与していることに確信を持ったという。情動の関与を失った理性のはたらきというものは、「不完全」なものになってしまう、とダマシオ氏は述べている。

そのような患者の中には、かつては周囲のお手本ともされるべきエリートビジネスマンもいた。彼は、特定部位の脳障害を受けたことで、自分が以前のように仕事ができず、日常生活でも適切な意思決定もままならず、やることなすこと失敗だったと、自分自身でも認識していた。ところが、そのように自己を客観的に正確に認識できる能力は保持していながらも、そのような現実を、人に話して説明するときには、何ら苦痛の感情や苦渋があるようにも見えず、淡々としていたという。それは何かを悟り切っているというよりも、自身のことでありながら、他人事のように感情移入できなくなっているというのである。自身の経験を、客観的に十分認識できるだけの知的能力がありながら、その体験を自身の情感と結びつけられなくなっていたのである。

このようにダマシオ氏が示してくれた、情動と理性の関係性、つまり、理性的・合理的判断というものが、実は、情動と一体となって行われているものであり、「情動は理性のループの中にある」という脳科学上の新発見は、日常生活や仕事・経営上の意思決定のプロセスを考えるに際しても、重要な示唆を与えてくれる。

人間は日常を生きる中で、毎日のように、いくつかの選択肢が、目の前に与えられている。その選択肢の一つ一つについて、将来の道筋もある程度見通したり想像したりすることができる。ところが、最終的にどれを選択するのか、というところになると、関与してくるのは、理性や合理性といった論理的思考を司る脳の部位ではなく、情動を司る部位が、決定的なはたらきを行うものだというのである。

宗教と経営・経済的判断の関係という、本書の一大テーマから考えてみた場合、宗教という価値体系は、信仰の度合いに応じて、理性という脳の部位以上に、情動を司る部位を刺激するという意味で、より「精神財」としての役割を果たしやすい。

無論、宗教以外の「知識の貯蔵庫」からも、人の情動に強い作用を及ぼすものもあるに違いないが、概して、神や仏の「意図」としての価値体系は、それを信奉する人間の情感に大きな作用を及ぼすと考えてよい。

宗教的「メタ理念」の二重性

このように考えてみると、宗教的価値体系を「メタ理念」として特定した場合、文字化されている宗教上の教えを「知識として知っている」ということだけが、経営・経済的行動の決定に及ぼす力ではない、ということが分かる。知識のレベルで分かっているだけではなく、より重要な二つ目のことは、どれほど深く情感のレベルに落とし込み、ゆるぎのない価値基準となっているか、ということである。この「情感レベルに落とし込む」という表現を、筆者はより感覚的に、「腹の底に落とし込む」と表現しなおしてみている。

本書でも登場する松下幸之助は「強い使命感」という表現をよく使っている。どうして「強い」という修飾語をわざわざ入れたのだろうか。それは、私見によれば、使命感が情動レベルで、腹の底に落とし込まれ、ゆるぎないものとして身についてこそ意味がある、と言いたいのではないだろうか。松下幸之助といえども、産業人としての「真の使命」を自覚した昭和七年五月五日をもって、「創業記念日」としている。その年とは、実際の創業から数えて一五年も経過しているが、それまでの期間は「社会の通年により事業を行ってきた」のであり、言い換えれば、母親の胎内に一五年いて、真に「呱々の声をあげて」この世に誕生したのはこの昭和七年である、と自伝で書き記している［松下　一九八六］。松下幸之助は、それに先立つ昭和四年にすでに企業理念を文言として世に出している。しかしそれは文言のレベルであり、決定的に深い情動のレベルでの自覚は昭和七年である、と解釈できるのではないだろうか。

文字的知識（意味上の理解）と情動的感性（強い信念）の相互作用としての二重性こそ、とりわけ宗教的「メタ理念」を奉じる経営者の内的世界なのではないか、というのが筆者の仮説である。無論、宗教だけが、そのような二重性をもたらす、と断じるものではないが、人の基礎的な価値意識に直結しやすい宗教、あるいは宗教的なものは、概して、情動と結びつきやすいのではないだろうか。

3　経営者と思想・宗教との関係の諸類型

前記のように「メタ理念」を概念的に位置づけたとはいえ、実際、宗教がどのように実業・産業の中で位置づけられているかは、一様ではなく、様々な類型が考えられる。経営者や会社にとり、どのような「意味」や「機能」を持っているのか、を基準に、以下のような諸類型を列挙してみる。

(一) 神頼み、魔よけ、縁起、お守り、のための宗教

神々や霊的な力を借りて、会社や工場内を清め守るという感覚は、日本全国に広く見られる。例をあげるまでもなく、大都会の中でも、会社ビルの屋上に赤い鳥居と小さな社が祀られてあるのは日常風景である。筆者自宅近くにも、大手企業の広大な工場があるが、その敷地中の近代的な建物に囲まれるように、小ぶりながら清廉な神社施設が設置されていて、毎年六月には、神官を招き、会社役員、工場長、組合長、皆ともども参拝して安全と発展を願うという。経営者と組合代表が神の前に同席するという、日本ならではの風景が見られる。またかつて、その工場従業員たちの間に通勤途中の交通事故が頻発したおり、特別に神官を招いてお払いの儀式を行ったところ、事故の発生がピタリと止んだ、と部長クラスの社員が真顔で説明していた。本書では特に扱っていないが、「神頼み」「お守り」としての宗教も、現在でも見られる会社の一つの関わり方である。ただし、このような宗教は、メタ理念としての宗教の機能を担っているとは言えない。特定の教えの体系を奉じているというより、神社を通して得られると信じる霊的な力を期待しているだけであると思われる。

(二) 組織内の意識統一のための宗教

一つの組織の中といえども、多くの人間の意識を統一することは容易ではない。そこに宗教が利用されることもある。同じ価値観を共有する者同士なら、立場や意見が違っても、共通項を持っていることになり、協調的な雰囲

気が作られやすいと考えられる。無論現代では、特定の宗教を社員に押し付けることは憲法に照らしてもできないが、たとえば、会社のホームページや就職面接時などに、創業社長が自己の信仰を公表するとともに、信仰を押し付けるわけではないと断わりながらも、その信仰に基づく経営が行われていることなどを公表していることで、社員はその事実を理解した上で入社しており、朝礼などで宗教的な色合いが強いものであっても受け入れ、信徒にはならずとも、その特定の宗教の教えに沿った言動を心がける心理的準備ができていることもある。

このような宗教との関わりは、「メタ理念」と「非メタ理念」の双方を含んでいるように思われる。つまり、文言として明確に表現できる「メタ理念」としての宗教的な教えを、非信徒であっても、同時に、朝礼その他の社内儀礼に参加すること自体、宗教の教えの中身に関係なく、ある程度の心理的統一感を共有している。

(三) 社員教育、「人づくり」のための宗教

日本の企業においては、社員は単なる会社を発展させてゆくための労働力、という見方以上に、仕事を通じて「人として成長」することが大切、といった言説をしばしば耳にする。会社のための人材をつくる前に、「人づくり」を重視している、といった表現で代表される。そもそも会社の中で、「人としての成長」とか「人づくり」とはいったい何を意味するのだろうか。その答えは、あたかも自明であるかのように、深く問われることはない。

日本の企業の歴史の中でも、早い段階から、この「人づくり」に努力を注いだ実業家として知られるのは、グンゼの創業者波多野鶴吉(一八五八～一九一八)である。彼は熱心なキリスト教徒となり、明治期から大正にかけて、産業基盤の無い貧しい、京都北部の今の綾部市にグンゼ(元は郡是株式会社)を創業し、良質な生糸の大量生産を成功させ、戦前の日本を代表する企業に成長させた人物である。波多野は、聖書の中の、「善き樹は善き実を結び、悪しき樹は悪しき実を結べり」という言葉に感銘し、良質の生糸づくりとは、良き人間によって造られるもの、と「解釈」し、労働時間以外に、工女(郡是では女性労働者を女工と呼ばず、工女と呼んでいた)に、修身、読書、算術、

裁縫、音楽、生花など様々な教育・習い事を施し、キリスト教の教えも特別に常駐の宣教師川合信水を迎えて伝えた。教養と精神を整えることが、良いモノづくりの基本と「解釈」したのである。当時、郡是は「表から見れば工場、裏から見れば学校」と呼ばれたほど教育に熱心であり、いわゆる当時の『女工哀史』で知られる粗悪な労働条件とは全く別次元の工場を目指した。ちなみに、女子従業員への教育の熱心さをうわさに聞いた貞明皇后は、当時すでに海外からも高い評価を受けていた郡是を見学したいと希望し、大正六年（一九一七）一一月一六日、はるばる京都・綾部まで行啓している。これが、皇室による工場視察の嚆矢ともなっている。

会社内の「人づくり」は宗教を通じて、とは無論限らないが、宗教的な修養などが利用されることは今でも珍しいことではない。現在の企業の中でも、「企業研修」の一環として、宗教施設を利用してその修行方法を取り入れているところも少なくない。

この類型の宗教のあり方は、特定の宗教の教えが、明確な価値観として導入されているのであり、メタ理念としての宗教と言える。

(四) 教えを実践し、理想世界を実現させるための企業経営

企業経営が主であるのか、宗教教理の実践と理想の実現が主であるのか、いやむしろ、そのどちらもが主であることを求めようとする経営者は、信仰心の篤い実業家の中に共通していることと思われる。先述の郡是にも、そのような意図が感じられた。

海外でも一事例と考えられるのが、本書に所収している、インド最大の財閥タタ・グループの創業者ジャムシェトジ・タタ（一八三九〜一九〇四）に始まる歴代のゾロアスター教徒の最高経営者たちである。詳しくは本論を見ていただきたいが、とりわけ、ゾロアスターの教えが、教えに基づく行動を日常生活の中で行うことを強く求める性格のものであることが関係しているように見える。その教えによれば、この世とは善と悪との戦いの場であり、

悪霊に対して戦う、善の神であるアフラ・マズダーに、人間が与する行動を日々心がけ実践し、不完全なこの世を善に満ちた理想の世界にすることに貢献できたならば、その人間は将来永遠の命を与えられて幸せに生きてゆくことができる、とするものである。タタ・グループは、ゾロアスター教徒が歴代の最高経営者であり、企業経営を成功させることで、貧しいインド国家に貢献することを目標として掲げる、とともに、そのやり方、方法論については、高い倫理を重んじる、つまり善なる手段を選ぼうとしてきたことがうかがわれる。五代目会長ラタン・タタ氏の、社内に向けた言葉を借りると、倫理的に善なる手段で企業を成功させることで、「世界にお手本を示す」と謳っている。企業は、信仰上の壮大な理想を実現するための手段のようにさえ見える。

この類型も、特定の宗教が明確にメタ理念として機能していると言える。

(五) 信じる宗教の布教のための資金源としての起業と経営

事例としては少ないかもしれないが、企業の成功よりむしろ宗教が主眼であることを謳う会社もある。マイクロメーターをはじめとした精密計測機器の世界的なシェアを誇るミツトヨは、広島県の浄土真宗のお寺の三男として生まれた沼田恵範（一八九七〜一九九四）が、仏教伝道のための資金づくりを使命として、一九三四年に設立した会社である。仏教伝道という宗教的な目的が第一義であるという珍しい事例であるが、経済基盤である会社経営がおろそかにされることはなく、精密計測機器の分野では日本を代表するばかりでなく、世界的な企業として知られているほど成功させている。その創業の精神は、「仏教伝道活動の支援を通して人々の幸福に寄与する」ことと「活動領域において世界のトップレベルをめざす」という二つのものであることを見れば、仏教伝道を第一に置くとしても、企業としての成功も、ともども重視されていることが分かる。

仏教伝道を推進するために、一九六五年には、東京に「仏教伝道協会」を設立し、『仏教経典』という書物を作成し、世界四三の言語に翻訳し、五八カ国のホテルに、二〇〇六年現在まで七〇〇万冊を配布している。さらに欧米を中心に仏教伝道協会の設立や、ハーバード大学、オックスフォード大学をはじめとした海外の有力大学に仏教講座を開設している。これらの活動費用は、ミツトヨの年間売り上げの定率額を、ミツトヨの商標使用料（仏教伝道協会が商標権を所有）として徴収し、財源としている。利益の有無にかかわらず、総売り上げからの定率額とすることで、伝道協会の活動の安定を実現している。

（六）ビジネスそのものに結びつけるための宗教（宗教文化）

既述のように、宗教は、グローバル化するビジネス環境の中で無視できない領域となっている。場合によれば、特定の宗教（文化）をよく知ることが、ビジネスそのものとなることがある。既述し、本書に一論文として所収されているように、イスラムの食文化そのものが巨大市場となっている。その他にも、イスラムの慣習や食文化をよく理解した上で、マレーシア、インドネシアなどイスラム国家からのツアー客を呼び寄せる観光産業が、日本国内でも台頭しつつある。そのようなビジネスの渦中にある人々にとれば、やはりイスラムの教えが、企業家自身の信仰対象とはならなくても、一つの「知識の貯蔵庫」＝メタ理念、として学習する必要があると言える。

この類型もある意味特殊であるのは、特定の宗教文化を意識し、学習し、それに基づいて製品・商品を開発しようとしているにもかかわらず、その企業の誰一人として、学習する宗教に帰依するわけではないことである。しかし特定の宗教にまつわる知識は持って、事業に活用しているので、広義の意味で、宗教がメタ理念として機能していると言える。

（七）事業の「奴隷」にならないための宗教

類型の最後に、宗教が、経営者個人にとってどのような意味・目的を持つのかを挙げるとすれば、「安心感」「先祖からの慣習」などを含め、数え上げればきりがないために、本来、あまりに個人的な動機は省略すべきかもしれないが、「事業の奴隷にならないため」とする目的は少し異例な表現であり、より深い意味合いを持つように思えるので、敢えて考察の対象として入れてみたい。マックス・ウェーバーも、近代の官僚制の特性を批判して、官僚制がいかにも合理的であり、人間ならではの能力に基づき形成されたものでありながら、一方でその制度の原理が徹底されることで、皮肉にも目的に対しても非効率的かつ非合理的となり、さらに冷徹で非人間的な性格をも帯びるようになる、と指摘した。人間であればこそ行える「事業」であっても、それに「隷属」することになれば、非人間性を帯びてくるという陥穽への警鐘として、この類型も入れておきたい。

どれほど重要な事業であるとしても、主体はあくまで人間であるはずが、いつのまにか事業に振り回され、人としてあるべき姿を忘れ、事業に隷属化してしまうことは、人間にとっても、事業の遂行そのものにとっても危険である、と自覚している実業家もいる。そのような実業家の中には、宗教的信仰が、自己を客体視するための手段として機能していることを告白している。

その好例が、既述のグンゼ創業者、波多野鶴吉である。波多野は、貧しい地元を生糸産業で豊かにする、というミッションを持って創業したいきさつから言えば、事業を絶対に失敗に終わらせることはできない厳しい立場にいた。にもかかわらず、人間が事業の奴隷になってはいけない、とも考えていたようである。

波多野鶴吉の、残された語録を見ると、神への信仰が、「超脱力」を生み出す、と述べている。超脱力、とは、例えば経営を行う中で、順境のときも苦境のときも、身も心もその状況に浸りきることが、必ずしも良い結果に導かれるとは限らず、むしろ一度、現実界から「超脱」することで、現実をより良く見ることができる、と考えたと思われる。身は現実に置きながら、逃げるわけではなく、心は神とともにあることで、自己にとって主人は神であり、事業ではないと再認識できるというのである。

このことをまた、波多野は別の角度から、「片荷《かたに》」と「一荷《いっか》」という言葉でも表現している。昔の風景に見られた天秤棒を担ぐ姿の例えであり、片荷とは、天秤棒の一方にのみ荷物をぶら下げた状態で、両方に荷物があるより重量とすれば軽いようであるが、実際はバランスも悪く持ち運びにくいという。ところが、一荷、つまり両方に荷物を持つと、片荷より重くなったはずであるのに、むしろバランスが良くなるという。この原理を、「事業のため」を一つの荷物（片荷）とし、もう一つの荷物を、神も望む「世の中のため」という意識で取り組むことで、負担が増えるようであるが、気持ちは楽になり、「神の力をもらえる」と、波多野は考え実行してきたのだという。

この「一荷」という考え方に注目したいのは、逆に、特定の「宗教」あるいはその中の「神」「仏」への絶対的な帰依が、一種の人間の「隷属」として、人間の自己犠牲を正当化する、といった現象が起こることもまたありうるからである。「事業のため」あるいは「会社のため」とは、自分が直接関わる人間世界を重視した考えである。一方、神が望む「世の中のため」とは、自分のことは二の次、場合によれば、自己犠牲も正当化する考えである。「片荷」とは、そのどちらか一方にのみ重点を置くことであり、人間の幸福追求の生き方として、どちらかだけでバランスが取れているとは言いがたい。「一荷」となってはじめて自分のことも他者のことも考える生き方になる、と波多野は考えたのではないだろうか。

この類型では、特定の宗教の教えの中身ではなく、人が神仏を奉じる信仰的姿勢そのものがもたらす効果として、「超脱力」という用語が使われている。定義してきた「メタ理念」とは異なる次元での宗教の位置である。しかしこれも、宗教と経営者の関わりの一例として諸類型の一つとして考えたい。

以上のように類型を考えてみる目的は、一人の経営者が、この類型の一つに当てはまる、といった単純化をするためではなく、宗教的信仰を持つ事業家、あるいは宗教文化を意識する経営者が、宗教と関わることで、どのような意味や意義を感じたり、またその結果として、宗教がどのような機能を果たしているのか、などを大まかに見るためのものである。

4　本書の構成

以上のような考察の上で、本書の構成は以下、三部に分けて諸事例が示される。第Ⅰ部では、国内の事例が扱われており、古くは奈良時代の「宗教事業家」とも言える行基から、戦前、戦後そして二一世紀の現在に至るまで、篤い信仰に基づき経営行為が行われていることを具体例をもって確認することができる。第Ⅱ部は、海外の事例として、一つはインドの企業、一つは台湾の非営利組織の計二編の論文から成っている。最後の第Ⅲ部は、メタ理念の事例の中でも、「宗教文化」を背景とした事業あるいは事業家の事例が二つ紹介されている。

詳しい内容は、それぞれの論文に目を通していただきたいが、ごく簡単に各論文を紹介すると、まず、第Ⅰ部第1章「神のことばが良い実を結ぶ――山崎製パン飯島延浩社長のキリスト教信仰と企業経営」（三好明久）の論文では、山崎製パンの創業者と後継社長の「神のみこころにかなう会社」であろうとすることを徹底して追求しようとする信仰姿勢に、経営的行為以上の神学的営みすら感じられ、キリスト教の中の「三位一体モデル」がメタ理念として作用していると三好は分析している。

次に、第2章の「財界リーダー中島久万吉と仏教的精神――精神的指導者への道」（村山元理）においては、昭和初期、財界のトップの一角の地位にいた中島久万吉が、帝人事件で失脚したが、それをきっかけにして、仏教徒として経済人であるとともに、それ以上に人間教育者として成長してゆく過程を追っている。筆者村山元理は、「経済的宗教人」という一つのカテゴリーを提唱している。

第3章「民間宗教事業家としての行基」（中牧弘允）では、時代をはるか奈良時代まで遡り、当時仏教とは権力者のものであり、一般大衆のものではなかったが、土木や建築工事を手がける技術者集団を従えて、民間資本も募りながら、一般民衆の生活のための社会事業や寺院建築を各地で行った僧侶行基が紹介されている。彼の仏教に基づく事業実践は、当時の律令体制にも反するものであったが、ついには聖武天皇すら行基を頼り大仏建立をも成し遂げている。後の空海のお手本ともなっているという。

第4章「経営者にとっての『内観』」（川上恒雄）の論文は、「内観」という、広く経営者をはじめとした企業研修のためのプログラムと、それを何十年も経験してきた経営者、松井利夫氏（東証一部上場企業のアルプス技研の創業者）の実体験を紹介している。メタ理念に当たる宗教は、浄土真宗、あるいは浄土真宗の異端の系譜（内観の前身が、西本諦観《たいかん》という、もともと西本願寺派の役僧が明治時代に大阪の諦観庵でひそかに行っていた「身調べ」）、とされているそうであるが、今では高度に「脱宗教化」していると考えられる。本書にとってこの「内観」という事例もまた、元々は仏教から発生したものが、厳しい修行を通して「解釈」と工夫が施され、実践的な効用を持つように再構築されたものであり、メタ理念の持つ、潜在的なダイナミズムを示している。

第5章「天理教信仰と企業経営の狭間で見えてくるもの——事業は、損得で考えるのではなく善悪で考える」（塩澤好久・住原則也）では、自身が一企業の社長である塩澤自身が、創業者祖父の代から現在に至るまでの、天理教信仰と事業の関係を、当事者・内部者として語っているところを中心に、住原が補足説明している論文である。天理教の教えがメタ理念として、経営の随所に表現されていることを見てとることができる。

第6章「『自分だけの信仰』論——ある経営者の信仰体験から」（大森弘）では、日本を代表する経営者、松下幸之助が事例として扱われている。松下幸之助は、様々の宗教・宗教家と交流していたが、既存の特定の宗教を自らの信仰の対象とはしていない。そして「根源教」として知られる自身だけの信仰に至るのであるが、それは決して、他者の共感を得られないような独りよがりの信仰ではなく、深く間主観的（個人の主観でありながら、他者にも共感をもたれる価値意識）な性格のものであることを、学術の諸分野、とりわけチクセントミハイのフロー論などを巧みに援用しながら論じている。この論文が、本書において異例であるのは、既存の特定の宗教と直接関連しないにもかかわらず、間主観的に捉えることのできる自身の信仰に行き着いた実業家として松下幸之助を描いていることである。しかし、「メタ理念」の概念を思考するとき、幸之助以外の本書で扱われる事業家たちも、既存の宗教をメタ理念としつつも、その「解釈」と実践において、間主観的な「自分自身の解釈・信仰」に到達することによって、逆に既存の宗教に、矛盾することなく、むしろ深みと厚みを与えているのではないか、と考えさせてくれるのが、本章の論考である。特定の宗教をメタ理念とすることは、その教えの受け売りではなく、「解釈」と実践を通じて、自らの血肉とするところに真の信仰者としての実業家と言えるものと考えさせてくれる。

第7章「『道』に昇華される経営——鍵山秀三郎氏『掃除道』、坂田道信氏『ハガキ道』を例に」（渡邊祐介）の論文は、日本文化における、歌道、弓道、剣道、茶道、柔道、武士道、書道などに共通して見られる「道」（どう、みち）が、さらに「経営道」といった用語にまで敷衍されて広く使われていることに注目し、「掃除道」「ハガキ道」といった具体例を事例にあげながら、「経営」行為と「道」が結びつく意味を考究している。

本書の一大テーマである「メタ理念」概念にとって、本論考が重要であるのは、既述のように、メタ理念とは、体系立ち、ある程度合理化された閉じられた価値体系、つまり、系統立った一連の「概念」体系として定義したが、ここで「掃除道」「ハガキ道」が示すのは、抽象的な概念から出発するのではなく、むしろ誰にでもできる「具体的」行為を、誰にもできないほど徹底して実践することで精神性を高めるという哲学である。しかし、これも既述したメタ理念の持つダイナミズムを例証している。つまり、「道」という日本文化の宗教性を帯びた概念の持つ「継続性」という意味あいや、○○道、と言った時の一つの世界に生きつづけることを自己「拘束」として積極的に課すことにより獲得される精神の「自由」（困難に遭っても変わらない、くじけない心など）を物語っているからである。

第Ⅱ部は、外国の事例として、まず第8章「ゾロアスター教徒の造ったインドの巨大財閥——タタ・グループの経営理念に見られる『包括的合理主義』の精神」（住原則也）において、三千年以上の歴史を持つというゾロアスター教がメタ理念として、どのように巨大企業の長い歴史に首尾一貫した経営方針（＝包括的合理主義、と住原は名づける）と実践の根本になっていたのかが示されている。その基本方針は、一九九〇年代初頭から、急速にグローバル経済に晒されても、変化しないばかりか、むしろ、その方針を守り続けるための具体的な、経営上の方策を創出し徹底して実践していることを紹介している。

第9章「『官民連動』による国際救援活動――慈済会の東日本大震災支援を事例として」（今井淳雄）では、清末に起きた「地方分権化」にみられる漢族の構造的変容から溝口雄三が導き出した「官民連動」という「民間空間」概念をてがかりに、漢族型市民社会の再構成を行っている。具体的には、台湾の仏教系ＮＧＯ「台湾仏教慈済慈善事業基金会」の東日本大震災支援を事例として、「民」たる慈済会、「官」たる外交部、そして被災自治体の三つのアクターをめぐる「連動空間」の構築と伸張の過程を明らかにし、そこにメタ理念の一端を見出している。

第Ⅲ部第10章「東芝創業者・田中久重と仏教天文学――日本の近代化と伝統的技術」（岡田正彦）では、東芝創業者田中久重が、仏教に深く帰依し、仏教の教えそのものをメタ理念とした、という事例ではなく、むしろ、天才的なからくり職人として、西洋の技術も参考にしながら、和時計、とりわけ仏教天文学に基づく精緻な和時計を製作していたことが示されている。その和時計の精巧ぶりは、仏教天文学という、仏教文化に基づく高度な知識とともに、日本の伝統的なモノづくりに西洋の技術を「接ぎ木」したものであるという。田中久重の技術と「構想力の源泉」として、仏教文化がメタ理念として存在していたと考えられる。

最後に第11章「イスラームのメタ理念『ハラール』の食品産業――日本におけるその動向と新たな展開」（鷹木恵子）では、現在世界の総人口の四分の一をイスラム圏が占め、アラビア語で「合法的」「許された」という意味を持つ「ハラール」が、イスラム教のいわばメタ理念として、食文化などの巨大産業を形成しており、欧米の企業も早くから参入しているという。日本でも遅ればせながら、滞日ムスリムや、日本企業が参入し、市場を広げつつあるという。主に日本国内におけるその実態と特徴について幅広く紹介されている。日本人としてのイスラム教徒はまだ少数であろうが、このように産業・経済が先行することで、イスラム文化への広範な知識がますます必要となってゆくことを感じさせる論考である。

引用文献

アントニオ・ダマシオ　二〇一〇『デカルトの誤り――情動、理性、人間の脳』ちくま学芸文庫。

島田裕巳　二〇一三『7大企業を動かす宗教哲学――名経営者、戦略の源』角川ＯＮＥテーマ21。

住原則也・三井泉・渡邊祐介共編著　二〇〇八『経営理念――継承と伝播の経営人類学的研究』ＰＨＰ研究所。

住原則也　二〇一二「精神財として腹の底に落とし込め―人類学から考える理念継承のヒント」『PHP Business Review　松下幸之助塾』Vol.6。

土屋喬雄　二〇〇二『日本経営理念史』麗澤大学出版会。（原書は、一九六四『日本経営理念史――日本経営哲学確立のために』〈日本経済新聞社〉及び、一九六七『続日本経営理念史――明治・大正・昭和の経営理念』〈日本経済新聞社〉の二冊であり、二〇〇二年に合本されて復刻されたもの。）

中牧弘允・日置弘一郎編著　二〇〇九『会社のなかの宗教』東方出版。

松下幸之助　一九八六『私の行き方考え方』ＰＨＰ文庫。

マックス・ウェーバー　二〇一〇（原書は一九二〇）『プロテスタンティズムの倫理と資本主義の精神』中山元訳、日経ＢＰ社。

ロバート・ベラー　一九六六『日本近代化と宗教倫理』堀一郎・池田昭訳、未来社。原書、1957 *"Tokugawa Religion: the Values of Pre-industrial Japan,"* Falcon.

Anthony Giddens 1979 “Central Problems in Social Theory : Action, Structure and Contradiction in Social Analysis” University of California Press.

第Ⅰ部　国内の事例

第1章　神のことばが良い実を結ぶ

――山崎製パン飯島延浩社長のキリスト教信仰と企業経営

三好明久

社会における宗教の機能的側面の中で最も重要なものは象徴システムによる意味の供給である［McGuire 2002：11］。ギアーツ［Geerts 1973：90］によって提示された定義によれば、宗教は、我々が生きている現実の社会がより大きな秩序の体系によって意味づけられているという概念を象徴的に提供する。この定義は、宗教が企業という存在をより大きな秩序の中に意味づけることを可能にするという視点を与える一方で、宗教が提供してきた機能をもし企業が提供できるなら、社会における宗教の存在意義を改めて問い直すという視点を与えると思われる。さらには組織化された宗教の企業化という視点を含め、宗教と企業の関係を再構築する作業が必要になると思われる。企業がその存在を意味づけるより大きな秩序を必要としているならば、社会組織としての宗教にも企業同様にその存在を意味づける象徴システムが必要になる。場合によっては、ある宗教の信者が企業経営によって自分が信じる宗教の社会的な「信憑性構造」［Berger 1967］を強めることになるというケースも考えられる。

このような視点に立つ時、企業と宗教の関係を再構築する担い手としては、特定の宗教を信じる立場に立つ企業経営者がその候補に挙がる。本稿では、企業の存在を意味づける象徴システムとしての宗教と、自らの信じる宗教の存在を意味づける企業経営の相互の関係がどのように構築されているのかを、プロテスタントのキリスト教会の代表役員である山崎製パン株式会社飯島延浩社長のケースから考察を試みたい。

1　事業の成長と社内の対立

山崎製パン株式会社（以下、「ヤマザキパン」と略称）は、一九四八年三月九日、創業者飯島藤十郎とその妻の希和子、妹の裕代など計六人によって始められた小さな製パン所が戦後の高度経済成長と共に成長し、グループの連結九千五百億円を超える売上高を持つ企業に成長した。しかし、ヤマザキパンの成長は創業者飯島藤十郎がその企業家精神によって事業を拡大した一方で、一九七一年ごろから社内に対立が生じ、その社内対立の最中の一九七三年、藤十郎と希和子、そして長男の現社長である延浩が池の上キリスト教会の山根可弌牧師より洗礼を受けてキリスト者となるのである。ところが、この洗礼から十一日目の一九七三年七月二六日の朝、社運を賭して建設した武蔵野工場が火事となり、生産設備をほぼ全焼する試練が襲いかかる。延浩［飯島　一九九〇］によると、この火災の翌日、藤十郎は夫人と延浩を連れて、三人で池の上キリスト教会に山根牧師を訪れ、山根牧師の祈りのあと、藤十郎自身の言葉で「この火災は、ヤマザキが、あまりにも事業本位に仕事を進めてきたことに対する、神の戒めです。これからは神のみこころにかなう会社に生まれ変わります」と祈り、その祈りが、この三人のヤマザキパン経営の新しい出発点となったという。社内の対立と武蔵野工場の火災、そして、その間の社長夫妻と長男のキリストへの回心は、ヤマザキパンにおける企業経営とキリスト教信仰の関係についての考察の出発点を提供する。この考察のために、Douglas［1970］の「Grid and Group」モデルを援用した分析枠組みを採用したい（図1）[1]。

飯島藤十郎が一九六三年に制定した経営基本方針は、その綱領として次の二点が挙げられている。

（一）わが社は、企業経営を通じて社会の進展と文化の向上に寄与することを使命とし、個人の尊厳と自由平等の原理に基づき、困難に屈することのない根気と忍耐とによって高い倫理的水準に導かれる事業を永続させること。

(二) われわれは、常に良きものへと向かって絶えず進歩し続けるため、各人が自由な決心に基づき、正しき道につき、断固として実行し、自主独立の協力体制を作り、持って使命達成に邁進すること。

この基本方針に見える藤十郎の視点は、図1の分析枠組みで考えるなら、自己から出発して事業と共同体の双方に向かって努力し、その結果としてより良い社会を作るという「大きな物語」を描いているように思える(図2)。

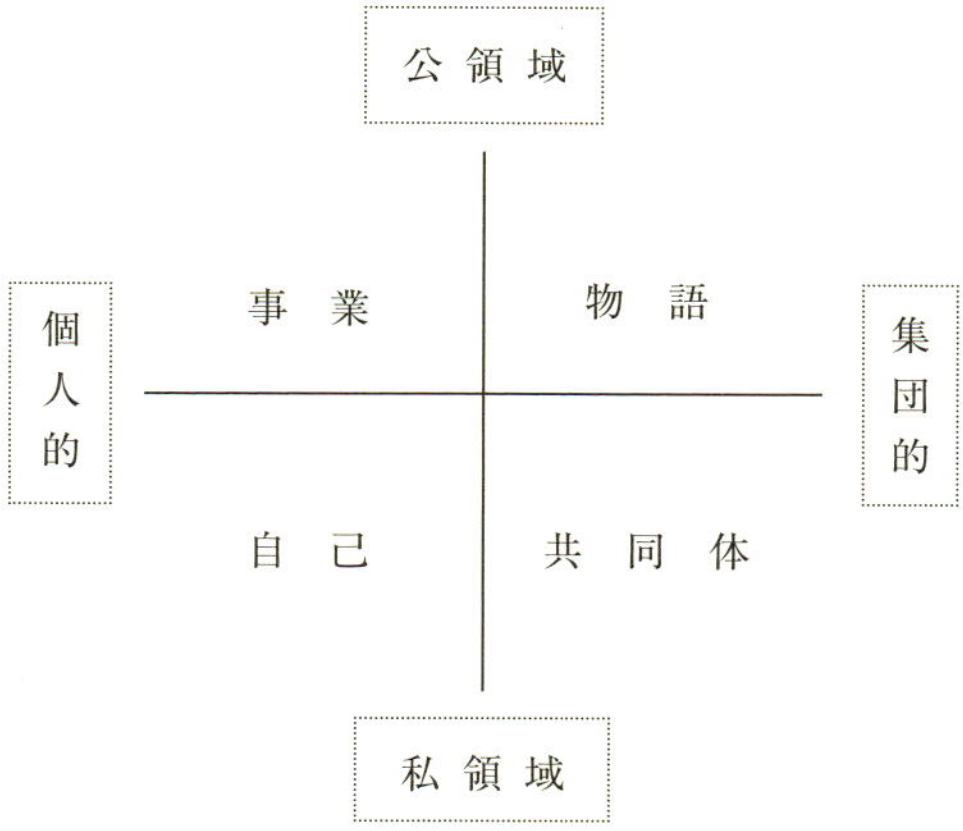

図1　理論的分析枠組み

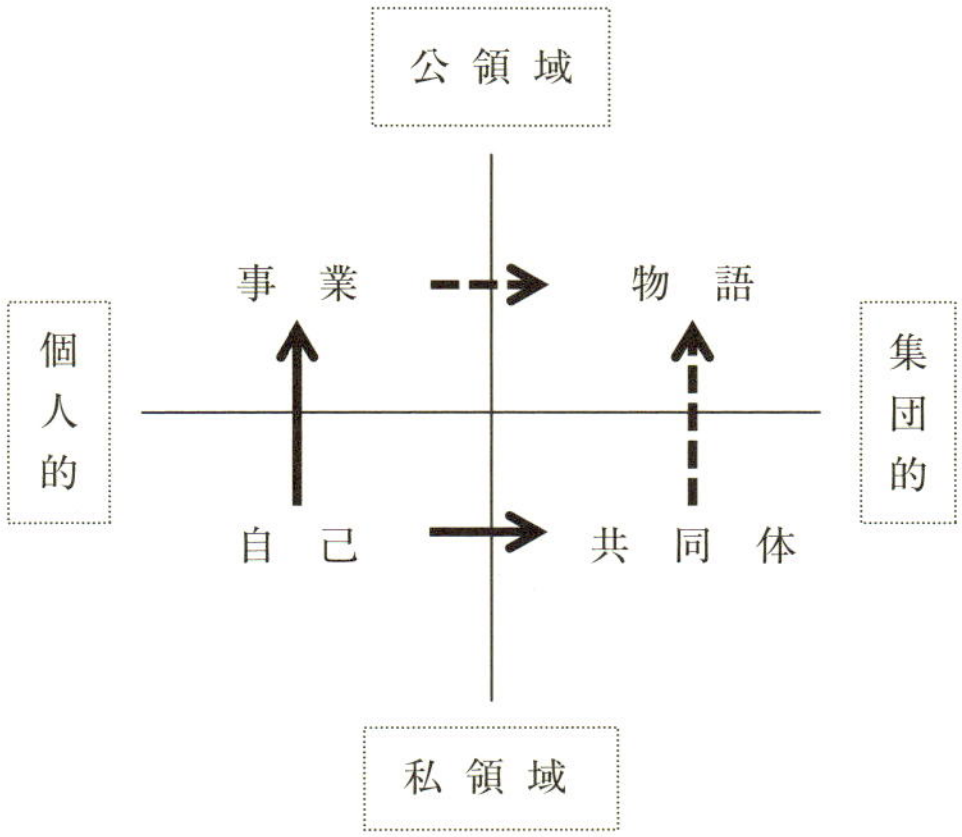

図2　「成せば為る」の経営

しかしながら、藤十郎が「成せば為る」で臨んだ企業経営は、前述のように、綱領の（二）に示された「共同体」の面では社内対立が生じ、同じく（一）の事業の面では武蔵野工場の火災という、自分の力を超えた試練に見舞われることで、ヤマザキパンの経営理念実現の物語は未完成のまま二代目延浩の手に委ねられることになるのであるが、ここにキリスト教信仰が介在してくるのである。藤十郎が祈った「神のみこころにかなう会社」とはどの様な会社なのか――キリスト者となった延浩はやがて社長となり、実際にヤマザキパンを経営することの中に聖書を通してその答えを見い出そうと試みていくのである。

2　山根牧師の信仰とアシュラム運動

キリスト者となった延浩は、池の上キリスト教会をベースに信仰生活を送るようになるのだが、その信仰上の影響は池の上キリスト教会の創立牧師である山根可弌と超教派の「クリスチャン・アシュラム運動」[2]からのものが大きかったようである。その最大の特徴は、生ける神が人間の内側で人格的に語りかける言葉を静聴するということにある。山根牧師の聖霊体験の中心は「罪のきよめ」であり、「内住のキリスト」としての聖霊なる生ける神が語りかける言葉としての聖書の働きが特に強調される。

戦後の荒廃の中で、信徒として伝道に立ち上がった山根先生は、MRA運動のお仲間と一緒に伝道に励み、信仰が霊魂の中に生命となっているか、日ごとの生活が聖書と一致しているか、聖書の働きによって正直あるいは純潔という点であいまいになっていないかを問い続ける御言葉への静聴に徹し、その伝道によって人々が集まるようになりました［飯島　二〇一〇：六八］。

また、クリスチャン・アシュラム運動に関して延浩は次のように述懐している。

山根可式牧師の、日々の聖書の御言葉への静聴を重視する牧会は、スタンレー・ジョーンズ博士の提唱するアシュラム運動と軌を一にしており、池の上キリスト教会は関東アシュラム、城北アシュラムに積極的に参加し、アシュラム運動の主要なメンバー教会として成長しました。

（中略）

アシュラムでは仕事や個人的な事柄での特別なニード（祈り求めの対象となる事柄）について分かち合いをし、聖書の御言葉やお交わりの中で求める時、聖霊の導きを得ます。アシュラムで得た導きを事業経営や実際の生活の中で実践実行するとき、その御言葉の導きの結果を得ることができ、御言葉の真意をさらに深く理解することができます。私は関東アシュラム、城北アシュラムを通して毎年祈り求め、その与えられた導きの実践実行に励んでまいりました。実践的バイブルスタディーが四〇〇回以上も続けられたことは、アシュラムの恵みの賜物であると感謝しています［飯島二〇一〇：七〇］。

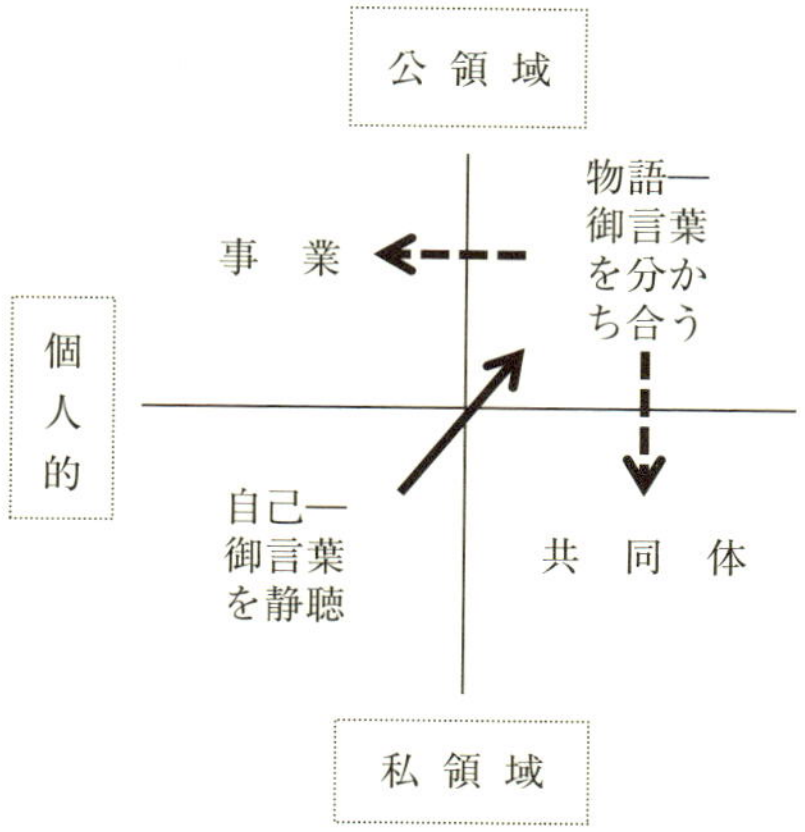

図３　物語る経営

このような、人格の内面に語りかける神のことばを静聴することによって、延浩は父であり、創業者である藤十郎の言葉を超越する権威ある神の声を聴くのである。ここに、「成せば為る」の力ずくの経営を超える「神のみこころ」による経営を求める心の姿勢が形成されていったと考えられる。それは、自己を直接、事業や会社に向かわせるのではなく、まず自分自身に語りかけられる聖書の言葉（御言葉）を通して、神の物語である聖書に向かわせるという、構造上の転換を生み出していったと考えられる（前頁図3）。聖書の物語を用いて語られる物語が事業や共同体で具体化する経営である。この、「成せば為るの経営」から「物語る経営」への構造転換は、単なる経営技術論ではなく、企業経営の実践の中で経営者が個人的に語られる神のことばを求めた結果、生み出されてきたことが良くわかる。聖霊によって個人的に自己に語られた「神のことば」は公の「神のみこころ」として物語られる時、経営理念を実現していく物語となっていくのである。

3　池の上キリスト教会の働き

神の前に静聴し、聖書を通して自分自身に語られたとして受け取った「み言葉」はどのようにして実際の生活、特に企業経営に影響を与えていくのだろうか。延浩は、山根牧師の信仰体験と、日曜礼拝の説教を通じたその信仰の自分への感化について証言している。

山根可弌牧師の信仰体験は、メソジスト派が原理上救いの確かさのただ一つの確実な基礎だと考えたことそのものでした。山根先生は礼拝のたびに講壇から、昭和十三年二月二十三日午前四時二十三分、主イエス・キリストのご臨在に触れ、主イエス・キリストが山根先生の心の中に内住のキリストとして宿ってくださり、その後の山根先生のご生涯を護り続けてくださったこと、その時以来、山根先生は確信をもって伝道生活に入られたことを証し続けられました［飯島 二〇一〇：六二］。

飯島［一九九五：一二］によると、山根牧師は、自分自身の体験から、「私の仕える万軍の主は生きておられる。」（列王記第一 一八章一五節）をそのまま生き抜いたという。このように、山根牧師は、日曜礼拝の説教を通じて、自分の信仰の体験（自分の物語）を媒介に、生ける神の働き（神の物語）に人々を招いたのだが、ここに、飯島延浩が父の飯島藤十郎の物語ではなく、霊的指導者である山根可式の物語をロール・モデルとしていることが読み取れる。延浩は、山根の言葉に従って生きたというよりは、山根の信仰を模範として、生ける神の御言葉の働きに生きる人生を主体的に選び取ったといえる。そして、キリストの恵みによって、この神の御言葉の働きが飯島藤十郎に［飯島　一九九〇］、そして自分におよび、自分（すなわち経営）を通してヤマザキパンの事業と共同体（ヤマザキパンに関係するあらゆる人々）の中に分かち合われるという「神のみこころにかなう経営」を志向したのである。

つまり、池の上キリスト教会は、飯島にとって、現実の企業経営に先立つ、神のことばを分かち合う働きの場であり、その中心は日曜礼拝である。飯島は牧師ではないが、日曜日に池の上キリスト教会において、牧師が説教する礼拝とは別に、「実践的バイブルスタディー」という、自らが神に静聴することで神によって語られたという神の御言葉を、自分の体験を通じて人々と分かち合うという働きをするようになるのである。

私はヤマザキパンの社長就任以来ずっと、「ヤマザキパンはクリスチャンの会社ではない」と言い続けてまいりました。日本の社会は複雑で、会社の中でクリスチャンの信仰を説いても、良い結果を生みません。唯一可能なことは、主イエス・キリストの教えに従い、祈り求め、与えられた導きによって、生ける神、主より与えられたみ言葉と使命の実践、実行、実証に励むことです。道が開かれ、良い結果が出てくると、皆その方向に向けて一致協力して前進することができるのです。実践的バイブルスタディーは、クリスチャン・ビジネスマンとしての私が、会社の仕事の中でどのように祈り求め、導きを頂いて努力を重ねてきたかの記録でもあります［飯島　二〇一二：三四］。

ここに、分かち合われた神のことばが実際の企業経営によって実証され、自分の中でさらに確信を深め、それを再び他の人に分かち合っていくという循環のプロセスが生まれることがわかる（図4）。飯島は、自らの企業経営と聖書の学びを通して見出した企業経営の在り方を「生命《いのち》の道」と呼び、主にイエスの弟子たちへの教えである

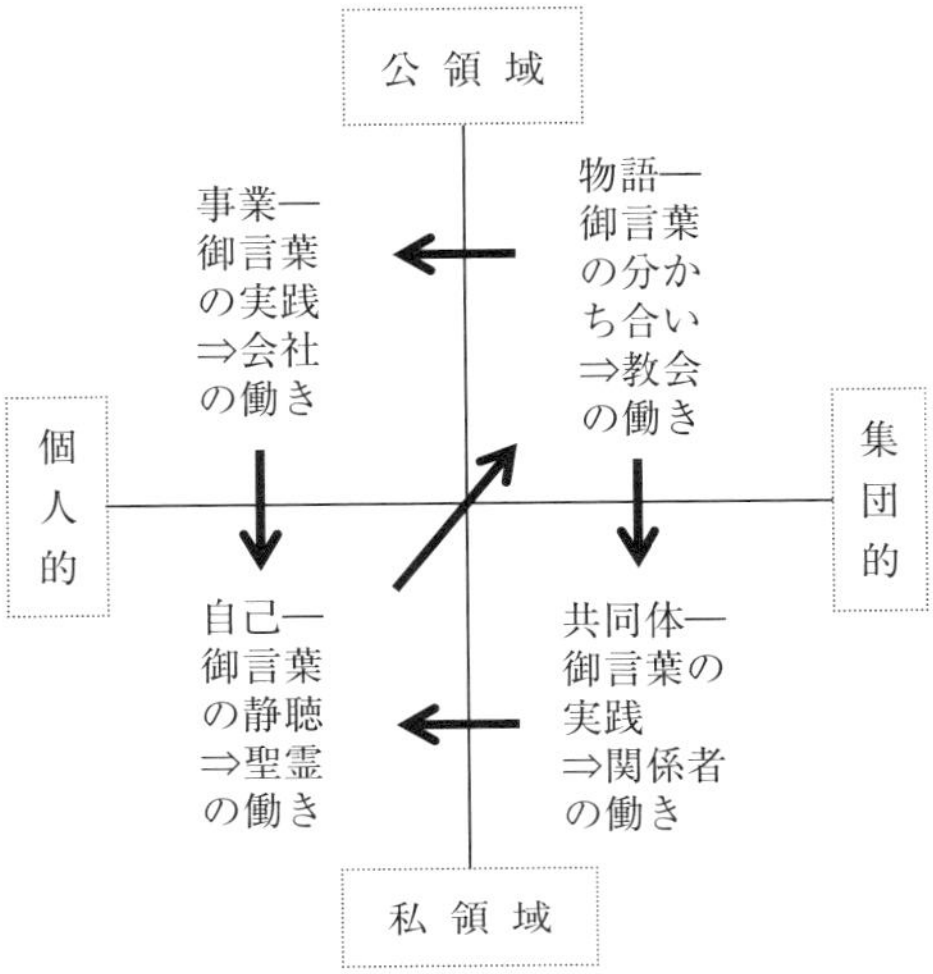

図４　御言葉の循環

「山上の垂訓」（マタイの福音書五—七章）を中心にチャート化して整理している［飯島　二〇一二］。このチャート化は他者との共有（分かち合い）を意図したものであり、飯島は一九七九年三月末よりヤマザキパンの社長ではあるが、この「生命の道」の教えを、特に経営者として二〇〇二年一月から実践、実行に取り組んだという［飯島　二〇一二：一八］。そして、この教えをヤマザキパンの経営陣・管理職たちに分かち合うことによって、創業者飯島藤十郎の物語を、さらに大きな物語へと発展させているといえる。言い換えれば、聖書の物語がイエスの教えに従う企業経営者によってその企業の中で具体化され、関係者と分かち合われていくことを求めることによって、企業は新しい物語を生み出していくという現象が見られるのである。飯島は二〇〇二年からの取り組みについて次のように述べている。

> 私は食パン小委員会を開催し、生命の道の教えに従った部門別製品施策・営業施策、小委員会による「なぜなぜ改善」を開始したところ、食パン部門が着実に前進を開始いたしました。二〇〇二年一月より十年近く経過しましたが、ヤマザキパンの食品安全衛生管理体制の上に築き上げる、生命の道の教えに従った部門別製品施策、営業施策、小委員会による「なぜなぜ改善」は、食パン部門だけでなく、和菓子部門、洋菓子部門、菓子パン部門を着実に前進させてくれました。また、子会社における経営問題も、生命の道の教えに従って対処したところ、さまざまな問題はありましたが、着実に事業を軌道に乗せることができました［飯島　二〇一二：二

九]。

4　罪・義・さばきの構造

聖書の「大きな物語」をヤマザキパンの経営という文脈で受け取った飯島は、それを「生命の道」という他者と共有可能な理念としてモデル化した。これは、創業者飯島藤十郎が制定した経営方針の綱領と矛盾するものではなく、むしろその実現のための道を示していると理解できる。飯島の言葉では「神に喜ばれるみ言葉と使命の種蒔き」[飯島　二〇一二：七二]である。そして、飯島が「生命の道」としているモデルの基本構造は、まずヨハネの福音書一六章七—一四節のイエスの聖霊についての教えから、罪と義とさばきという三つの視点が示される[飯島　二〇一二：六〇]。聖霊なる神は、イエスに代わって「助け主」として遣わされ、「罪について、義について、さばきについて、世にその誤りを認めさせる。」というのである。このイエスの言葉によって主イエス・キリストを信じる信仰に入ったとする飯島は、ヤマザキパンの会社の混乱の中で、「助け主なる神」を求めたという。そして、飯島は、「助け主なる神、聖霊が世にその誤りについて認めされる罪について、義について、さばきについての内容は、主イエス・キリストの教え、山上の垂訓の教えの内容ではないかと考えるようになりました。」と述べている[飯島　二〇一二：六四]。

このうち、罪については、主イエスの教えに従って生きるという人生の選択をすることだと理解し、いわば、山根牧師によって示された信仰体験を模範とする新しい歩みがそこに与えられる。ここに、聖霊によって新しく生まれ変わり、御言葉を静聴する自己が始まったと言えよう。しかし、飯島は「義について」と「さばきについて」はすぐにはわからず、ヤマザキパンでの歩みの中で見出したとする。これをモデル化すると図5のようになる。罪の

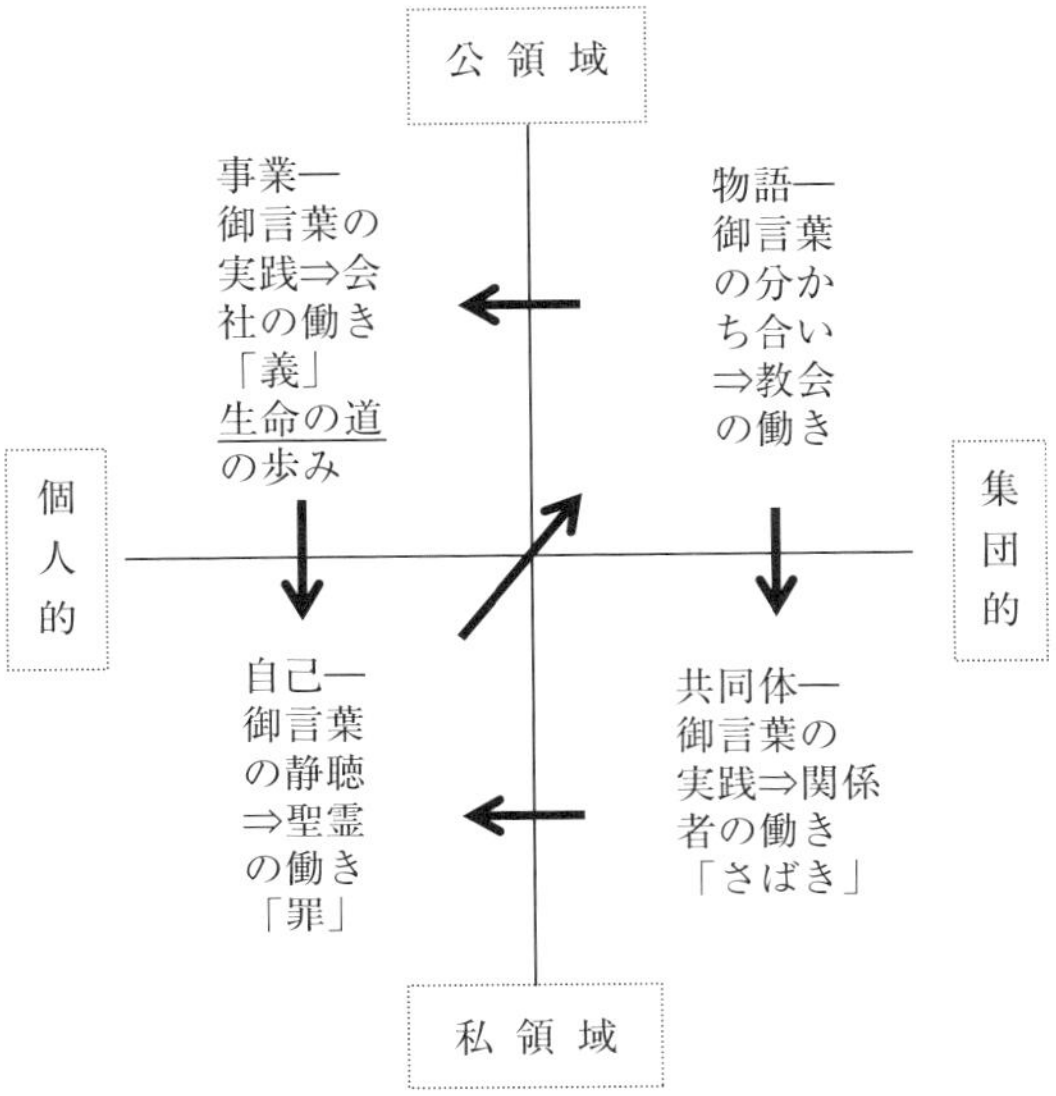

図５　罪・義・さばきの構造

赦しは、主イエスを信じることによって与えられ、神と自己との個人的な関係の中で体験できるものであるが、義とさばきに関しては、実生活の中でそのイエスの教えに従おうとする時、その意味を知るようになると理解できる。そして、この大きな構造をモデルとして、図５の左上の事業のところに、具体的な企業経営の在り方として、「生命の道」が描かれているのである。そこは、大きな構造では「義について」であり、結局のところ、「生命の道」は企業経営における神の義を追求したものである。「生命の道」の中にも、罪・義・さばきの構造がより具体的に示されているが、それは、大きな構造からの転写であると理解することができる。

5　使命とみ言葉の種蒔きの働き

大きな「罪・義・さばきの構造」は、「生命の道」の第一ステージである「種蒔きの歩み」によって、企業経営を神の国とその義の追求に集中させることを可能にする。「どんな試練や困難に遭遇しようとも、注文のあった品は良品廉価でだれにも負けない品質のものを、日々確実に販売店さんを通してお客様にお届けすること」〔飯島二〇一二：一一〇］という、山崎パンに神が与えた使命とみ言葉の分かち合いを遂行していくために最も重要なことは、この使命から目を離させる「この世の事柄」に目を向けないで、主イエス・キリストに目を向けることであり、飯島によると、イエスの教えた「生命の道」は、「さばいてはいけません。」と「聖なるものを犬に与えてはいけません。また豚の前に真珠を投げてはなりません。」の二つの教えを「心の貧しい者は幸いです。」がまとめるという。飯島は、自らの体験より、他人の罪をさばくことは混乱と争いの源であるとして、次のように述べる。

主イエス・キリストは、マタイの福音書七章のさばきについての教えで、隣人や他人の罪をさばくのではなく、天におられる神に目を転じ、助け主であり救い主である主イエス・キリストの教えを信じ、神に喜ばれるみ言葉と使命の種蒔きに集中しなさいと教えます。「蒔かぬ種は生えぬ」との諺がありますが、み言葉と使命の種蒔き、育成結実、収穫、総合管理に集中して努力することが生命の道の歩みなのです［飯島　二〇一二：七二］。

また、飯島は、「心の貧しい者（the poor in spirit）」がこのさばかない人であり、その対極にある人間のモデルとして「ハイスピッリットの人」を描写する。

ハイスピリットの人は、難しい事柄や意見を異にする人や、あるいは明らかに誤った考え方をしている人たちに出会うと、自分の考えを明確に発言し、それが受け入れられないとなると、力ずくで自分の考えを押し通し、自分の考えの正しいことを証明しようとします。反対に、心の貧しい者（the poor in spirit）は、難しい事柄や意見を異にする人に出会ったり、明らかに誤った考えをしている人に出会っても、自分の考えを主張することから行動を開始いたしません。難しい事柄とは何か、どうして難しいのか、意見を異にする人とどうして意見を異にするのか、明らかに誤った考え方をしている人に対しては、どうしてそのような誤った考え方をしているのか、心の中で問うことから始めます。ハイスピリットの人は、混乱や争いを恐れず、その中を力ずくで突き進み、自分の考えていることを実現しようといたしますが、心の貧しい者（the poor in spirit）は、現状をまず受け入れることから始めます［飯島　二〇一二：九〇］。

飯島によると、イエスが教えた「生命の道」は、「この世の問題、非難したり否定したりしたくなる人や物事から目を離し、主イエス・キリストに目を転じ、天の父なる神を見上げ」［飯島　二〇一二：一〇六］る時に、この世で果たすべき使命をみ言葉と共に与えられる道であって、大きな構造では、周囲の人々を「さばかない」という「み言葉の実践」による共同体へのアプローチが、事業において神の義を求めて生きる道が開いていくと解釈している。それは、ハイスピリットな人たちによる「成せば為る」の経営ではなく、心の貧しい者たちによって始められる「み言葉を物語る（蒔く）」経営である。この時、事業が良い実を結ぶためには、キリストの弟子がリーダーである人の組織体の、心を一つにした協力体制が不可欠であるが、それを妨げる組織体内部の罪を取り除く代わりに、キリストの弟子はどうしても赦す事のできなかった人を赦すことが必要であるという［飯島　二〇一二：一三四］。

ところが、この最初のステージである「種蒔き」は、「具体的には、主と共に歩むキリストの弟子は、神より与えられたみ言葉と使命の種を、神より与えられた人々の心の中に蒔く」［飯島　二〇一二：一一八］ことだという。そして、「神より与えられた人々とは、「神に祈り求める人々」であるという。

神のみ心の実践、実行と、世の人の求めるものは、相容れることはないのです。神のみ心にかなうみ言葉と使命の種蒔きは、本質的にこの世の人の心の求めるものとは合致しないで、反発を招くものなのです。ですから、み言葉の種蒔きは、神が選んでくださった人の心の中に、人に知られないように隠れて蒔くのです。神が選んでくださった理由は、その人々が神に祈り求める人々であり、神はそれらの人々に救いの手を差し伸べようとしておられるのです［飯島　二〇一二：一一九―一二〇］。

飯島は、イエスが弟子たちに教えた「主の祈り」を中心に、隠れたところで父なる神に祈り求め、神の国とその義とを求める人々の心の中に、み言葉の種は蒔かれると考える。この様な人たちこそ、ヤマザキパンの使命を自分の使命とする人たちであり、会社の働きで自分の権力や成功を追求するのではなく、「良品廉価」で製品をお客様にお届けするという「生産」（種蒔き）の働きに集中し、その蒔かれた種が、良い実を結んでいくようにそのプロセスにおいても「神の国とその義」を求めて「生命の道」を歩んでいく人たちであると考えている。飯島は言う。

神の国とは、神のみこころを行おうとするキリストの弟子がリーダーである人の組織体が、主イエス・キリストと共に生命の道を歩み、生ける神、主より与えられるみ言葉と使命の実践、実行、実証に励んで、良き実を結んでいる人の組織体そのもののことです。そして神の国の義とは、キリストの弟子がリーダーである人の組織体に生ける神、主より与えられるみ言葉と使命のことであり、神のみこころをその人の組織体で実践、実行、実証し、良き実を結ぶために与えられる働きの内容です［飯島　二〇一二：三二五］。

このように、会社の事業を推進していく場合、その使命に集中していくために、周りの人々に目を向けてさばくのではなく、「生産」に集中し、その種蒔きが成果を生んでいくことを求めるのだが、この大きな構造で「さばき」はどのようになされるのかといえば、その事業の成果に基づいて、大きな意味での「共同体」、すなわち取引先や株主、創業家などを含めた、ステークホルダーと呼ばれる、関係者全体によってなされるといえるだろう。かつて、会社の外部の人々を巻き込んでなされた社内の対立がその背景にあり、その問題が解決し、創業者である父・藤十郎が「天に召された」（亡くなった）後、ヤマザキパンの事業そのものの経営をかじ取りするようになった時、飯島は一人のイエスの弟子として、自分がリーダーを務める組織体をどのようにまとめ、その事業で成果を上げていくのかをイエスの教えから教えられたのが「生命の道」であるといえる。

図5（五二頁）で示した「罪・義・さばきの構造」は、「生命の道」が「種蒔き→育成・結実→収穫→総合管理」

と進む結果、み言葉が実証され、収穫において良い働きと悪い働きが明らかになり、キリストの弟子は「地の塩・世の光」としての存在感を増していくのだが、そこで、関係者の間でその成果が評価されると同時に、再び神のみ言葉を静聴するというところに戻っていくのである。そして、神のみ言葉をさらに個人的に静聴することで、教会におけるみ言葉の分かち合いの働きが継続されていくことで、この大きな構造は好循環プロセスとなって、継続していくのである。

6　聖書的経営の三位一体モデル

以上、概観してきた経営モデルとしての、「罪・義・さばき」の構造は、聖霊の働きを土台にしたものであるが、罪については、自己の神のことばの静聴であり、それが聖霊の働きの出発点である。これが、教会におけるみ言葉の分かち合いを生んでいくという飯島の在り方から、み言葉の分かち合いを中心に、そこから「義について」と「さばきについて」が導かれるという構造が理解できる。「義について」は、事業そのものであり、イエスの弟子によってなされるイエスの教えに対する実践的応答であるから、まさにイエスご自身がその弟子たちを通してなす神の国とその義とを求める働きであるといえるだろう。そして、「さばきについて」とは、イエスの弟子たちが人間的な視点でさばかないことから始まる、イエスの働きによって形成される「神の民」についてであるから、それは父なる神のみ心の成就であるといえる。

当然のことだが、飯島は決して「組織神学的」に聖書全体から体系立てて企業経営を論じているのではなく、自らが置かれた文脈において「主観的」に聖書の言葉を解釈し、それを文脈的にモデル化している。近代主義的な神学のアプローチは、演繹的に聖書を理解しようとするが、そこには聖書解釈者の置かれている文脈（コンテクスト）

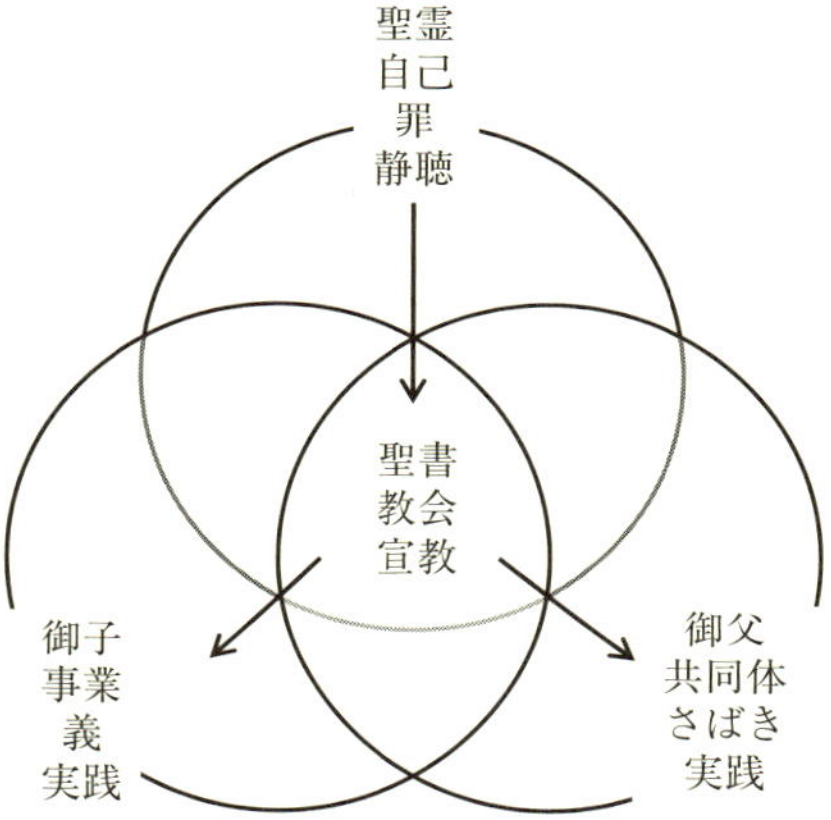

図6　三位一体モデル

が神学の営みから排除され、無意識化されてしまう。しかし、帰納的に聖書解釈者の文脈（飯島の場合はヤマザキパンの企業経営）を意識化することによって、批評的に文脈化された神学の営みが可能になり、聖書の世界観をより深く理解することを可能にする［Hiebert 2008］。

その様な視点から、飯島は決して意図していないが、飯島の帰納的な聖書研究の取り組みから浮き彫りになる「罪・義・さばき」の構造は、はからずも、み言葉の分ち合いを媒介として「聖霊・御子イエス・御父」という三位一体の構造になっているという解釈が可能である。みことばの分かち合いは教会の働きであり、それを「宣教」という言葉で表現するなら、図6のような三位一体の構造として理解することができるだろう。ここに、飯島の言う「One Love, One God」の内容を理解する道が開かれていくのではないだろうか。飯島自身も気づかないうちに、三位一体モデルがメタ理念として構造化されているという仮説を提示して、今後の研究につなげていきたい。

注

（1）この分析枠組みの説明と、これを用いた、飯島藤十郎の物語を二代目延浩がどのように物語ってきたかについてのより詳しい分析は三好［二〇一〇］を参照。

（2）主にインドで働いたメソジストの米国人宣教師E・スタンレー・ジョーンズ（一八八四—一九七三）が一九三

〇年にヒマラヤ山麓で始めた、親しい小グループによる霊的刷新を目指すキリスト教運動。のちに世界に広がる運動となった［Mathews　1998：339］。ジョーンズ自身が宣教師として奉仕する中で霊的なリトリート（退修）の必要を感じて仲間と始めた［Jones 1968：214–15］。

参考文献

Berger, Peter, L., 1967. *The Sacred Canopy: Elements of a Sociological Theory of Religion*. Doubleday.

Douglas,Mary,. 1970. *Natural Symbols: explorations in cosmology. 2nd ed*. London: Barrie and Jenkins.

Geerts, Clliford, 1973. *The Interpretation of Cultures*. HarperCollins,

Hiebert, Paul G.2008 *Transforming Worldviews: An Anthropological Understanding of How People Change*. Grand Rapids, Michigan, Baker.

Jones, E. Stanley, 1968. *A Song of Ascents, A Spiritual Autobiography*. Abingdon Press, Nashville KY.

Matthews, James K. 1998. Jones, E（li）Stanley in *Biographical Dictionary of Christian Missions*. ed.Gerald H. Anderson.

McGuire, Meredith B., 2002. *Religion, the Social Context*. 5th ed. Wadsworth Thomson Learning,

飯島延浩　一九九〇　「飯島藤十郎社主とキリストの恵み」『創造と努力の人　飯島藤十郎』飯島藤十郎社主記念史編纂委員会編　山崎製パン株式会社　六八―八一頁

飯島延浩　一九九五　『実践的バイブルスタディー　神に喜ばれる人の歩み』　池の上キリスト教会

飯島延浩　二〇一〇　「池の上キリスト教会の歩み」『池の上キリスト教会創立五十周年記念誌　命の川の流れ出るところ』千代崎備道編　五九―九二頁

飯島・N・ジュリアン　二〇一二　『池の上キリスト教会　実践的バイブルスタディー　山上の垂訓に隠された生命の道』　いのちのことば社

三好明久　二〇一〇「山崎製パン株式会社創業者飯島藤十郎の物語とその経営理念の継承に関する一考察」『理念・哲学・スピリットの世代間継承および地域内あるいは地域間伝達のプロセスの研究報告書』天理大学地域文化研究センター編

第2章　財界リーダー中島久万吉と仏教的精神
――精神的指導者への道

村山元理

はじめに――中島久万吉《くまきち》の略歴など

本稿では、大正期から昭和初期に財界人としてトップ級の働きをなした男爵中島久万吉（一八七三～一九六〇）と仏教との関わりという異色の財界人の一側面について探求する。[1] ここでいう財界人とは、「経済界のリーダーとして経済界の利害を調整し、政治・外交だけでなく広く社会・文化・教育などの各方面に影響力を行使することのできる人物」と定義する。財界人は経済界をリードするオピニオン・リーダーの側面もあるが、文化・教育・福祉など社会や生活を豊かにする方面でも期待されている。現在では中央の経済団体トップ層で形成される財界そのものの役割は地盤沈下している。しかし中島の生きた時代の財界は今とは比べることができないほど強大であり、またそのため批判もされた。[2] しかし財界人のエートスには国家社会を第一義とする公益的精神の強さが大きな特色であり、その祖型を形成したのが渋沢栄一であることは言うまでもない。本稿の主題となる中島は渋沢とも親しく、渋沢二世と言われた和田豊治らとともに活躍した次世代型の財界人であり、ネットワークを結びながら複数で活躍した。

久万吉の父中島信行は、土佐藩を脱藩した勤王の志士であり、坂本竜馬の片腕であった。明治政府の高官となるが、自由民権運動の活動家として下野し、初代衆議院議長をつとめた。陸奥宗光の妹である母初穂は若くして亡くなった。継母の俊子（湘煙女史）は女流の民権家であり、漢学の素養が豊かな文学者としても著名である。中島久万吉はこのように自由民権派の家庭に育ち、(3) 中等教育として草創期の明治学院にいたころは政治家志望であった。

しかし矢野次郎の知遇を受け、高等商業学校（現在の一橋大学）を卒業し、実業界に活路を見出した。東京株式取引所、三井物産、京釜鉄道などを経て、桂太郎首相の内閣秘書官となる。日露戦争時の政治の機密に深く関わり、頭角を現す。西園寺公望内閣の秘書官をわずかにつとめた後、請われて古河財閥に入った。

古河財閥を背景に古河電気工業、横浜ゴムなどの古河系の有力企業を育てたが、その活躍の主舞台は、むしろ財閥外にあった。我国ビッグビジネスの初の経済団体である日本工業倶楽部（一九一七年設立、以下工業倶楽部と略称）の専務理事として政策形成に大きな影響力を持ち、民間外交にも関わる財界人となる。実業界の諸問題に広く関与し、企業合併の斡旋にも関わり、いわゆる「財界世話業」と呼ばれた。本人も自負する最大の公的貢献は、昭和恐慌の中で設置された商工省臨時合理局（一九三〇年設置）の常務顧問となり、産業合理化運動を推進したことであった。一九三二年には、財界を代表して斉藤実内閣の商工大臣となった。ビール合同や製紙合同だけでなく、長年の夢であった難題の八幡製鉄所の民営化・製鉄合同を成功させ、日本製鉄株式会社を設立させた。

しかし悲劇が待っていた。政民連携の斡旋をした中島は軍部・右翼から恨まれ、旧稿の「足利尊氏」論が貴族院で取り上げられ、逆賊扱いを受け、商工大臣を辞任せざるを得なくなった。軍部・右翼関係者の目的は斉藤内閣の倒壊であり、さらには帝人疑惑(4)にからむ架空の証拠によって斉藤内閣は幕引きとなった。中島は帝人事件にも係累することとなり、家宅捜査の上、八十日間におよぶ未決拘留となる。獄中心理の錯覚もあるなか、偽造された予審調書への承認を強要された。男爵の礼遇不享が決定され、地位も名誉も喪失した。家族にとっては中島家の没落の始まりであった。予審廷では有罪となったが、ロングランの公判においては全員無罪となったこの事件は、検察による人権蹂躙、検察による架空の事件の捏造が明るみになるなど裁判制度の在り方そのものが問われる疑獄事件となった。

ロングランの公判で全員無罪をかちとったが、中島は予審廷で虚偽の自白をし、三土忠造元鉄道大臣との対質では虚偽の自白を懇願し、逆に三土から罵倒されてしまった。それは本人にとっては思い出したくもない恥辱であり、公判が始まる半年前から求道的生活を送るようになった。中島は裁判の被告席では残りの「人生の精神的生活の建直し」に努力することを吐露し、そのために公判前から始めていた円覚寺での参禅修行・経典疏釈に前後四年間もかけた。その後、ある意味で財界の精神的指導者へと変貌する。

一流の経済人が本格的な仏道修行に四年もかけ、経典注釈を残すという一仏教学者なみの傾倒ぶりは注目に値する。恐らく後にも先にも実業家でありながら中島久万吉ほど深い経典疏釈をできた人はいないであろう。では、なぜ禅仏教に帰依したのだろうか。一流の財界人がなぜそれほど精神的修行を積む必要があるのだろうか。

本稿では中島が帝人事件以降は第一線から離れ、経済界だけでなく戦後は青年教育の精神的指導者となっていく経緯を明らかにする。表1に図示したように、帝人事件を契機とした精神的修行期をはさんで、帝人事件以前、修行期、指導者期として以下のような時期区分を立てると分かりやすい。ただし表向きは財界大物であり、戦後はGHQに意見をし、日本貿易会会長としても表舞台に復帰した。

中島を含めた日本工業倶楽部の指導者たちのエートスが、戦後経済界の経営理念の基礎となったことについて由井常彦［二〇〇六］のスケッチがある。本稿は由井の教示に感謝しつつ、中島久万吉をさらに宗教的側面から探求した研究である。結論の一部を先取りすれば、禅仏教をはじめキリスト教や哲学・文学などの広範な学識をもとにした独自の宗教観に中島はたっており、本書でいう「メタ理念」をその内面に構築していたと思われる。参禅修行

表1　中島久万吉の精神的指導者としての時期区分

時系列的区分	時期、事項
一．帝人事件以前	湘煙女史からの影響、釈宗演との関わり、禅趣味 陽明学へ傾倒、心の問題に関心 道元への傾倒、永平寺参詣
二．精神的修行期	一九三四年七月二十一日～十月十二日　市ヶ谷に収監 収監後、禅僧のようになる 八月三日～十二月一日　予審廷 十月十一日～十一月中旬　慶応病院、自宅で読書三昧 一九三五年六月十六日迄　円覚寺で参禅生活・経典疏釈 一九三五年六月二十二日～一九三七年十二月十六日　帝人公判 一九三八～四〇年頃　円覚寺で参禅生活・経典疏釈
三．精神的指導者期 （財界の長老的指導者）	一九四一年秋頃～一九四五年春 素修会（日本工業倶楽部）で碧巌録講話、坐禅指導 大東亜戦争の頃　日本貿易協会有志に般若心経講話 一九四七年～一九五三年四月　日本貿易会会長、日本貿易会で碧巌会 一九五三年一月～一九六〇年四月　日本青年連盟会長、全国各地を講演行脚 一九五四年一月～　竹潭碧巌会（日本工業倶楽部） 一九五六年二月～一九六〇年四月　世界仏心連盟会長、高尾山仏舎利奉安会

をしたとはいえ、仏教が唯一の精神的源泉ではなく、本人の独自の解釈があり、彼の言う仏心とキリスト教の神とは同じカテゴリーに属していることを後で説明する。

1 帝人事件以前における禅との関わり

湘煙女史から禅趣味、釈宗演との関係

久万吉の禅仏教に対する関心の契機は、本人も回顧しているように継母の俊子（湘煙女史）と円覚寺管長の釈宗演による。

「私の禅趣味は壮年時からの母湘煙女史と鎌倉円覚寺管長釈宗演老師との因縁に出づるものだ。しかし門より入る物は家珍に非ず、つまり文字禅の拈弄に過ぎない野狐禅式のもので、畢竟自家屋裏の物ではあり得なかった。しかるに往年端無くも帝人事件に係累して世の批判に上った前後から……」［中島　一九五一：二七七、中島　一九五三：序二］

しかし遡って考える必要がある。幼少期に土佐に預けられ、義理の叔父の漢学者久下種平から東洋古典の漢籍を教授され、さらに後に継母が漢学の師匠でもあり、仏籍を自由に読める土台が形成されていた。勉強好きで博覧強記ともなったが、それは幼い頃からの旺盛な向学心の賜物であった。母方の祖父は漢学者であり、その血筋も考えられる。

中等教育は明治学院で学び、寄宿舎では英語や西洋的生活を叩きこまれる。霊性あふれる宗教教育を受け、父と同様に洗礼を受けたかもしれないが、クリスチャンとはならなかった。しかし〝宗教に対する構え〟を準備させたであろう。福音主義を通じて、ユダヤ・キリスト教文明に対する広範な教養を身につけた。島崎藤村とも同窓であ

り、十六、七歳の頃は文学青年であった。

父の信行と俊子が事実結婚したのは、一八八四（明治十七）年頃であった［横澤 二〇〇六：二九六］。とくに信行が一八九九（明治三十二）年に亡くなった後に、久万吉は俊子の話し合い手となって親しくなった。宗教談、藝術、時事などを話題として会心の友であった。文学者である継母からは、以下のように禅を実践した境地を学んでいる。

「私は母ながら女史が既往に如何なる修行の功に依て死生の大事を究明し得たかを知る所が無い。ただその平生に徴して、女史は常に心を死生の外において大に死生の理を究め得たる態に見受けられた。女史の反面には高踏逸脱な一種禅客の風格があると同時に、他の反面には多情多恨な詩人一流の心腸が有った。」［中島 一九五一：三三二］

死期が近くなった俊子との禅問答風のやり取りは有名な史実となっているが、久万吉は「臨終端的のところ如何」と尋ねた。すると女史は満面の笑みをたたえて、「ただこれ花前一睡の情」と答え、さらに筆をとって、「藪入にちょいとそこまで独り旅」の一句を書き終わった。二日たって俊子は息を引き取った。一九〇一（明治三十四）年五月二十五日であった。

俊子は法外の友として釈宗演禅師とも親しく、家族ぐるみで親交があっただろう。釈宗演は久万吉が初の欧米渡航をする際には七律を送っている［井上 二〇〇〇：一五八］。

釈宗演は一九一六年から一九年にかけて再度、円覚寺管長となり、三宝会を設立し禅宗の布教に努めた。久万吉はこの三宝会の設立に貢献した(5)。一九二三年に中島家は牛込薬王寺町に転居するが、家の隣に月桂寺があり、この寺は円覚寺派であった。東海裕山老師が中島家によく出入りし、月桂寺の僧を招いて、家族のために禅の指導をしてもらった(6)。

一九二一年頃から俳句にこった中島は俳句雑誌『倦鳥』に禅に関する論考を多く載せた。『倦鳥』に掲載された

「詩と禅」では、詩の境地と禅思想が同一地平にあることを明らかにした。また以下のように道元を崇拝し、『正法眼蔵』を人生の糧とした。

「本邦の高僧碩徳中、自分は平昔最も道元禅師に対して崇敬措く能はざる者である。禅師一代の行業事績、もとより日蓮の奇なく、ルーテルの異は無いけれども、仏祖の大道を闡明して普く群品を利済し、その行持綿密、精進不退の生涯を一貫せられた無辺の威徳に至りては、七百歳の下なほ人をして欽仰に禁へざらしむるものがある。」

［中島　一九二四：十号：二一］

俳句友達の天春静堂と共に永平寺に一九二四年十月三十一日に参詣し、一泊の修行体験をした[7]。財界人として活躍していた一九二八年頃には日本橋倶楽部の『正法眼蔵』の勉強会（秋野孝道禅師が講師）に熱心に参加した。ただ広く漢籍に親しみ、陽明学にも傾倒し、西洋の哲学・文学書にも造詣があった中島は禅仏教だけから影響を受けていたわけではなかった。多芸多才な文化人であり、座談の名手であり、実業家としては異色なほど「心の問題」に造詣が深かったことが指摘されている。

2　修行期

このようにもともと禅に対する深い理解があった。その中で帝人事件により逮捕され市ヶ谷の獄舎に八十日間余り拘留されることになった。多忙な財界人の生活から一転して、静かな獄舎生活は瞑想の時間ともなったであろう。獄舎生活を終えた中島は「禅僧のような枯淡味が出て来た」と言われる（朝日新聞、一九五五年、七月十四日）。

元来、謙虚な人柄であり、自分なりに精神修養はしてきたつもりであったが、帝人公判では「修行が足らなかった」ことを告白している。拘留・退院後から公判が始まる前に始めた修行生活は性格的にも最も望んでいたことであった。宗教学的には突発的な回心ではなく、元来持っていた信仰が「強化」されたことを意味する。(8) 被告人という過酷な外的状況下、中島の精神的成長は逆に深化したのであった。事件以降、参禅生活を送ったことは、以下の文章が詳しい。

> しかるに往年端無くも帝人事件に係累して世の批判に上った前後から、古人「年七十を過ぎて位に居るは、なほ鐘鳴り漏尽きて夜行くが如し、罪人なり」と警めてあるところに従い、ソロソロ世に年貢を納めて、残生を求道生活に終るべしと決心し、鎌倉円覚寺内の塔頭松嶺院というに参籠し、専ら朝誦暮禅の境涯に入った。毎日の日課は只管打坐だ。これも特に公案に拠らず自ら黙照して祖意の工夫に精進した。今から回顧して格段長い修行であったとも覚えないが、今残る当年の感慨に見るも、
>
> 禅情詩味淡生涯　林外高居絶市譁
> 最喜閑中忘百事　四年如夢又梅花
>
> の七絶にある通り、松嶺院の参籠は前後四年の長きに及んでいる。かなりの勉強であったナと今更のように旧感を新たにする訳だ［中島　一九五一：二七七―二七八、中島　一九五三：序一］。

壮年の頃から馴染みのある円覚寺で、その一つの塔頭である松嶺院に前後四年間も参詣した。無罪判決以降のことであろうが、実際には自宅から毎日のように出かけたと家族は証言している。本人にとっては待望の修行生活であり、精神的に大変充実したに違いない。この修行生活は道元の説いた只管打坐《しかんたざ》であり、それはひたすらに坐禅をすることを意味する。と同時に大乗経典の「疏釈」も自ら行った。それが「自ら黙照して祖意の工夫に精進した」の含意である。公案による対話というよりも、一人で注釈に励むのである。実際に注釈したのは、『碧巌録』だけでなく、大乗仏典の精髄である『金剛経』・『信心経』・『般若心経』であり、その「疏釈」に「三ヵ年有余」をかけた［中島　一九五六年一月：はしがき、中島　一九五六年七月号：七二］。これらの経典注釈は、やがて中島が主宰す

る素修会や碧巌会などの宗教講話で生かされ、公刊もされた。

戦後に、朝比奈宗源（円覚寺管長）は、中島碧巌録について以下のように解説している。

「中嶋さんの講義は新機軸を出したもので、元来碧巌録は臨済宗のものであるが、中嶋翁は曹洞宗の立場から解されて、その造詣の深さを示されているが、あるいはまだ難しい点が残っているかもしれない、この中嶋碧巌録を篤学の士が出てきて更に、講義をすることになれば、興味深いであろう。」（『にっぽん青年』一九五四年一月一日、十）

中島の碧巌録講話は正法眼蔵の立場からのもので、独自な解釈をなしたものであった。なお朝比奈宗源による『碧巌録』（改版）の注解は一九五二年に岩波文庫から出されていた[9]。

中島は臨済宗の円覚寺に参籠したわけであるが、臨済宗が大切にする公案ではなく曹洞宗的に只管打坐を実践し、その上経典の注釈に励んだ。只管打坐は何よりも曹洞宗の道元の開発した言葉であるが、円覚寺の懐の深さを物語るエピソードである。

3　精神的指導者期

素修会での講話・坐禅指導とその意義

一九三九年一月から工業倶楽部の専務理事として復帰しており、求道生活を徹底することはできなかった。ただ同年に貴族院議員は辞退し、政治の表舞台からは完全に降りていた。一九四〇年に工業倶楽部の財界二代目の勉強会である火曜会[10]が工業倶楽部の中で生まれた。その火曜会の宴席にたまたま呼ばれた時、中島は次のように語った。

「諸君は皆それぞれ巨大なる財産の所有主で、国家的に重要なる事業の董督者でもある。すでにおしもおされぬ財界の権威ではあるけれども、看受くるところ、平生いかにも事業の管理や世間的交際のことに追われがちで、その間個性を涵養し人物の内容を豊富にすべき内観の功夫や、道味に潜心するというような余裕に乏しく、いかにも惜しむに余りある。」［中島　一九四三：一―二］

彼は実業家の心のあり方に対して常に不満をもっていた。「内観の功夫」や「道味に潜心する」余裕がないと言われた経営者たちは驚いたことであろう。さらに次のように語る。

「方今政情いよいよ複雑になり、人心ますます険仄に赴き、国家に対する個人の義務が一層その重さを加うるの秋、時運の変遷に伴うて財界人としてその素するところを錯らぬようにするには、諸君の身分が身分だけに、かつ事業の盛衰における利害が直接にして、これが経営に対する責任が切実なだけに、この後幾度となく公私の分別や一身の処措に迷い、事業の運営における取捨進退の間に困しむような目にも逢うべく、そういう場合に成ると、知恵才覚が鼻の先きからで無く、腹のドン底から来るのでなければいかぬ。それには平素時局問題の研究や経済知識の獲得もさることながら、同時に何か個性向上の為めの精神的修養を致されては何うか。」［中島　一九四三：二―三］

ここには企業経営の重責だけでなく、トップ経営者としての人格・人間性が豊かであらねばならないという視点が明らかにされている。

事業家としてのあるべき価値判断の根底はどこにあるのか、「腹のドン底」から来ているのかと問われて、誰もが確答できなかったことであろう。そして中島から精神的修養をしてはと問われて、修養の方法論について疑問に思ったことであろう。その後、幾日かたってから火曜会の会員の一人から『碧巌録』の講話依頼が舞い込んだ。『史記列伝』か『菜根譚』くらいならと思っていた中島は、この注文に驚き、一時は躊躇した。しかし、せっかくの申し出で、自分から言い出したことでもあるので、この申し出を受け入れたのであった［中島　一九四三：三］。

　このように火曜会の会員を中心に中島から「修養講話をお伺いする有志の団体」として私的な集まりとしての素修会が生まれた。素修会とは素心を修むるとか、自性を究めるという意味で、中島が命名した。一九四一年秋から毎月二回、時には三回の『碧巌録』の提唱を学習することになった。同年十二月には太平洋戦争が始まったが、戦時下に工業倶楽部の一室において静かに講話は開始された。『碧巌録』だけでなく、その他に、予備知識として『般若心経』・『金剛経』・『賛同契』・『宝鏡三昧』などの解説もあった［中島　一九四三：七四］。

　中島の解説は非常にわかりやすく、日常の実際生活に即した独自の解説であり、会員は仏教の真義がおぼろげながらも合点することができ、「実にこよなき歓喜の極み」であるとも評されている。しかし出版された注釈本は漢語の語彙が豊富で難解である。講席の写真が残っているが、中島を中央として十四、五人の参加者が熱心に勉強している姿が写されている。

表２

タイトル	発行日
『碧巌録講話第一集』（第１則～第25則）	1943年７月
『碧巌録講話第二集』（第26則～第50則）	1943年10月
『碧巌録講話第三集』（第51則～第75則）	1944年６月
『碧巌録講話第四集』（第76則～第100則）	1945年３月

　また「中島男爵邸の大広間を開放した坐禅会」も開催され、円覚寺から招かれた「直日」[11]によって、正規の座法が教えられた。

　素修会における仏典講話は戦時中にずっと続けられたことは、表2の出版事情から推測される。『碧巌録』は百則からなる禅の公案集であるが、中島は二十五則ごとに冊子を作成して、教材として頒布した。

　素修会以外に「大東亜戦争の盛んな時」に会長をつとめた日本貿易協会においても有志に対して『般若心経』の

講話を行った〔中島 一九五二年八月：三〕。日本貿易協会は戦後には日本貿易会に統合されるが、その会長時代においても中島は碧巌会を主宰し、その引退後も工業倶楽部において碧巌会を開講し続けたことが本人の手帳から明らかになった。ここに中島が精神的指導者として多くの経済人たちから慕われていたことが伺われる。

後に経団連会長として財界総理とよばれた石坂泰三は工業倶楽部の理事長をもかね、工業倶楽部の中に戦前の「素修会」を復活させた。石坂は「私の履歴書」で新資本主義の中における経済道義の確立を強調しているが、その心の中では「中島精神」を継承させたかったのだろう。帝人公判の当時、第一生命にいた石坂泰三は証人の一人であったし、素修会で教えを受けた石坂にとって中島は財界の大先輩にあたる[12]。

現在の「素修会」は工業倶楽部の正式の親睦団体の一つであり、宗教・哲学方面の講演会として機能しており、僅かにその名称だけを残存させている。

日本青年連盟会長

八十歳にもなる中島が人生最後のライフワークとしたのが、日本青年連盟を通じた青年教育の推進事業であった。中島はもともと教育問題に対する関心が高く、青年教育に尽力した小尾敏晴を尊敬していた。日本青年連盟とは、戦前期の青年団運動で有名な熊谷辰治郎によって企画され、一九五三（昭和二十八）年一月に「地域青年団の発達と、勤労青年層の健全な進歩、そして民主主義日本の確立による祖国の振興を目的」として結成された。日本貿易会会長の引退（一九五三年四月二十五日）の前後から、中島は日本青年連盟での活動を本格化させるが、親しい友人の大川周明に送った手紙（一九五三年五月三日付）の一節を紹介する。

「老生、このほど日本貿易会引退、右を契機に漸次、実業関係を稀薄にし、文化宗教方面に新生致すべくを期し候。したがってこののち更に高教ニ相浴しもうすべきものこれあるべきかと楽しみおり候。」〔大川周明関係文書刊

行会　一九八八：七二九〕

青年教育運動にかける彼の決意が「文化宗教方面に新生致すべく」という表現に現れている。青年教育には宗教や日本の伝統文化が土台となるべきであると元来考えていた中島は、大川から日本（瑞穂の国と大川は呼ぶ）の歴史的伝統や、イスラム教などについて学んだ。中島は常に新知識を貪欲に求めていた。祖国の道徳的退廃を座視できぬ憂国の情を二人は共有させ、似たようにどちらも地方行脚を行った。

財界活動を希薄にするとはいえ、日本青年連盟の活動資金は経済界から多大な支援を得ていることが連盟機関誌の『Nippon 青年』誌からうかがえる。(13)

中島は単なるお飾りの会長ではなく、連盟を実際に主宰する会長として、常務理事の熊谷などと講演のため「日本中を歩き回」った。

同年七月二十五日の大川宛ての手紙では、「その後岩手青森両県下巡講、近く帰庵仕候。衆人之座にも臨み、一箇半箇とも接し、何分初経験の事とて不任意次第また少なからず、来月々初さらに房総地方出張の予定にこれあり候。」と述べているように、八十歳すぎの老人が若者たちと座談し、それもごく少数の会合も含めて地方行脚するのである〔大川周明関係文書刊行会　一九八八：七三〇〕。

講演の原稿を書くだけでなく、機関誌『Nippon 青年』にも多くの論考を寄せた。(14)

その他に「世界友の会」会長、「日本外政学会」会長なども引受け、民間外交や国際親善にもつとめ相変わらず多忙な日々を送るが、青年教育運動にこれらの諸活動を連携させるリーダーシップをとった。さらに一九五六年四月の仏舎利塔の建設に合わせて、「世界仏心連盟」を自ら組織し、日本青年連盟と表裏一体的に青年の精神修養に努めようとした。

（二）全国的な講演旅行

八十歳を超えた中島はかくしゃくとして壮者を凌ぐ活動ぶりを示す。青年教育活動を愛し、日本の将来を担う若者が日本人としての伝統と誇りをもって活躍することを期待した。日本再建のためには新しい青年が必要であり、新しい材木が必要であるとして、「人間植林」という言葉をよく使った。中島のグローバルな視野と文明史的な歴史観にたった教養はフレッシュで、若者たちの心に大きな啓発を与えた。熱心に青年の声に耳を傾け、山形での篤農家の研究発表大会の後でも、青年たちに鋭い助言を与え、青年たちを感激させた［熊谷　一九六〇：三］。

中島が講演旅行に出かけた訪問地は、日本全国のかなりの地域に及ぶ。特に遠隔地への訪問は最初の三年間（一九五三年～一九五五年）に集中している。これは連盟（日本青年連盟の略）の活動を全国各地に普及させるための種まき的な路程で、熊谷の旧知の各地の盟友がその組織化に協力した。青年団研究史家の多仁照廣教授によれば、その中でも熊谷は東京西多摩郡福生町と岐阜市郡上八幡の盟友とは戦前から特に親しくしていたという。

中島会長の全国講演旅行の日々は、とても老人とは思えない頑健な健康と強い精神力を感じさせるものである。熊谷によれば、実際に訪問した地域は、東京都下三多摩地区をはじめ、新潟、埼玉、長野、山形、岩手、青森、秋田、宮城、岐阜、大阪、京都、滋賀、島根、鳥取、愛媛、高知、岡山、福岡、山梨、茨城である［熊谷　一九六〇：三］。その他に、少なくとも千葉県館山市や静岡県焼津市もある。

この中で、中島は東北出羽の庄内地区、常陸の水戸地区、武蔵の多摩区、信濃の一国に親愛と期待をもった。地域的に特色があり、思想や考え方が独特なものを愛していたという。とりわけ山形県庄内地区松丘に特に親しみを感じていた。そこには連盟理事でもある菅原兵治が主催する東北農家研究所があり、別に含翠学院という農村の中堅青年養成所がある。この含翠学院と連盟が共催して東北地方の長期講習会が開かれた。

(二)「宗教教育の振興」

本節では中島の講演録のなかでも精神文明の再興を期待し、該博な歴史観にたって、宗教教育の意義を力説した論説「宗教教育の振興に待つのみ」を解説する。

中島は第一世界大戦後のヨーロッパを歴遊し、その精神的破壊に驚き、世界の諸問題に関する処方箋を『核心之問題』（一九二三）という冊子に書いていた[15]。それから三十年たち、この論説では、その後の世界情勢も踏まえて、やはり三十年前と同じように文明史的にローマ文明からはじまるヨーロッパ文明の興亡について論じた。ここで注目されることはヨーロッパの思想精神を過去一千二百年間も陶冶してきた「キリスト教の教育は、高尚なる敬神的観念より来た人間浄化の聖業であった」という論旨である。

さらに現下の問題である、政治的対立、経済的対立、文化的対立について論じた。その中で米ソの対立、原子爆弾を利用した第三次世界大戦の危機などにも言及した。物質文明が行き詰まり、「物質文明が人類生活の本義に戻り、人間生活の良識とも相容れがたい」ことを論じ、「人間精神力の再興、人間精神界の再建」を力説する。そのためには「宗教教育の新興」が必要だと語った。

詩人ゲーテ、原子力の権威トーマス・モレルを引用し、宗教の重要性を述べる。ここでいう宗教はドクトリン（教義）ではなく、広義の宗教性を意味している。中島は宗教教育とは「教義の口授ではなく、寧ろ主として宗教的情操の涵養である」と明言している。

現在の世俗的で教養的な宗教教育を批判して、旧来のヨーロッパにおける霊性教育こそが重要だと中島は考えていた。往時の宗教教育とは次のようなものであったという。

「言わば別の世界の入門で、通常人の容易に推測出来ぬ霊的真実をひらいて、人間生活の本義を明らかにしようとするものであった如く、人類を『神秘の発見による歓喜』に導くことを目的とするものである。」

次に、イスラム教の宗教即実生活の面やイスラム教がアフリカで黒人に広がっている状況などの説明に移行するが、この新知識は大川周明からの教示によるかもしれない。最後に、ホワイトヘッド、アインシュタインを引用する。アインシュタインは、「人間には直覚があり、知覚の最高度に至る時で大発明が起きる時、大悟機発の行われる時に、人間が宇宙生命の永久性とか、自然界の無限大を感じる場合に必ず限りない脅威を感じる」と語ったという。そしてこのアインシュタインのいう「驚異の念」が敬虔な宗教心に他ならず、シュバイツェル博士のいう「人間の精神力」であり、宗教教育の最大の目的だと論じた。

この論説から宗教の教義よりも、宗教性ないし宗教的情操を重視していることがわかる。中島の立論を要約すると宗教的情操とは敬虔な宗教心であり、驚異の念であり、神秘の発見による歓喜であるとされる。

ただこれだけでは宗教的情操とはいえない。中島が言及しているようにイスラム教における逆境や迫害に打ち勝つという克己心もあるだろうし、敬神生活を通じた感謝と喜びの心、さらに中島がよく強調する自己犠牲的な精神や、隣人愛に代表されるような信仰共同体を通じた一体感の感覚も含まれるだろう。

(三) 人類最大の課題

『Nipppn 青年』第六巻第七号（一九五八年）に、「人類最大の課題」という題名の簡単な中島の文章があり、宗教とも関連した話として紹介しよう。近代の科学文明が自壊的症状を呈していると警告する中島はトルストイを引用して、青年にとってもっとも肝心なことは科学的な事実を学ぶよりも人生の意義は何か、いかにして生きるべきかを解決すべきであると語る。そして以下のように語る。

「人間生活はますます自然をもてあそび、自然から遠のいているかに思われてならない。人間生活は自然に近い程、神に近く、自然から離れることによって、いよいよ神を離れて遠くなるのである。空には原子兵器がとび、海には原子潜水艦がくぐっている今日の時代を、わたしは、人類の幸福な時代であるとは思わない。もっと自然に近い、神から離れない時代を創らねば人間が救われないと信じている。

かの歴史上、暗黒時代といわれた、ヨーロッパ中世の頃、人は神に近づき、精神的に覚醒し、宗教上の革新の気運が動き、芸術上には、溌剌たる新生命をひらいて人類文化にさんぜんたる貢献を残した[16]。」

人生をいかに生きるべきかは、「神を見つめる生活」によってこそ人類の幸福がもたらされるというのが最後の趣旨であった。ここで中島が語る神は特定宗教の神というよりもあらゆる宗教に普遍的な超越者というべき実在を含意している。人間のエゴがもたらす弊害を警鐘し、自然の背後にある実在者に目覚め、真の幸福を求めるべきであるというのは宗教者がよく語っていることであり、とりわけ新規な説ではない。

各家庭には神棚や仏壇があり、宗教的な雰囲気が昔はあったことを別な場で中島は発言している。彼の思想は東西宗教を超えた立場にたっているが、日本人には日本人にあった宗教的信仰心が大切であると言いたいのであろう。彼は理想家ではあるが、むしろ理論よりは実践を重んじた人であった[17]。

高尾山仏舎利奉安塔の建設

一九三〇〜三一年に少年団日本連盟（ボーイスカウト日本連盟）の二荒芳徳伯爵が率いる代表団二十二名が、両国の親善交流を深めるためにタイ王国（その当時はシャム）に派遣され、現地の少年団と交流し、指導者の養成に尽力した。これに対して、国王陛下ラーマ七世の配慮で、両国友好関係の象徴として、ナコンパトム県のプラパトム・ジェーディー寺院に安置してある釈迦の真骨（仏舎利）が日本に分与された。この真骨は英国ロイヤル考古学会が鑑定し、学問的にも由緒ただしいことが実証された。

一九三二年七月に少年団日本連盟の相談役となった斉藤首相から中島はその保管と処理を任された。その後、二十数年にわたり、この仏舎利を東京都に依頼し、震災記念堂（現在の東京都慰霊堂）に安置してもらった。

高尾山仏舎利奉安塔建設地の写真が一九五三年七月に牛山栄治も含めて撮影されているが、仏舎利奉安会が組織され、例会が開催されはじめた時期は、恐らく日本青年連盟の活動期と符号している。一九五四年九月十九日に震災記念堂から高尾山薬王院への仏舎利移霊祭に中島と熊谷が参列した。

高尾山仏舎利塔は一九五六年四月釈尊降誕会に合わせて完成した[18]。高尾山仏舎利塔建設に合わせて、自身の仏教文化業である『禅苑拾翠』（『金剛経』『般若心経』『信心銘』の注釈と「自然堂独語」から構成）が刊行された。仏舎利塔が建設された一九五六年はたまたま仏滅二五〇〇年祭が全インドで挙行された年でもあった。この年の完成に中島は深い仏縁を感じていたかもしれない。

高尾山を選定した理由は自然を愛し、父と同様に三多摩の地を愛した中島がその神聖な霊地を気に入ったからだろう。仏舎利塔建設を中島は寺院関係者に何度も自慢して語り、満足していた［大石　一九六〇］。仏舎利落慶奉遷式は春先だったが、「冬の落慶奉遷式」で中島は寒さで病をこじらせ、これがもとですっかり弱くなってしまう。

世界仏心連盟と青年修養道場の建設計画とその死

『Nippon 青年』によれば、一九五六年二月に中島は、連盟理事の熊谷や木村尚一だけでなく、宮本正尊、佐々木泰翁、増谷文雄、山田霊林、那須正隆、増永霊鳳という錚々たる仏教学者たちと世界仏心連盟の結成につき懇談した。

道元は曹洞宗という宗派（セクト）をつくることを反対し、仏心宗と呼ばせたかったと言われており、中島も仏教宗派がセクトごとに対立することを不毛だと思っていた。この仏心には広義の宗教的情操と一致するものを中島は含意していただろう。

同誌の一九五六年三月号の論説では、中島はこの団体の目的は「現代文明救済の悲願をもって、弘く仏心普及の運動に挺身しよう」と述べた。仏舎利塔に合わせた「仏教青年会」設立がこの団体の元々の目的であっただろう。

論説の締めくくりで「カントの至上力こそは仏心であり、わが連盟の期するところは、仏心を通じて、わが国人、殊に明日の支配者たる青年層に、確固たる精神的定軌を育成しようとする。」と述べている。

世界仏心連盟（日本工業倶楽部内）発行の中島のパンフレットとして『碧巌録と道元禅師』、『世界仏心連盟』、『人間生活の行き詰りと新意義』、『宗教々育の振興』、『社会革命時代』の五点が刊行された。この会の活動は五八年八月まで記録に残っているだけである。

一九五八年の七月から九月にかけて、数年来の復興に尽力した広園寺（八王子市）に、世界仏心連盟の事業として青年修養道場建設の話合いが工業倶楽部でされた。中島はこの寺の隣地に隠棲したいとの宿願をもっていた［大石　一九六〇］が果されることは無かった。

一九五九年の年末から病床に伏した中島は翌年四月二十五日に葉山の自宅にて老衰で亡くなった。四月二十八日に東京の築地本願寺での葬儀は円覚寺管長の朝比奈宗源が導師を勤め、安岡正篤らが弔辞を読んだ。

おわりに

最晩年に世界仏心連盟を自ら立ち上げた。それは頼まれた仕事ではなく本人の創意によるライフワークであっただろう。錚々たる仏教学者たちを招集できたが、寿命は尽きてしまった。情に深く恬淡な中島は頼まれ役の仕事に奉仕するタイプの人生を全うし、おもに財界で大きな働きを果たした。しかしその内面では若い頃から心の問題を誰よりも重視していたことは一貫しており、日本貿易会引退以降は文化宗教方面に新生を開こうとした。経済であれ、政治の世界であれ、人間の心の問題が重要だと彼は元々考えており、広い意味での宗教的情操が最も重要だと若者に説いた。碧巌録を注釈するにあたっても、独自の解釈と境地に立ち、狭い意味での教学的解釈からは自由であった。中島の宗教観・真理観は自伝にも掲載されている「自然堂独語」に凝縮されている。世界の文明史とグローバルな視点から諸宗教の背後にある「物」を措定しており、それが本書で語られる「メタ理念」に相当する。彼の語る神とは、ヨーロッパ中世において人を精神的に覚醒させ、その個性を向上させた神であり、人間は自然から離れてはいけないと説いた。大乗仏教の宗旨も未開人の自然崇拝もその根本は同じであり、自然の背後にある不可思議にこそ人間は畏敬の念をもたねばならないと語っている。

グローバル化した世界経済において科学技術がどれほど高度になろうと、中島が引用しているように自然や世界は依然として奇跡であり、驚異であることを我々は忘れていないか。人間は人間であることの真の意味とは何かを求めねばならない。この問いかけは今なお警句として現代人にも響いてくるものがある。財界人中島の最後の姿は一種の宗教教育者であった。中島の真実の姿は、財界人でも政治家でもなく、自称「在家居士」であった[19]。その意味を私たちはもっと深く考察しなければならない。財界人である前に、人間として精神的修養を積むことがより重要であることを自ら体現した。ここにこそ冒頭の問であるこの異色の財界人が仏道修行した意義がある。そして修行後は、精神的な指導者として仰がれることになった。さらに最晩年は「人間植林」という言葉をよく使いながら、青年への人間教育に人生最後の日々を過ごした。

日本の経済人の中には宗教的信仰を背後に抱えむしろ宣教のために経済活動をした実業家もいる。また晩年になってから中島のように宗教性を発揮するタイプもある。彼らの使命を考えると、経済的宗教人という新たな経営者類型論を立てられるのではないかと著者は構想しているが、それは今後の研究課題となる。

注

(1) 中島久万吉には自伝『政界財界五十年』〔一九五一〕があり、その他に中島の人物紹介に関する文献類は本稿では煩瑣となるので割愛した。本稿での表記は中島で統一した。

（2） 政治経済の権力者として財界人を一面的に捉える松浦［二〇〇二］のような立場は本稿ではとらない。

（3） 有名な父と継母については横澤［二〇〇六］が詳しい。

（4） 台湾銀行が担保流れとして所有していた帝国人絹株式会社の株式が担保として日本銀行に保有されていた。その過半数株式は買収運動の対象となり、昭和八年五月に、河合良成を仲介人とする保険会社の一団との間で時価売買された。その売却をふくめて翌年一月から時事新報（武藤山治社長）が「番町会を暴く」という告発キャンペーンを行い、帝人株取引をめぐる背任、瀆職の疑いを暴露し、議会や検察でも問題となった。同年四月、台銀、帝人関係者、保険団が検察によって拘引され、五月には、大蔵省の次官、局長なども召換された。検事によって強制的に大蔵省次官の黒田英雄が書かされた嘆願書には、帝人株四百株を貰い、一万円を高橋蔵相の子息に分けたという。この証拠は後に架空であることが公判で明るみとなったが、斉藤内閣が七月に総辞職することを決定づける文書となった。

（5） 中嶋信光［二〇〇五］一二九頁参照。

（6） 右掲書

（7）『倦鳥』一九二四年十二月号に「永平寺詣」を寄稿した。これは「学道時代の道元禅師」（同年十月号）を執筆後に、永平寺に初めて参詣した時の紀行文・句作である。

（8） Rambo, Lewis R.［1987］より

（9） 朝比奈宗源の岩波文庫『碧巌録』は旧版となり、岩波文庫『碧巌録』新版は一九九二年に入矢義高・溝口雄三・末木文美士・伊藤文生の訳注による。

（10） 会員は新進気鋭の財界人有志の集まりで、諸井貫一、植村甲午郎、渋沢敬三、藤山愛一郎、安田一、山下太郎、森村義行、矢野一郎、麻生多賀吉、鈴木三千代、清水康雄、小池厚之助、松本兼二郎、正田英三郎などで、青木均一も特別参加した。正田英三郎小伝刊行委員会編『正田英三郎小伝』（非売品、一九九〇、日清製粉株式会社

発行）参照。

（11）直日《じきじつ》とは禅堂内で　坐禅の指導監督をする総取締り役のこと。

（12）中嶋［二〇〇五］・注釈文によれば、素修会の中には、石坂の他に、藤原銀次郎・宮島清次郎・桜田武・諸井貫一・原安三郎・足立正・正田英三郎・永野護、重雄、伍堂輝雄三兄弟・安岡正篤など戦後各界で活躍した錚々たるメンバーがいたという。ただ中嶋の典拠先は不明である。

（13）この機関誌の広告には中島関連の企業広告が毎回出されている。日満鉱業株式会社、鹿島建設、味の素、横浜護謨製造、古河電気工業、日本軽金属、山加証券、日本碍子、三菱鉱山、電気興業、三菱地所、三菱信託、東京海上など。

（14）最晩年の「久万吉はいつも何か書いていた、読書していた」と孫の信光（二〇一三年九月逝去）氏は回想している。

（15）村山［二〇一一］参照。

（16）中世神学について岩下壮一神父から詳しく学んでいた。中島［一九五一］一三七頁参照。

（17）「行為の伴わない思想は無意味である」と中島は若者に語りかけている（中島著「青年にあたえる言葉」『Nippon青年』一九五五年六月号）。ここには中島が学んだ陽明学的な知行合一の思想も流れているだろう。

（18）中島の手帳には「結縁会勧誘先」として十六社の企業・団体名が書かれていて、建設費、出版費、会議費などに支出されたことがうかがえる。

（19）本人は「真の政治家にはほど遠く、財界人にも成りきれず」と自己の生涯を反省しているが、本稿の目的は精神的指導者として再評価した。

引用文献

Rambo, Lewis R. "Conversion,"（Mircea Eliade, editor in chief, *The Encyclopedia of Religion*, Vol.3-Vol.4., c1987, 1993,

Macmillan Publishing, p.73–79)
井上禅定『釈宗演伝』禅文化研究所、二〇〇〇年
大石俊一「父子二代三多摩を愛した——中嶋久萬吉翁」『多摩文化』第五巻、多摩文化研究会、一九六〇年（『Nippon 青年』（故中嶋久萬吉先生追悼号）第八巻第三号にも同じ文章が掲載）
大川周明関係文書刊行会『大川周明関係文書』芙蓉書房出版、一九八八年
「碧巌録出版記念会の記」『にっぽん青年』第二巻第一号、一九五四年
熊谷辰治郎「ありし日の思い出を語る」『Nippon 青年』（故中嶋久萬吉先生追悼号）第八巻第三号、一九六〇年、二—四頁
熊谷辰治郎「中嶋翁の思い出」『Nippon 青年』第九巻第四号、四月号、一九六一年、八—九頁
中島久萬吉『核心之問題』一九二三年八月二〇日
中島久萬吉「詩と禅」『倦鳥』一九二四年八号（『師友』一九五三年、二号に再録）
中島久萬吉「学道時代の道元禅師」『倦鳥』一九二四年十号（『師友』一九五一年、八月号に再録）
中島久萬吉「永平寺詣」『倦鳥』第十二巻十二号一九二四年、十六—二十頁
中島久萬吉『碧巌録講話第一集』素修会編、一九四三年
中嶋久萬吉『政界財界五十年』大日本雄辯會講談社、一九五一年
中嶋久萬吉『般若心経講話』師友会、一九五二年八月
中嶋久萬吉『碧巌録　上巻』青山書院、一九五三年
中嶋久萬吉「新しい課題への前進」『Nippon 青年』第三巻第二号、一九五五年二月号、三十一頁
中嶋久万吉『禅苑拾翠』明徳出版社、一九五六年一月
中嶋久萬吉「精神的文柱の確立——世界仏心連盟の発足に当たりて」『Nippon 青年』第四第三号、一九五六年三月号、二—五頁

中島久万吉「正法眼蔵に参究して」『大法輪』二十三巻七号、一九五六年七月号、七十二―七十五頁
中島久萬吉「宗教教育の振興に待つのみ」『中学校』四十二号、一九五六年九月号、二―九頁
中島久万吉『碧巌録と道元禅師』世界仏心連盟、一九五六年十一月
中嶋久萬吉「人類最大の課題」『Nippon 青年』第六巻第七号、一九五八年七月号、七頁
中嶋久萬吉・鮎川義介ほか「中嶋・鮎川両雄対談――青年を語る」『Nippon 青年』第七巻第三号、一九五九年、四―五頁
中嶋信光『評伝　中嶋久萬吉』二〇〇五年、私家版
松浦正孝『財界の政治経済史――井上準之助・郷誠之助・池田成彬の時代』東京大学出版会、二〇〇二年
村山元理「財界人の歴史観――男爵中島久万吉の第一次世界大戦後の世界像」韓国経営史学会『経営史学』第二十六巻第三号、二〇一一年九月、二五七―二八二頁
由井常彦「財界人と日本的経営の理念――日本工業倶楽部のリーダーにみる経営一体観の進化」『経営論集』第十六巻第一号、二〇〇六年
横澤清子『自由民権家　中島信行と岸田俊子――自由への闘い』明石書店、二〇〇六年

第3章　民間宗教事業家としての行基

中牧弘允

はじめに

行基（六六八～七四九）は奈良時代を代表する僧の一人である。王仁《わに》の流れをくむ渡来系集団に出自をもち、おなじ渡来系の仏教に帰依した。官寺で得度したれっきとした僧であり、僧を自称し免税をねらう私度僧ではない。にもかかわらず、官寺での学問や儀礼にあきたらず、民衆の救済にたちあがる。弟子や俗人を組織し、橋や池、堤や堀をつくる一方、布施屋を建てて飢えた役民や運脚夫に宿や食料を提供した。その際、渡来人の土木技術や文書管理法が役立ったことはまちがいない。

『続日本紀』によると、行基が建立した寺は畿内で四九を数える。それは七堂伽藍をそなえた壮大な寺ではなく、道場や院とよばれる簡素な建物である。その名称も泉橋院、高瀬橋院、狭山池院、隆池院、布施院、昆陽施院など、土木事業や社会福祉事業との連携をうかがわせるものが多い。尼院を併設しているところも少なくない。

このように行基の活動は宗教と事業が一体化したところに特徴がある。現代風に言えば、行基は宗教事業家である。しかも民間の宗教事業家である。律令政府が僧侶と俗人を分離し、私度僧を禁じたのに対し、行基は俗人とまじわり、仏道の弟子を育て、土木技術を駆使した。その姿勢は師匠の道昭にならったものであろうが、はるかに影響力をもった。

政府は大宝律令を施行し、租庸調などの貢納と課役による国家運営を志向していた。いわゆる律令体制であるが、行基は律令の強制によらず、地方豪族や農民などに働きかけ、自発的な開墾意欲を結集する一種の宗教事業を展開した。これに対し、政府は弾圧の姿勢をとったが、後にその方針を変更し、三世一身法や墾田永年私財法をくりださざるをえなくなった。

行基の利他行は福田《ふくでん》思想にもとづき、道俗（仏道と世俗）との共同作業を実践した。それゆえ、かれは人びとから「菩薩」とあがめられた。一方、律令政府からは「小僧」行基と苦々しく蔑視されたが、政府もしだいに行基集団を無視することができなくなり、「大徳」の敬称をつけ、ついには「大僧正」の位をおくった。なぜなら聖武天皇が推進した恭仁《くに》京の建設や大仏の造立に行基とその集団の力が必要とされたからである。それは国営事業へのリクルートであり、民から官への転身でもあった。

行基自身は大仏開眼供養の三年前に八二歳の生涯を閉じた。弟子の景静は開眼法会にまねかれるが、行基集団のほうは衰退していったようである。しかし、僧景戒による『日本霊異記』には行基とその集団とおぼしき人びとが頻繁に登場するし、鎌倉時代には叡尊や忍性ら社会福祉事業を展開した高僧たちが行基を再評価していく。同時代、重源も行基にならい東大寺の復興につとめた。東国においても、行基は空海とならんで池溝事業や寺院の開基伝承に深くかかわるようになる。四国八十八カ所においてすら、行基が開創し空海が再興したという縁起が少なからず見受けられるのである。

道昭、行基、空海とたどる系譜はどうやら宗教事業家のそれであるらしい。宗教的信念をもって各種の事業に着手した僧侶たちにとって、行基はひとつのモデルを提供したにちがいない。その点に焦点を当てて以下の論述をこころみたい。

行基の宗教事業

本稿では、宗教とは神仏にかかわることと広義にとらえ、事業とは目的、計画をもち、経営、経済がものをいう「社会的に大きな仕事」（広辞苑）をさすことにする。行基の活動をみると、仏道に精進し、民衆を教化したので宗教に相違なく、あわせて土木・福祉事業をおこなったので、宗教的な利益《りやく》と経済的な利益《りえき》とが合体した民衆運動であるとみなすことができる。「百姓、今に至るまでその利を蒙れり」（続日本紀）とある。また、大仏建立というオリンピックや万博に匹敵する律令国家の一大国家事業に懇請された点でも宗教的大事業の性格を有している。とりわけ、二重の意味における「利益」と、さらに「知識」とをむすびつけたところに特徴がある。古代における「知識」とは、仏に結縁するために田畑、銭貨、労働力を差し出す行為、あるいはその寄進した物資、さらには寄進して信仰を同じくする人の団体を意味する［井上　一九五九：一一三］。

これまでの行基研究はもっぱら歴史学や考古学の観点からなされてきた。また、その蓄積も膨大である。ここでは、宗教事業（本書に添うなら、メタ理念をもつ事業）という面からの素描をこころみるにすぎない。

宗教事業家としての行基を可能ならしめた背景としては、その出自や経歴をまず問わねばなるまい。かれは天智七（六六八）年、河内の大鳥郡蜂田《はちだ》里で出生した。父は才智《さいち》。王仁氏の一族である高志《こし》氏の系統をひく智法君《ちほうのきみ》の長子である。王仁博士は書《ふみの》（文）首《おびと》等の祖であり、文書管理の技術に長けていた。高志氏は中級帰化人氏族といわれている。母は蜂田氏の古爾比売《こにひめ》である。古爾比売は首虎身《とらみ》の長女であり、蜂田氏は百済系の下級帰化人氏族とみなされている。出生地は土師《はじ》郷に近い。墳墓、殯《もがり》の建造、土器の製作に従事した職人集団である土師氏との関係が想定されている。また、和泉地方は渡来系の神や神仙思想に彩られていたとされることからも、仏教に帰依し、山岳修行にはげむ環境にあったといえる。

行基は天武一一（六八二）年に一五歳で出家し、大官大寺で得度した。高宮寺《たかみや》徳光禅師から二四歳で受戒、その後、役小角《えんのおずぬ》にはじまる山岳修行にはげみ、天眼、通眼をみがいた。しかし、行基にもっとも影響をあたえたのは、のちの事業を考慮すると、道昭と言わざるをえない。道昭も渡来系の船氏の出自である。道昭は入唐し、玄奘三蔵を師とした。帰国後、法相宗を飛鳥寺（法興寺）にて教授し、行基も瑜伽《ゆが》論、唯識《ゆいしき》論を学んだといわれている。『続日本紀』七〇〇年の条によると、道昭は天下を周遊し、井戸を掘り、津や渡し場に船を備えさせ、橋を架けたと記されている。道昭池や船戸講の存在が知られ、宇治橋も道昭が着手し、のちに行基が完成したとされている。道昭は七二歳で明日香村の栗原《おうばら》で亡くなり、荼毘《だび》に付された。これが文献上、日本初の火葬とみなされている。

行基にとって道昭がモデルだったことはまちがいない。ただし、行基は道昭の直接的な後継者ではない。むしろ、行基は生母の孝養につとめ、七〇四年、三七歳で家原寺《えばらじ》（母の実家）を建てたり、七〇六年、三九歳で蜂田寺を建立したりしている。しかも、七〇七年、四〇歳で生駒山の仙坊（後の竹林寺か）に移り、粗末な服をまとい、粗食に耐え、仙郷にて山岳修行に打ち込んでいる。その母も三年後に没した。

その後、しばらく行基の消息は不明である。ところが、七一七年、五〇歳の時、僧尼令違犯の詔がだされ、行基は時の政府から名指しで糾弾される。すなわち、小僧行基とその弟子たちは道路に出て罪福を説き、徒党を組んで指に火をともし、肘の皮に経を写し、門を訪ね、食物以外のものを乞い、聖の道と称して妖惑し、僧俗入り乱れ、人民は生業を捨てる、とある（続日本紀）。とはいえ、一般の人びとのあいだでは行基の人気は高かった。「時の人、号して行基菩薩と言う」（続日本紀）と記されているからである。行基は大乗仏教の菩薩道を歩む修行僧として民衆的な名声を博していたのである。

「罪福を説き」百姓を「妖惑」した事件は具体的には「天文気象の変化にもとづいて災祥を予言し、それを天皇の徳治の実如何と結びつけて説き、その結果、百姓を妖惑した」と解せられる［高取　一九八三：三六］。「指に火をともし、肘の皮に経を写し」というくだりはたんに戒律の表現にならったものであるとする見解もある［井上　一九五九：六八］。とはいえ、行基集団が民衆のあいだでおこなっていた教化活動が僧尼令の禁ずる僧侶と俗人の交流に違反し、食物以上のものを要求し、ひいては生産活動の放棄につながっていると非難されている実態は否定しがたい。この時点で、すでに、行基とその弟子たちは「知識」としての集団を形成していたことがわかる。政府から指弾された托鉢行為は、慈善事業や土木事業の財源の獲得にかかわり［井上光貞　一九八三：一八二］、生業の放棄は一時的なもので、事業の集中的遂行に関係していたとかんがえられる。行基の事業は「巷に居人なく……不日にして成る」（続日本紀）と記されているからである。村人を全員動員し、日にちをかけない計画的、集中的な事業展開であったにちがいない。行基とその周辺には事業をささえる集団がいくつも存在していた。実際、高志氏の居地であった高石の大工村は行基に率いられた工匠の子孫の村と称している［井上　一九五九：五九］。

　行基は「知識」集団を率い、「菩薩」とみなされていた。菩薩とは大乗仏教において菩薩行＝利他行を実践する人であり、福田思想を体現する者にほかならなかった。福田とは福徳を生ずる行為の対象であり、三福田《さんぷくでん》とは敬《きょう》田《でん》（三宝＝仏法僧）、恩田（父母）、悲田（貧苦者）をさす。病者を供養したり、貧者に布施をほどこしたりするような行為は悲田を対象としていた。当時の律令政府を悩ましていたのは平民の浮浪や逃亡であり、課役の忌避であった。そうした悲田を相手に仏道を説く行基とその弟子たちには弾圧を加え、僧尼には僧綱をとおして統制を強化していたのである［網野　一九九七：一四〇―一四二］。

　行基は追及されたが、逮捕はされなかった。私度僧ではなかったことが一因とされているが、福田に象徴される利他行の社会福祉事業を禁圧するだけの権力を国家が掌握していなかったからでもあろう。これはいわば王権と教

行基架橋（元興寺所蔵「極楽坊縁起絵巻」より）
写真提供＝（公財）元興寺文化財研究所

権、王法と仏法の対立と相克とみることができる。王権は律令体制を敷き、儒教イデオロギーを奉じ、官寺と僧綱にもとづくいわば官寺仏教をとりこみ、中央集権化をはかっていた。他方、行基集団は仏法に依拠する福田思想を実践し、王法と対峙していたのである。

行基の周囲には多くの人々が集まり、国家は次第に行基集団との妥協をはかっていかざるをえなくなる。七三一年、行基に従う六一歳以上の優婆塞《うばそく》と五五歳以上の優婆夷《うばい》の入道が許可された。実際、このころ行基建立とされる寺院が摂津、河内、山背などに多数たてられている。寺院とはいっても尼院を併設したり、布施屋を設けたり、あるいは船着き場や橋、池の構築事業と合体したかたちをとっているのが特徴である。

行基は先述したように畿内に四九院を建てた。そのほか、架橋六所、直道一所、溜池一五所、溝（用水路）七所、樋（水門）三所、船《ふな》息《すえ》二所、堀川四所、布施屋九所が数え上げられている（『行基年譜』の「天平一三年記」）。行基の知識集団は遊行しながら、土木事業を手がけ、墾田開発に力を貸していった。寺院は行基の説法を聞く施設でもあり、土木事業を統括する事務所でもあった。このような宗教事業の渾然一体となった姿をもう少し具体的にみてみることにしよう。

堺市にある大野寺の土塔は終戦直後、考古学的発掘がおこなわれ、人名瓦が出土したことで、注目を浴びた。寺は『行基年譜』によると七二七年に建立されたと記されているが、このことも軒丸瓦の年号によって確認された。土塔は高さ九メートル、基底五四〜五九メートルの裁頭方錐形であり、一三段の基壇の頂上には宝珠がおかれていた。出土した丸瓦や平瓦には文字が刻まれ、その大半は人名瓦であり、奈良時代に限定される。しかも、すべての文字瓦はヘラ状の工具で焼成前に刻まれており、記入者がそれぞれ製作現場で名前を入れたことを示している〔近藤　一九九八：七九〕。文字瓦には瓦の数量とおぼしき一四四〇の数字もあり、実際、人名瓦は一二〇〇点ほどが出土し、一〇〇〇人あつまったという記述とほぼ一致している。瓦は土塔を補強するために寄進され、土に埋め込まれたもので、行基の事業への参画者とみなされる。近藤康司氏による分類では、僧侶、尼僧、優婆塞、童子、有姓氏族、無姓氏族、一般（名のみ）、その他、追善供養となっている。僧侶には泰順、蓮光、尼僧には信尼などの名がみえる。有姓氏族には矢田マ連龍麻呂（男）、矢田マ連多々弥古（女）、佐味朝臣、百済君刀自古（女）など、無姓氏族には秦人、阿倍毛人（男）、凡河内倭麻呂（男）などが名を連ねている。一般でも虫名子（男）、虫名女（女）など男女の名前が記されている。行基の「知識」集団は老若男女が入りまじり、有姓氏族も参加していたことがわかる。また在地の人びとが中心であり、自分の幸せだけでなく先祖の追善供養もおこなわれていたことがうかがわれる。

行基集団の事業は基盤整備のすすんでいない地域を巡回したことに、もうひとつの特徴がある。狭山池は河内、久米田池は和泉の例であるが、摂津では昆陽池《こや》が有名である。伊丹台地の開墾は昆陽池の造成を必須とし、渡来系木工集団の猪名部氏などの協力によって推進された。行基は六四歳の七三一年、昆陽施院を尼院などとともに建立し、昆陽池などの溜池を築き、水路をめぐらし、水田一五〇町歩をひらいたとされる。そこには惸独《けいどく》田がもうけられた。孤独園ともいわれ、孤は一六歳以下で父のいない者、独は六〇歳以上で子どものいない者をさし、身寄りのない人のための施設とした。現在、昆陽池や昆陽寺の周辺には伊丹市の老人ホーム、社会福祉センター、障害者施設などが集中しており、地元の大手前大学の学長をつとめた文化人類学者の米山俊直は「行基の利他行の伝統がはからずもそこに伝統として生きている」とその印象を記している［米山 二〇〇三：二二］。また、行基の背後には技術者集団があって土木工事、灌漑施設や新田開発をなし遂げたが、それを空海とだぶらせ「ゼネコンの行基建設や空海組」があったとかんがえていた［米山 二〇〇三：二二］。さらに「土地の有力者の猪名部の一族が強力な支持者であり、労務提供者であったと思う」と述べている［米山 二〇〇三：二二］。

土塔の建設と伊丹台地の開発からうかがい知ることのできる行基の宗教事業は、およそ以下のような経営的特徴をもっている。

(1)土木事業、福祉事業など、具体的で明確な目的をもっている。

(2)伊丹台地の開発は池の築造、水路の構築、水田開発、福祉施設の設置、僧尼院の建立など、総合性、計画性をもっている。つまりマスタープランができている。

(3)行基が率先して事業の指揮を執っている。「行基法師、弟子らを率いて衆庶を勧誘す」（続日本紀）とする姿勢が事業全体につらぬかれている。他人任せではないリーダーシップを発揮している。

(4)渡来系を中心とする技術者集団を動員できたことが行基の事業の強みとなっている。組織は計画の立案者が統括し、事務担当者と技術指導者のもと、技術労働者と非技術労働者がいたとの説すらある［長山 一九七一：三七］。

(5)知識結による事業展開。自発的に資材、労働力、財力を出し合うボランタリーな信仰の団体であり、政治的な強制によらない。すなわち民間事業であり、国営事業や官営事業ではない。しかも豪族層の経済活動を支援する事業である［長山 一九七一：三一］。

(6)弟子となった優婆塞、優婆夷などの男女が共同で事業にあたっている。男女共同参画事業の原型とも言える。もっとも、絵図を見る限り、力仕事は男性にかぎられるようだ。

（7）事業を集中的に推進し、終われば次の現場に向かう。プロジェクト方式と称してよい。

大仏造立の請負事業

七四〇年、聖武天皇は智識寺に行幸し、盧舎那仏を拝した。その時点で、大仏建立を発願する。知識寺とは民間人が自発的に資材や労働力を出し合って建てた寺であり、聖武天皇は盧舎那仏が気に入り、建立を決意した。大仏造立に際し国家的強制だけではなく、民間の自発性を取り込もうとかんがえたのである。七四三年、墾田永世私財法を制定し、豪族からの知識を大仏に寄進させ、寄進者には位階を与え、位階を得た豪族はさらに墾田をひろげられるという正のスパイラルを構想したのである［井上　一九五九：一一七］。民間の寄進に期待したという意味で強制から自発へという発想の大転換があった。

大仏造立にあたって聖武天皇は一枝の草や一把の土まで「朕が知識と為し」、国土や人びとの資源、経済力の結集をはかった［井上　一九五九：一一六］。そうした勧進のために行基集団も動員される。「行基菩薩伝」によると、七四一年三月一七日、前年に造られた泉橋院に行幸した聖武天皇に行基ははじめて拝謁している。終日にわたる清談では、行基が建立した諸寺院の由来を述べ、天皇はそれらを没収しないことを約束した。それは、官営ではない私的土木事業を公認し、合法化する転機となった。翌々年、墾田永世私財法につづいて大仏造立の詔が発布され、造立のための寺地が開かれ、行基は勧進僧に起用された。

泉橋院は当初の大仏建立の予定地、恭仁京にいたる要衝の地にあり、七四〇年に設けられた。架橋だけでなく、布施屋も合わせて建てられている。これも行基の事業にみられる計画性のひとつにかぞえられる［米田　一九八三：二一九]。また、七四五年に大僧正に任じられた後も、難波で橋や堀、船津をつくったとされるが、これも難波宮の造営との関連をうかがわせるに足る資料である［米田　一九八三：二一九］。

行基は七五二年の大仏開眼を待たずに七四九年に没した。勧進にあたった行基集団の事跡は不思議なことにあまり記録にのこっていない。国営事業に調達されてから精彩を欠いているのはどうしてだろうか。行基自身も大僧正に任じられたことは「不以在懐（懐《おも》ふところ在らず）」（大僧正舎利瓶記）、つまり本懐ではないと述べていた。ちなみに、行基は僧正玄昉の上位（大僧正）に位置づけられ、玄昉はほどなくして筑紫に左遷された。

東大寺の四聖と称されるのは聖武天皇、良弁、菩提僊那と行基である。開基・別当の良弁は百済系といわれ、インド人の菩提僊那が大仏開眼法要の導師をつとめた。大鋳師で造東大寺司次官をつとめた国中連公麻呂は百済の亡命官僚国骨富《くにのこつふ》の孫にあたり、棟梁をつとめた猪名部百世（三重県）、益田縄手（岐阜県）は伊丹の猪名部氏の末裔である。また、陸奥の金を献上したのは百済王敬福である。このように外来の仏教に帰依し、「三宝の奴」を自称した聖武天皇をささえた人材のなかには、渡来人の子孫や外国人が少なからず含まれていた。

行基は宗教的利他主義にもとづき、技術者集団を統率し、民間資本をあつめて、計画的・組織的に社会インフラを整備した。それは当初、律令制にもとづく朝廷の統制から逸脱した行為とみなされたが、次第に政府も譲歩をせまられ、ついには大仏造立という国家事業に民間活力を導入するに至って、優遇せざるをえなくなった。行基の晩年には、はからずも王法と仏法の合体、すなわち王仏冥合がはかられたのである。民間宗教事業家が心ならずも国営宗教事業家に格上げされたとも言える。

おわりに

『日本霊異記』には「行基大徳、天眼を放ち」と語られ、その風貌は、慈悲にあふれる聖人ではなく、「激しく行動的な、威力に満ちた『化身』（筆者注：行基文殊化身説）」とみられている［高取 一九八三：四〇］。実際、唐招提寺が所蔵する重要文化財の行基像（鎌倉時代）を見ると、かなり厳しい顔つきをしている。

行基伝承は『日本霊異記』をはじめ豊かに展開し今日に至っているが、本稿の域を超える。とりわけ、空海の事業が行基を有力なモデルにしたとみられているが、証拠となる文献を欠くことは残念である［町田 二〇一二：七四］。とはいえ、四国八十八カ所の数カ寺において、行基が創建し、空海が再興したとの伝承がみられる［根本 二〇〇五：一〇二］。また、関東でも本尊の制作と寺院の草創が行基に仮託されているところが少なくない［根本 二〇〇五：六三―七八］。

一方、行基没後五〇〇年にむけて「行基ルネッサンス」とでもいうべき再評価が高まった。まず一一七五年、泉《いずみ》高《たか》父《ふ》宿祢《すくね》によって『行基年譜』（年代記＋天平一三年記）が作成された。一二三四年には、行基菩薩が夢にあらわれ、僧の慶恩に「教化した因縁尽き、災火が起きる」と託宣した（竹林寺）。竹林寺境内から行基の舎利を収めた容器が発見されたのもこの時である。

行基は土木事業等に実際に従事したが、建設業者や土木業者のあいだには太子信仰はみられるが、行基信仰はない。建築業界でなぜ聖徳太子が選ばれ、なぜ行基ではなかったかが疑問として残る。他方、墓所を管理した三昧《さんまい》聖《ひじり》と母の老後を看取った行基とは縁が深い［根本 二〇〇五：一三七―一五〇］。

また行基の名を冠したものに行基焼や行基瓦がある。行基焼は須恵器（陶《すえ》器）の別名であり、須恵器という表現は明治以降に定着した名称である。行基瓦は、奈良の元興寺の屋根にみられるような無段式の丸瓦のことをさす。

これらは土師氏の作陶との関連が想定される。また行基図ないし行基式日本図とよばれる日本地図もある。行基が実際に作成したものではないとされるが、仏教的世界観にもとづいた日本地図である。唐招提寺の重要文化財「南《なん》瞻部洲《せんぶしゅう》大日本国正統図」は室町時代の作とされるが、最上段区画に「行基菩薩図書之」とあり、最下段区画の目録には「弘法大師記之」とある［堺市博物館　一九九八：六八］。国土開発に関与した行基と空海のつながりをしめすひとつの資料とみなされるのではないか。このほか、行基が彫ったとされる「霊木仮現仏」も多数にのぼる［井上　一九九一：九〇］。有馬温泉のように、温泉の発見が行基に仮託されることも少なくない。このように、行基伝承を追いかけてゆくと、国土の開発事業と宗教（メタ理念）が密接不可分に結びついていることがわかる。

古代の宗教事業において、道昭は民間宗教事業家の先駆者であったが、行基はその偉大なる後継者であり、そうした伝統は主に空海に継承されていったと結論づけられるのではないだろうか。

参考文献

網野善彦『日本社会の歴史（上）』岩波書店、一九九七年。

井上薫『行基』吉川弘文館、一九五九年。

井上正『7—9世紀の美術——伝来と開花』岩波書店、一九九一年。

近藤康司「大野寺跡——土塔と人名瓦」堺市博物館『没1250年記念特別展　行基　生涯・事跡と菩薩信仰』一九九八年。

堺市博物館『没1250年記念特別展　行基　生涯・事跡と菩薩信仰』一九九八年。

千田稔『天平の僧　行基——異能僧をめぐる土地と人々』中央公論社、一九九四年。

長山泰孝「行基の布教と豪族」『大阪大学教養部研究集録』（人文・社会科学）第一九号、一九七一年。

根本誠二『行基伝承を歩く』岩田書院、二〇〇五年。

平岡定海・中井真孝編『行基　鑑真』（日本名僧論集第1巻）吉川弘文館、一九八三年。
川崎庸之「奈良仏教の成立と崩壊」（一九五二年初出）
高取正男「日本におけるメシア運動」（一九五二年初出）
北山茂夫「行基論」（一九四九年初出）
野村忠夫「行基」（一九五三年初出）
栄原永遠男「行基と三世一身法」（一九七二年初出）
細川公正「行基の仏教と社会事業」（一九四一年初出）
井上薫「行基の布施屋と貢調運脚夫」（一九五六年初出）
井上光貞「行基年譜、特に天平13年記の研究」（一九六九年初出）
二葉憲香「古代における宗教的実践―行基と空也―」（一九六八年初出）
米田雄介「行基と古代仏教政策―とくに勧農との関連から―」（一九七一年初出）
町田宗鳳『異端力――規格外の人物が時代をひらく』祥伝社、二〇一二年。
米山俊直「阪神間・猪名川・渡来人」米山俊直・辻一郎編『行基と渡来人文化――朝鮮半島から猪名川流域へ』たる出版、二〇〇三年。
吉田靖雄『行基と律令国家』吉川弘文館、一九八七年。

第4章　経営者にとっての内観

川上恒雄

はじめに

本稿のテーマは、経営者にとっての内観である。「経営者にとっての」という点がポイントだ。あらゆる人にとっての内観を論じるのではない。なお、ここでの内観とは、吉本《よしもと》伊信《いしん》（一九一六～八八）が提唱した「吉本内観」のことを指す。それは文字どおり、自己の内を観《み》ること、とくに身近な人との関係を反省・省察することである（具体的方法については後述）。

内観の宗教的メタ理念（あるいは実践）といえば一般に、浄土真宗、あるいは浄土真宗の異端の系譜が指摘されている（たとえば、島薗　一九九五、Ozawa-de Silva 2006）。内観の前身が、西本諦観《たいかん》という、もともと西本願寺派の役僧が明治時代に大阪の諦観庵でひそかに行っていた「身調べ」にあるからだ[1]。「身調べ」は、諦観が能登の〝善知識〟智慧光師のもとで体験した断食、断水、断眠の厳しい内省修行に由来する。伊信自身も、妹の死をきっかけに真宗に法を求めた母のもとに育ち、戦後に内観の普及に力を入れてからも、大阪にある真宗木辺派の伝導寺で得度した。

その一方で、伊信は内観の脱宗教化に力を入れた。戦前に、諦観の弟子で伊信の師である駒谷諦信とともに「身調べ」から秘儀性・開悟（宿善開発）の特権性（地獄に落ちないことの保証）を排除したのである。その結果、内観は宗教ではなくなったという。具体的には、①仏の慈悲や救済を強調しない、②経典がない、③神がかりや霊媒者などの託宣がない、④特定宗教に「入れ」とも「入るな」ともいわない――といった点をあげている［吉本 一九六五：一八九］[(2)]。ただ、宗教でないことを強調したのは、刑務所などの公的機関で内観の実践を広めたいという便宜上の理由もあった。

しかし、島薗進によると、内観は広い意味でなお宗教的であると指摘している。具体的には、①深い内面的反省が行われている、②罪に関心を集中させている、③感謝の対象が具体的人物から超越した何かに向かうのがあるべき姿とされている、④回心体験に近い、⑤生き方や倫理について、一定の実践体系によって一定の思考の枠組みが醸成されていく――との宗教的要素をあげている［島薗 一九九五：二七八―二八〇］。島薗はこうした点から内観を「心理＝宗教複合的技法」と呼び、「宗教（救い）から心理療法（癒し）へ」という大きな潮流の一例であるとみなしている。

内観の宗教的背景に浄土真宗の影響が（間接的にせよ）みられる半面、内観は宗教色を薄めて心理療法化してきたという見方に特段の異論はない。ただ、本書のテーマである経営者に焦点を当てると、別の視点もみえてくるのではないかと思われる。というのも、経営者が内観に求めることは、他の大多数の人たちの求めることと同じなのだろうか、との疑問があるからだ。

内観の特徴として、親などの身近な人に対する自分の過去を想起させることをとおして内観者自身の罪や悪に対する自覚・反省を促すことがあげられる。その結果、深刻な自己否定をもたらしかねないことから、内観を適切に導く面接者（指導者）をつけ、自殺の恐れのある人に対しては内観を禁止するほどだ。つまり内観によって、（少なくともいったんは）ネガティブな自己認識をもつことになる（もしそうでなければ、内観が「進んでいない」「深まっていない」とみなされる可能性が高い）。ビジネスパーソン向けの自己啓発書がおしなべてポジティブシンキング（積極思考）を奨励しているのとは対照的である。積極性が少なくともある程度求められる経営者には、内観は逆効果となるかもしれない。

こうした見方に対し、吉本伊信自身が経営者であったではないか、という反論があるだろう。伊信はたしかに戦前、義父の経営するレザー・別珍問屋の出張所の経営を任され、それが繁盛したので譲り受け、自身が社長に就いて戦後は事業を拡大させたほど経営の才覚のある人物だった。しかし、伊信は会社経営の成功を第一の目的として内観をしていたのではない（ただし、従業員に内観を勧めることには熱心であった）。あくまで内観普及のための資金を貯える手段として収益をあげることに努力していたのである。[3] 手段とはいえ、内観普及のことを忘れてつい商売に夢中になると、自分の強欲さに恥じ入ると反省していたぐらいだ。そのため、資金にメドがついたらあっさり経営者の地位を捨てている。

しかし、大方の経営者は伊信と違って内観普及者でなく、自社の業績を改善する意図をまったくもたずして内観を実践しているとは考えにくい。ところがその内観は、業績改善につながるとはあまり信じられていないネガティブな自己認識をもたらすといわれている。にもかかわらずなぜ、内観にひかれる経営者がいるのだろうか、その背景にはどのような経営者自身の思想や信念があるのか、考えてみたい。その前に、内観の仕方についてかんたんに解説しよう。

1　内観の基本的方法

内観とは、最初にも述べたように、自己の内を観ることである。吉本伊信によると、「己れを知る」ための「自己観察法」「自己洞察法」と考えてもらえばよいという［吉本　一九八三：三］。一見すると、静かな部屋の隅の屏風で仕切られた空間内でじっと座っているだけなので、メディテーション（瞑想）のようだ。

しかし内観は、多くの日本人がメディテーションと聞いて思い浮かべる禅やヨーガなどとは、その手順において基本的に異なるものだとみてよい。内観者は悟りや精神統一を求めたりするのではなく、身近な人物（親や配偶者などさまざま）との関係について「調べる」という方法を採る。「調べる」とは表現上、諦観庵の「身調べ」に由来するが、その内実は異なり、面接者（指導者）から指定された人物について、自分が「してもらったこと」「して返したこと」「迷惑かけたこと」の三点をできるだけ詳細に思い起こすことである。その目的は、「我執の念」「自己中心主義の心」を改めることにあるという［同前：六八］。

内観をするにはまず、全国各地にある「内観研修所」に申し込む。研修期間は一週間（たとえば、日曜日から翌日曜日までの七泊八日）が標準。初日と最終日を除く毎日、午前五時に起床して食事等を済ませたあと、午後九時まで内観の時間にあてられる（その間に昼食・夕食が提供される）。こうして一週間朝から晩までびっしり続く内観を「集中内観」とよぶ。

しかし、これだけ長時間行う集中内観であっても、伊信によると、「これによって内観の仕方がわかり、無我の境地に入るための基礎ができるだけ」であって、「入門式」程度のものである［同前：六九］。さらに毎日一時間程度、自宅などで独自に「日常内観」を実践して初めて内観者とよばれるにふさわしいという。ただしここでは、手順が定型化されている入門的な集中内観についての解説にとどめる。

集中内観では最初に、母に対する自分を調べるようにいわれる。ただ漠然と調べるのではなく、小学校低学年のころから始めて三〜五年ごとに時期を区切り、母について「してもらったこと」「して返したこと」「迷惑かけたこと」をひたすら思い起こすのだ。そして、だいたい二時間ごとに面接者が来るので、その都度、調べたことを報告する。母について調べることが終わると、次は父、そして配偶者、祖父母……のように、おおむね関係の深い人物の順番で調べるように指示される。

ちなみに内観の深さ、つまりどれだけ自己中心性の気づきや反省にいたるかは、内観者によって異なる。子どものころや若いころの自分をなかなか思い出せない人もいれば、雑念が頭をよぎって内観に集中できない人もいるからだ。(4) そのため面接者は、内観があまりに進まない人に対しては時期や人物などの設定を変えたりすることもある。したがって、かなり定型化された初心者・入門者向けの研修であっても、一週間の期間中に個々の内観者がしていることは一様とはかぎらない。

2　社員研修では何が期待されるのか

吉本伊信は、内観はどのような人にも適した方法であるとしたうえで、とくに学生の生活指導にあたっている教員、〝問題児〟を抱えて困っている親、そして「企業の経営者・人事担当の幹部の方々」にすすめたいと述べている［吉本　一九六五：二六四］。実際、多くの日本の会社では社員間の人間関係が非常に重視されているためか、あるいは意図せずともそのような文化が形成されているからか、社員研修として内観を利用する会社は少なくない。

富山市の北陸内観研修所が二〇一三年に発行した小冊子『ビジネスにおける内観研修――内観の効果と応用』によると、五〇年にわたり内観研修を実施してきた会社では、三つの効果がみられたという。(5)

第一に、感謝の心がはぐくまれる。それはたんに顧客や同僚への感謝にとどまらない。たとえばトップ営業マンの場合、販売成績が優れているのは自分の実力によるものだと考えがちだが、内観をとおしてそうではないことに気づく。適切な指示を与えてくれる上司や、裏方としてがんばっている同僚はもちろん、販売する商品を考案・製造した人、販売先を紹介してくれた人など、職場の内外には自分の売り上げに貢献してくれた人たちがたくさんいるのだと。そして、今の自分があるのはそもそも苦労して育ててくれた親のお陰だと。内観をすると、これだけ多くの人々に対する感謝の念であふれるという。

第二に、気持ちのうえでゆとりが生まれ、他者に対する配慮が行き届くようになる。逆に他者からみると、近づきやすい人、付き合いたい人になることだ。内観をすると、周囲の人々に迷惑をかけている自分がみえてきて、恐れや憎しみ、悲しみなど、自分に向けられた他人の負の感情を感じ取ることがあるという。すると、内観者は自分の愚かさに気づき、他者との関係のとり方が改善するそうだ。

第三に、自己中心的視点から他者中心的視点、客観的視点、多角的視点への転換である。たとえば、営業や販売の担当者が自社商品の長所を説明すればするほど、相手である取引先や消費者が困惑することがよくある。その相手がそもそも必要としない商品だからだ。しかし内観によって、相手の立場に立ち、相手にとってのメリットになることを考えるようになるという。

『ビジネスにおける内観研修』では、以上の三つの効果について、主に会社の従業員に関する事例を取り上げている。それは同様に、経営者にもあてはまるのだろうか。同冊子は創業経営者と後継経営者（二代目など）のケースにも言及している。創業経営者の場合は、当初業績不振で自分の立ち位置を見失っていたが、内観によって迷いの原因に気づき、展望が開けたという例。後継経営者の場合は、先代と異なり会社が思いどおりに動かないという挫折感に苛まれて内観をしたところ、自分の思いどおりにしようとしすぎたことが会社の動きを鈍くさせたことに気づいたという例。いずれの場合にせよ、効果の三点目にあげた視点の客観化をはじめ、従業員の場合と同じような説明が与えられている。

しかし、経営者にはもう少し別の面の資質や能力も要請されるのではないかとみる向きもあるだろう。たとえば、修羅場を乗り越える強い精神力や、リスクを恐れぬ果敢な決断力・行動力などである。実際、吉本伊信自身も、企業での講演などをまとめた『事業は人なり――その養成法』〔吉本　一九七六〕の「序文」の書き出しで、「内観についての説明を聞いて下さった人の中には『喰うか喰われるかの激しい競争社会で〝俺が悪かった、私が怠っていました〟ではファイトが消えて、負け犬のようになりませんか?』と反論される人もあります」と述べている。この点について、内観を実践する経営者として知られる松井利夫氏の事例をとおして考えてみよう。

3　経営者が内観を実践する理由――松井利夫氏の事例から(6)

成功後の迷いと「地獄の特訓」

松井利夫氏は一九四三年生まれ。東証一部上場企業のアルプス技研の創業者である。同社はエンジニアの派遣、技術プロジェクトの請負・受託開発などの事業を展開している。一九七一年の設立（前身の松井設計事務所は一九六八年の創業）から一〇年ほどたったころ、松井氏は内観に出合ったという。

そのころにはすでに、アルプス技研の経営は軌道に乗っていた。松井氏は起業家として成功したのである。傍からみると、その成功ゆえにあえて内観を求める動機づけもなさそうだった。むしろ、貧困のどん底から経営の成功にいたるまでの一〇年間に直面した松井氏の困難や苦労のほうがすさまじく、それを乗り越えたあとから内観を始めたというのは興味深い。

もちろんそれまで内観を知らなかったということもあるが、松井氏は当時、成功者ならではの深い苦悩を抱えていた。

「事業が拡大して社員の数が増えてくると、経営理念や長期事業基本計画などが次々とできあがってきました。ただ、そういうかたちはできても、そもそも会社って何なのか、社長って何をすべきなのか、といった根本的な疑問が生じ始めたのです。こういうことがわからないと、この先、何も進まないのではないか。行き詰まりですね」

起業家は必ずしもすぐれた経営者になれるわけではない。ゼロから立ち上げた会社を成長させるという起業家としての能力と、創業からある程度年数のたった会社の経営を安定的に持続させるという経営者としての能力とは必ずしも同じでないからだ。

松井氏は、一九七三年の石油ショックで傾いた会社の経営を軌道に乗せるまで、家族の生活を支えなければいけないこともあり、みずから営業に駆け回るなど、ガムシャラに働き続けた。そして、その努力は実を結んだのだが、結んだあとのことを思い描く余裕もなかったのである。気がついたときには、たくさんの従業員を前に、経営者として自分はどうあらねばならないのか、迷いが生じたという。

そこで、有名経営者の本を読んだり、セミナーや研修などに積極的に参加したりすることで、現状を打破する手がかりを探し求めるようになった。ただ、その過程でただちに内観に出合ったわけではない。まず自分が大きく変わるきっかけになったと松井氏本人が語るのは、広く知られている研修「地獄の特訓」（社員教育研究所が開発・運営）への参加である。

「富士山麓に行って、社長訓練のコースを受けました。『地獄の特訓』には批判的な方もおりますが、体験してみると、なかなか意義があるものだとわかる。（中略）

たとえば、駅前で歌を歌わされることがあります。何の意味があるのかという批判が出てくる。たしかに最初は皆、駅に行っても歌えません。なぜか。『プライドがあるから』と言う人もいます。でも、そのプライドって、ほんとうのプライドでしょうか。もしかしたら、うぬぼれかもしれない。そこで、自分を見つめ直す。自分がプライドだと思っていたものは何だろうかと考えるようになるわけです。

駅前で歌うのは『恥ずかしい』と言う人もいます。しかし、あえて恥をかかせることで、他人に恥をかかせてはならないということを、身をもって理解させるという意味もあるのです」

「地獄の特訓」といえば、参加者が大声をあげて叫んだり泣いたりしている映像が思い浮かばれ、軍隊のような訓練を通じて心身ともに強い人間に鍛えあげるというイメージがある。しかし、実際に訓練を受けた松井氏の印象は違っていた。松井氏のような数々の修羅場をすでに経験してきた経営者にとって、訓練それ自体は驚くほどハードなものではなかったのかもしれない。それよりも、駅前での歌のほか富士山麓で夜間にグループで長距離を歩くことなどを通じ、他者への配慮や感謝の気持ちを学んだという。

アルプス技研の発展に松井氏の果たした貢献が計り知れぬほど大きいのは、だれもが認めることである。そして当の松井氏も、自分の力で同社が大きくなったという自負心はあった。しかし「地獄の特訓」を通じて、同社の発展には多くの人たちの力があったことに気づき、自分の慢心を反省したという。

主に野外で行う「地獄の特訓」は、室内でじっと座って行う内観とは、その方法が正反対のように異なるけれども、松井氏が気づいたことは、結果的には内観がめざすものと類似していた。

意味をみいだす力を磨く

その後、「地獄の特訓」で一緒のグループだった経営者から、横浜の教育研修会社が主催している別のセミナーに誘われ、参加してみることにした。一九八三年ごろのことである。心理学をベースにした能力開発がそのセミナーのウリだったが、参加すると、内観を積極的に活用していることがわかった。これが松井氏の内観との出合いである。

一年ほど通っていくつかのコースを修了した。最初のコースの内観では、「母親」がテーマ。コースのレベルが一歩上がると、「父親」にテーマが変わった。松井氏はこのとき次のように実感したという。

「父親について内観することは、リーダーシップを考えることにつながります。ただ人によっては最初、母親のときと同じような報告を（面接者に）する。すると（面接者から）、『お父さんとお母さんはあなたにとって同じですか。お父さんにはお父さんなりの接し方があったのでは？』といわれる。それで、父親の厳しい面ばかりを話す。今度は『あなたのお父さんは鬼みたいだけれど、ほんとうにそうですか』といわれてまた考える。こういうことを繰り返していくうちに真のリーダーシップがみえてくるのです」

松井氏にとってリーダーとは父性的存在なのだろう。自分の父がそうであったように、リーダーは部下に対して厳しいだけでもダメ、優しいだけでもダメ、厳しい面も優しい面も併せもつ必要があることを学んだのである。ただ、受講したセミナーで経験した内観は、あくまで、ビジネスパーソンの能力開発を意図したかたちにアレンジされたもので、吉本伊信が提唱した標準的な方法とはやや異なる。父親をとおしてリーダーシップのあり方という、経営者ならではのことを学んだというのは、このセミナーの性格によるものかもしれない。それでもセミナーの内観が気に入り、また妻にもセミナー受講を勧めた結果、家族内が非常に明るくなったことから、松井氏は本格的に内観を実践したくなった。

探してみると、埼玉県の旧名栗村（現飯能市上名栗）に、「名栗の里内観研修所」（のちに東京の「白金台内観研修所」に移転）があったので、そこに通ってみた。以前のアレンジされた内観とは異なり、四畳半程度の部屋に一日こもってやる本流の内観を経験することができたのである。その結果、松井氏は次のような気づきを得たという。

「自分のカン違いがわかるようになりましたね。たとえば、『優しくする』『親切にする』ことと『甘やかす』こととは、言葉のうえでは別物。しかし、現実には一緒になっていたりする。『忙しい』と『忙しがっている』もそう。また、『オレは人に親切だ、人をほめて上手に使っているんだ』と思い込んでいても、たんにおだててお世辞をいって、自分のいいなりに人をうまく手の上でコロコロと転がそうとしているだけのことだったりする。『ほめる』と『おだてる』は違う。こういうとんでもないカン違いに、少しずつ気づくようになりました」

すでに松井氏は「地獄の特訓」において、一見して効果があるのか疑問と思われるような訓練に意味をみいだそうとしていたが、内観を実践することで、意味をみぬく力をさらに鍛えあげたという。こうして内観の効果をみずから体験して認識した松井氏は以降、社員にも「地獄の特訓」と内観の研修参加を積極的に奨励し始める。さらに、それにも飽きたらず、一九八六年には社の教育部門を法人化して、株式会社技術研修センター（現アルプスビジネスサービス）を設立、「地獄の特訓」と内観の双方の要素を取り入れた独自の教育研修を開発するようになった。

松井氏本人も、集中内観だけでよしとせず、家庭でも日常内観を実践し、内観をやめることはなかった。それには理由がある。アルプス技研は、一九九六年に株式店頭公開後、二〇〇〇年に東証二部上場、二〇〇四年に東証一部上場と、トントン拍子で成長してきた。しかし、松井氏にとっては、最初の店頭公開までがたいへんだった。なにかとトラブルが多く、内観を重ねる日々が続いたのである。

松井氏によると、内観をするたび、こうしたトラブルについてすべて相手が悪いのではなく、自分の思いあがりがあることも認識するそうだ。しかし、だからといって自己否定には陥らず、トラブルの意味を考えるのだという。自己反省の側面が強い内観は後ろ向きの思考になりやすいと先に述べたが、松井氏の場合はむしろ逆。トラブルのたびに内観をとおして自分のいたらなさやカン違いを痛感すると、新たにチャレンジ精神がわきあがり、自分の成長につながるそうだ。

たとえば、予定していた上場の直前に監査法人や証券会社から財務上の不備が指摘され、それは「いいがかりだ」と訴えたものの、日常内観をとおして自分の知識の欠如を認識し、上場の延期を認めた。ただ、松井氏の場合はそれにとどまらず、経営者としての知識を身につけようと、大卒でないにもかかわらず大学院（ビジネススクール）のコースにチャレンジすることまで決意したのである。その結果、ＭＢＡを首席で取得した。

松井氏には『逆境こそが経営者を強くする――ウエルカム・トラブル』［松井　二〇〇二］というタイトルの著作があるように、トラブルがあるからこそ成長し、人生がおもしろくなるのだという。若いころから幾度となく修羅場を乗り越えてきた強い精神力をもった松井氏だからこそ、内観での自己反省が極度の自己否定につながらず、トラブルに意味をみいだそうという前向きな姿勢につながっているのだろう(7)。

4　ゴールなき反復実践――合理性を超えて

経営者である松井利夫氏が内観を実践しているのは、自己のカン違いや思いあがりを認識することで、物事の意味をみいだす力が鍛えられ、経営者としての視野が広がるからだという。内観（および「地獄の特訓」）により、会社をゼロから立ち上げて発展させる起業家から、発展した会社を持続的に安定成長させる経営者へと、脱皮を遂げたということだ。ここには自己中心性を修正するということにとどまらず、常に直面する課題やトラブルに毅然と対処できるだけの人としての幅を広げていることがみてとれる。

内観をこのように、心理療法というよりも、視野を広げ、何事にも動じない人間力を養成する自己鍛錬の一種とみなせば、そもそも日本には、内観にかぎらず、自己洞察・自己省察に熱心な経営者は少なくない。松下幸之助の

「自己観照」や稲盛和夫氏の坐禅などがよく知られている。(8) さらに、こうした有名経営者の例にかぎらず、ビジネスとして禅や内観などを取り入れた経営者向けセミナーを主催している団体やコンサルタントは数多い。

もっとも、内観や坐禅などを実践しさえすれば経営者として成長するわけではない。たとえば、松井利夫氏の場合、ハードな野外活動などを他の参加者とともに行う「地獄の特訓」とのセットで内観の効果が得られたとしている。松下幸之助の場合、「衆知を集める」と称して、さまざまな人の意見を聴くことを習慣としていた。そのうえでの「自己観照」である。稲盛和夫氏の場合は、「コンパ」と称して、社員と酒を酌み交しつつ腹を割って語り合う。日ごろの活発なコミュニケーション活動あってこその自己洞察・省察なのだ。ひとり部屋にこもって自己洞察・省察ばかりしているのではない。

経営者はなんらかの課題や問題に直面すると、いつも合理的にそれを処理しているわけではない。そもそも短時間のうちに意思決定が必要である。いわば不確実性に満ちた世界で決断を下さねばならないからこそ、日ごろから他人の意見には耳を傾け、情報収集に余念がないのである。しかしなおそれでも、判断に迷うことはある。

その際の判断力を鍛える一つの方法として、経営学のトレーニングを受けるということが考えられる。実際、松井利夫氏は自分の経営知識を補おうと大学院に学んだ。しかし、依然として松井氏が内観の実践にも力を入れているることがポイントである。経営のパフォーマンスをあげるには、なんらかの目標を設定し、それに対して最適な手段を考えるというのが経営学によくみられる合理主義的な思考様式だが、ベテラン経営者の松井氏には、ビジネスにおいては目的・手段関係の合理性だけでいかんともしがたい面があることをよくわかっているのだろう。内観をとおして自分のカン違いを修正していきながら、人として正しき経営判断をすることに力点をおいていると思われる。

かつて一九五〇年代後半ころに「経営学ブーム」が起こってアメリカ由来の洗練された経営技術が注目を集めた

ことがある。しかし、ふりかえってみれば、経営技術を習得しただけで経営者として大成した人はどれだけいただろうか。一方、内観や禅など方法はそれぞれ違えども、自己を深くみつめ、自身の凝り固まった思考の枠組みに気づくことで反省すべき点を正し、視野の広がった新たな自己に生まれ変わって成長していく経営者は少なくない。むろん、そのような自己洞察・省察だけでだれもが経営者として成功するわけではないが、日本の経営者のあいだには自己のあり方を追究することそのものが成功への道であるかのような信念が根強いと思われる(9)。

その意味で、「経営者にとっての内観」、つまり、内観が経営者によって実践される場合には、吉本伊信がそもそも強調していた「自己修養」の伝統に回帰される傾向がみられる。日ごろは厳しい自己鍛錬の道場としての経営の世界に生きつつ、内観においてその日々の実践を深く反省し、人間性に磨きをかけるということだ。たしかに経営者も、一般の内観者のように、自己中心性に対する反省をとおして「他者があっての私」ということをあらためて認識する。ただし、己を責める意識ばかりを膨らませるのではなく、自分の欠陥に気づいたらそれを前向きに修正し、一皮むけた経営者として経営の現場に復帰しようという意識が強い。そしてまた現場で問題に直面すれば、再び内観を実践する。この繰り返しそれ自体が大切なのだ。

内観に明確なゴールはない。内観をしても経営状況が改善するとはかぎらない。それでも、松井利夫氏のように、集中内観のみならず日常内観も含めて繰り返し実践しているのは、トラブルなどの意味把握をとおして経営者としての成長を実感できるからだろう。また、経営者ならば、自分が内観で調べたことを、集中内観での面接者(指導者)に対するのみならず、従業員なりあるいは社外の人に対して語る機会が多いと思われる。こうして自分自身の経営者人生の物語を豊かに構築していくという側面もあるのではないか。

吉本伊信は、「身調べ」において開悟(宿然開発)がゴールであるかのように認識されていたことを批判し、内観は繰り返し行うことを奨励した。人間の自己中心性は、内観により乗り越えたと思っても、そのうち忘れてしまうものだ。しかし、松井利夫氏の例などをみると、そのようなプラクティカルな理由以上に、ことあるごとに内観を実践することから、たんなる自己中心性の反省を超えた大きなものを得られるようである。それは、吉本伊信のいう「無我の境地」とまではいかないまでも、何があっても怖気づくことなく、物事を達観できるような人間力である。

ここで重要な点は、人間力の向上をあからさまに意図して内観を実践しているわけではないことだ。内観でそれを意図すること自体が自己中心性ともいえ、自己矛盾に陥る。それよりも、ことあるごとに内観を実践する。それを長年繰り返すうち、あとから自分の成長に気づいていくもののようだ。このように目的手段関係という合理性を超えて、ひたすら実践することで自己に向き合うことに価値が置かれるというのが、少なくとも経営者にとっての内観の神髄なのかもしれない[10]。

注

(1) 内観の由来や吉本伊信の生い立ちについては主に、吉本［一九六五］を参照した。

(2) 吉本伊信はそのほかにも、内観の「身調べ」との違いとして、①無常観よりも罪悪感を重視する、②「一念に遇《あ》う」ことよりも一生の反省を重視する、③秘密をなくして公開する、④断食、断水、断眠の苦行をやめる、⑤かつては「〝病人〟」一名に対し「開悟人」五～八名が交代で来たが、逆に「内観者」七名前後に対し「指導者」一名にした、⑥抽象的な問いかけでなく、細かいテーマと順序を確立した、⑦鋳型にはめず、目的や年齢に応じて柔軟に対応する——といった点をあげている［吉本　一九八三：五六―六二］。

(3) 吉本伊信は少年時代、浄土真宗に熱心な学者である地元奈良県の牧浦愛泉が自費で念仏道場をつくり運営していることに共鳴し、自身も自己資金による内観普及に力を入れたという。

(4) 内観研究で知られる臨床心理学者の三木善彦氏ですら、最初は内観が進まず、途中でギブアップしてしまったことを自著［三木　一九七六］で詳細に述べている。

（5）　北陸内観研修所では、社員研修であっても、母、次いで父について調べることから始めるという内観の基本部分は同じである。同研修所の長島美稚子所長に対する以下のインタビュー記事を参照。「1週間でどこまで人間は変われるか――内観法創始者・吉本伊信の試みとビジネス研修への応用」（『PHPビジネスレビュー　松下幸之助塾』二〇一二年一一・一二月号、三二～三七ページ）

（6）　この節は、筆者が松井利夫氏へのインタビュー取材にもとづいて執筆した記事「内観で自己省察、社員教育に活用――『行動力研修』との組み合わせで効果も」（『PHPビジネスレビュー　松下幸之助塾』二〇一二年一一・一二月号、三八～四三ページ）をもとにしている。なお、この記事の執筆にあたっては松井氏の著作［松井　一九九九、二〇〇二、二〇〇四］も参照した。

（7）　松井利夫氏の事例は例外的でない。たとえば、ホテルチェーン東急インの創業者であり、内観の熱心な実践者としてかつて同ホテル内や箱根に内観研修所を設けた西田憲正氏は、著書『家族・友達・仕事のために自分を知ろう』の中の「内観なんでも質問コーナー」において、「内観はハングリー精神や反骨精神や覇気を弱めないか？」という質問に対し、「正しいことを正しいと主張する反骨精神、不利な状況でも頑張り抜く覇気は内観者に共通したひとつの特徴である」と答えている［西田　二〇〇一：一九二］。ただし、松井氏とは異なり、物事の意味を客観的に把握しようという姿勢には、同書をみるかぎり弱い。西田氏がその後に東急インの身障者用駐車スペースにかかわる偽装工事問題などで批判されたことと関係しているのかもしれない。

（8）　「1　内観の基本的方法」の節でも少しふれたように、内観では他者との関係性が強調されることから、厳密には、禅と同類とはみなしがたい。

（9）　たとえば、経営者の読者が多く、〝人間学〟をうたっている雑誌『致知』の人気があげられる。

（10）　内観の目的を問わないといっても、経営者ならば当初はだれしも経営状況を改善したいという欲求があるものだろう。しかし内観には、それを繰り返すうち、何か別の大切なことを内観者自身にもたらしてくれるという気づきがある。これと似たような、そしてもっと極端な例として、一部の経営者が熱心に実践している掃除がある。表面的にはきれいにすることが目的であるし、経営者の中には実践すれば会社の業績が改善すると信じている者もいる。しかし、実践するうちにそうしたことは二義的な問題となる。あとから実践者それぞれにとっての気づきがあるという。なお、松井利夫氏は、創業のころから自分で社のトイレ掃除をしてきた経営者でもある。

参考文献

島薗進（一九九五）「救いから癒しへ——吉本内観とその宗教的起源」、新屋重彦ほか（編著）『癒しと和解——現代におけるＣＡＲＥの諸相』ハーベスト社所収
西田憲正（二〇〇一）『家族・友達・仕事のために自分を知ろう——人生を豊かにする内観』たま出版
松井利夫（一九九九）『起業の心得——めざせ日本のビル・ゲイツ』産能大学出版部
松井利夫（二〇〇二）『逆境こそが経営者を強くする——ウエルカム・トラブル』東洋経済新報社
松井利夫（二〇〇四）『逃げるな、驕るな、甘えるな！』日経ＢＰ社
三木善彦（一九七六）『内観療法入門——日本的自己探究の世界』創元社
吉本伊信（一九六五）『内観法』春秋社、二〇〇七年新版
吉本伊信（一九七六）『事業は人なり——その養成法』内観研修所
吉本伊信（一九八三）『内観への招待』朱鷺書房、一九九三年改装版
Ozawa-de Silva, Chikako（2006）*Psychotherapy and Religion in Japan: The Japanese Introspection of Naikan*. London and New york: Routledge.

第5章　天理教信仰と企業経営の狭間で見えてくるもの

——事業は、損得で考えるのではなく善悪で考える

塩澤好久・住原則也

本章では、天理教という江戸時代末期に出現した宗教の教えを、昭和初期の創業時から現在に至るまで経営方針のメタ理念としてきた、東京の一中堅企業を事例としている。本章が特徴的であるのは、本章の事例となる主要な文章は、当該の企業経営者、株式会社シオザワの現代表取締役社長（塩澤好久）自身が、歴代の経営者と自身の信仰と経営のあり方を自己分析し、紹介している点である。映像人類学という分野の中には、調査対象である現地の人物自身にビデオカメラを手渡して自身の社会を撮影してもらう、という手法が一部に見られるが、本章の体裁もそのような性格のものと理解してもらってよい。通常であれば、フィールドワークに基づき、詳しく聞き取り調査した内容を、研究者が分析するものであるが、場合によれば、その過程でもれ落ちてしまうかもしれない、実践者の主観を最大限残そうとする特異な試みである。本書の主要なテーマが、宗教的信念がどのように経営の実践として反映するのか、というものである限りにおいて、このような手法も試みる価値があると共著者である住原は考える。したがって、本章の構成は、この冒頭部および以下の天理教の教えの概略に相当する部分と、最後の「結語」の部分を住原が担当し、株式会社シオザワの歴史と経営内容と信仰との結びつきに関わる箇所は、塩澤が担当している。

1　中山みき（一七九八〜一八八七）の教え

天理教は、天保九年（一八三八）一〇月二六日が立教の年月日とされている。二〇一四年の今年は立教一七七年ということになる。はじまりは、寛政一〇年（一七九八）四月一八日に現在の天理市三昧田町（大和国山辺郡三昧田）に生まれた前川みきが成長して、同郡庄屋敷村（現在の天理市三島町）の、中山善兵衛（地元界隈では「中山地持ち」と称されるほどの土地持ち地主農家）に嫁ぎ、次々に子宝にも恵まれ、大農家の主婦として主人をたすけ普通に生活していたが、満四〇歳の一〇月二三日、「我は元の神・実の神である。この屋敷にいんねんあり。このたび、世界一れつをたすけるために天降だった。みきを神のやしろにもらい受けたい」という強い口調の啓示がみきの口から発せられ、当惑した家族・親族は大反対したが、拒絶すれば苦しむみきの姿を見て、結局三日後の一〇月二六日、「神のやしろ」（神の思いを人間に伝える媒体）となることを家族一同が認めた日をもって立教の日と定めている。

「神のやしろ」となったといっても、信者などができるわけではなく、むしろ狂人扱いされ、さらに「貧に落ちきれ」という神の啓示に従い、中山家の土地財産を次々に売り払い、家屋を取り壊し、貧しい人々に施し、中山家自身はその日の食べるものにすら事欠く年数を過ごした時代もあるという。その後、病気などをたすけられた者たちが次第に、みきを「生き神」として教えを請いに集まるようになり、その数が増大すると、今度は、近隣の有力な神社仏閣や明治政府の官憲から、布教や信仰差し止めの厳しい迫害を受けることになり、みき自身何度も投獄されている。このような、中山みきの教祖としての活動は、四〇歳から亡くなる九〇歳までの計五〇年間である。幕末から明治二〇年の期間に当たる。ただし、天理教の教えにおいては、教祖は肉体としての姿は消えても、まだ生きて信者のためにはたらいているものとされ、これを「教祖存命《おやさまぞんめい》の理」と呼んでいる。また五〇年間に伝えた教えと足跡を「教祖ひながた」（天理教信仰者の生き方のお手本）と呼ぶ。つまり、中山みきは、単に神（親神天理王命《おやがみてんりおうのみこと》という名称）の教えを伝えたばかりでなく、その教えを身をもって実行して見せた存在として「ひながた」とされているのである。

中山みきが書き残し、現在も信者が日々手にしている原典として、「みかぐらうた」（天理教の儀礼に使われる歌詞）と、「おふでさき」（五・七・五・七・七の和歌形式で記された全一七号、一七一一首からなる原典）がある。さらに教祖自身及び、教祖みきの亡き後、「本席」と呼ばれる、側近者の一部が、神意を口述で伝えたとされるものも書き残されており、「おさしづ」の名で浩瀚な文書もある。この三つが天理教の原典として総称されている。さらに後年、この三原典を元にして、整理されたものが「天理教教典」（一九四九年）、「稿本天理教教祖伝」（一九五六年）、「稿本天理教教祖伝逸話篇」（一九七六年）である。また「おふでさき講義」（一九七三年）という注釈書もあり、本章で一部参照している。

これら原典および教典・注釈書などから、天理教の教えのほんの概略を以下に記述するが、あくまで、後述の塩澤好久社長の書き記している内容への、読者の理解をたすけることに重点を置いた説明にすぎず、天理教の教えの全貌を詳細に書き記す紙面も無ければ、筆者（住原）にその力量もない。

天理教では神を、親神《おやがみ》あるいは天理《てんり》王命《おうのみこと》と呼び、唯一神であるが、原典では、「神」「月日」「をや」などの名称も親神の意味で使い分けられている（以下、直接の引用は除き、「親神」の名称で統一したい）。親神は、「元の神」つまりすべての始まりであり、どこにいるかといえば、この世のすべて、つまり宇宙そのものが神の身体であるという。原典「おふでさき」に以下のように記されている。

　たんたんとなに事にてもこのよ（世）ふわ　神のからだやしやんしてみよ　第三号一三四

教祖の教えには、「あの世」「天国・地獄」といった世界観は無く、在るのは「この世」だけであり、宇宙が親神の身体そのもので、すべてが親神の摂理によって支配され、摂理そのものが神であるという。親神は摂理そのものであり、摂理が働くよう司る存在であるというのである。

この世に人間がはじめからいたのではなく、親神が人間を造ろうと発想する前は、この世は形の定まらない「どろ海」のような世界があったが、そのような状態を親神は「味気なく」思い、人間というものを造り出すことを考え付いたという。そして「九億九万九千九百九十九年前」から思案・試行を繰り返し、長い年月をかけて、現在のような人間として完成させ、知恵や文字の能力を仕込み、親神の存在や意図を感じ取ることができる生き物に育てたという。そして、人間の能力の成長に応じて、これまでさまざまの形で神の思いを「十のものなら九つ」まで教えてきたが、最後の一点は教えてこなかった。その教えを、「いんねんある」中山みきを通して教えたのだという。

そもそも何のために人間というものを創造したかと言えば、人間の「陽気ぐらし」を見て親神もともに楽しみたい（神人和楽）、という意図であるという。このような話は、「元の理」（人類の創造記）として原典に書かれ、前述の「教典」にまとめられている。

「陽気ぐらし」とは一言で言えば、人間たちがお互いのことを思い助け合う心で生きることを喜び、幸せを感じてくらす姿である。そのような世界を、人間が自らの力で造り出してほしいと、親神は望み、そのための可能な能力を与えているという。その期待をもって、親神は、人間一人ひとりの魂を生みおろし、それに試行を繰り返して現在のような身体を与えたといい、その魂を生みおろしたところが、現在の奈良県天理市の天理教本部の中心である、「甘露台」という六角形の柱が据えてある場所で「ぢば」と呼ばれている。甘露台は、魂を生みおろした証拠として据えられており、すべての人間の魂がここから発した、というところから、その周辺地域を「親里《おやさと》（＝人類のふるさと）」とも呼んでいる。

「かしものかりものの理」「心一つが我がの理」

教祖中山みきが教えた、親神の意図が分かるための、最も根本的な教えの要点は、「かしものかりものの理」という名称で伝えられている。この世宇宙全体が、親神の体そのものであるので、あらゆる物質は親神に所属しており、物質として人間に所属しているものは何も無いとされる。自分自身そのもの、と通常疑う余地の無い各自の肉体も、親神の所有物であり、各々の人間に貸し与えられているモノという意味で、親神の立場から見れば、人間の身体は「貸し物」であり、人間の立場からは、「借り物」であるという。肉体に限らず、物質のすべてが親神の身体であり、借りているモノとされる。人間には、所有権ではなく、使用権だけが与えられている、ということになる。原典「おふでさき」の中で以下のように明記されている。

にんけんはみなみな神のかしものや　神のぢうよふこれをしらんか　第三号一二六

このよ（世）ふは一れつはみな月日（＝親神）なり　にんけんはみな月日かしもの　第六号一二〇

すべてのモノが神の身体、という教えは、すべてのモノを有難く感謝して大切に使う、という意識に通じるものであり、教祖は、「菜の葉一枚粗末にしてくれるな」（葉っぱ一枚でも粗末に扱わないでくれ）という言葉を残しており、信者の間で広く知られている。

一方、人間が日々生活の中で思考し感じる「心」だけが、人間に所属する唯一のものであるという。これを「心一つが我がの理」という表現で教えられている。親神が望む「陽気ぐらし」は、親神が人間に強制するのではなく、自由な心を使って、人間が主体的に自ら造り上げることを、親神が期待しているのだ、という。親神の役割は、人間の心の持ち方と行動の積み重ねが、それにふさわしい実を結ぶよう、摂理を司ることにある。「かしものかりものの理」が心から真に分からねば、その他の親神の思いは何も分からないと、くどいほど教祖は言っていたという。

この根本的な教えを出発点として、人間にとって不都合な、病気（天理教では「身上《みじょう》」と呼んでいる）の発生理由も説明される。親神の人間創造（元の理）の摂理に沿った心がけ、心の使い方を積み重ねている限り、人間は病気に悩まされることはないとされる。

身上（病気）に陥るプロセスとして、親神が人間を見て「残念に」思う心の持ち方を「ほこり（埃）」というものに例えている。「ほこりの心」のあり方とは主に八つあるという。それは「おしい」「ほしい」「にくい」「かわいい」「うらみ」「はらだち」「よく」「こうまん」であり、総称して「八つのほこり」と教えられている。どれも日常生活を送る中で、ごく当たり前に生じる人間の感情であり、それ自身が本質的に、悪や「罪」として完全否定されているのではないが、過度になることによって、人間の身体の上に問題が発生するとされる。丁度、どのようにきれいに掃除をした部屋であっても、何日か放置しておけば、畳や桟の上に積もり重なっているのが埃であるように、どれほど気をつけていても、人間には「ほこりの心」が生じており、放置しておけばいつのまにか大量に積み重なり、それが病気やトラブルの原因になってゆくと教えられる。

せかいぢうどこのものとはゆわんでな　心のほこりみにさわりつく　「おふでさき」第五号九

人間一人ひとりは、自由に使える心や行動により自らの人生を形づくる。それは、親神が、人間の心や行動のすべてを、見ておりそれにふさわしい人生の道筋を与えているとされる。魂は「いちれつ兄弟」として同列の存在であるが、心の使い方と行動によって、それぞれがそれぞれの人生を形成してゆくものであるとする。それを司る親神は、人間の心と行動を「見抜き見通す」存在であることが、「おふでさき」の中の随所に、以下のような歌として出ている。

このせかい一れつ見える月日なら　どこの事でも知らぬ事なし　第八号五十一
このよふを初めた神の事ならば　とのよな事もみなみゑてある　第十二号四〇

月日にはどんなところにいるものも　むねのうちをばしかとみている　第十三号九八

にんけんのめゑにはなにもみへねども　神のめゑにはみなみへてある　第十六号七二

どのような事をゆうてもをもふても　月日しらんとゆう事はない　第十七号三〇

さらに、人間各自の魂は不滅であり、人間は生まれてきて死ぬまでの今生だけの存在ではなく、また新たな肉体を与えられて、来生、来々生を迎えると教えられ、積み重ねた心や行動の歴史が、次に生まれ変わった後にも引き継がれてゆくというのである。「ほこり」もまた積み重なることで、「悪いんねん」として、人間にとれば、病気ばかりでなく都合の悪い境遇の原因ともなるという。逆に、親神の望むような良き心や行いの積み重ねも、それに相応しい境遇の原因となり、すべて一人ひとり見分けられており「千に一つの間違いも無い」という。

天理教では、「死」という用語は使わず、親神から借りた身体を一度返して、また新しい身体を借り受ける、という意味で、「出直し」という用語で表現されている。自分の身の上に起こることの中には、良いことも悪いことも、前生からの心の歴史が反映されることもあるばかりではなく、更には、最も身近な、親やそのまた親が積み重ねてきた心や行動の歴史が、子や孫の上にも反映されるという。とりわけ一五歳までに身の上に起こることは、「親のいんねん」（親の積み重ねてきた心と行動の歴史）に起因するものとされ親の反省が促される。一五歳からは大人として、自身が前生や今生に積み重ねてきたものの結果とされる。

そのようなほこりの心の積み重ねを改善してゆく方法として、日々過度なほこりを積まない心がけが大切であるが、どうしても発生する心のほこりを、親神が「ホウキ（箒）」となって払ってくれるというのである。天理教信者は朝と夕に、「おつとめ」という短い儀礼を行うが、その中で「あしきを払うて　たすけたまえ　てんりおうのみこと」と、教祖が教えた独特のメロディーと歌詞で唱えつつ、両手の振りで、胸のほこりを払うしぐさを二一回繰り返す。この場合の「あしき」とは、悪霊などといった外部の存在ではなく、自らの心が生み出す「ほこり」を意味している。日ごろの生活の中で、どれほど気をつけていても、いつのまにか、心にほこりは蓄積されるものと認識されているばかりか、人間本来の目的である陽気に楽しく暮らすためには、ある程度のほこりの心は自然の発生にまかせてよいものであり、後で掃除をすれば良い、といい、その掃除役を、人間の肉体の提供元である親神が担ってやる、というのである。いずれにしても、人間にとりすべてのことは自らの心の歴史の現れであり、悪魔や悪霊や、狐憑き、などといったものは無いとされている。

ただし、教えによれば、病気(身上)や不都合な事柄が、絶対的な「悪」として位置づけられているわけではない。むしろ、「道おせ・手引き」(正しい道筋を教える)のためであるとか、神の「残念」「立腹」など、病気やトラブルを通して、親神が人間に伝えようとするメッセージには、さまざまなレベルのものがあり、それを通じて当人や周囲の者たちが正しく生きるための導きであるとされる。そして、どのようなメッセージにも根底には、親神が人間のことを「かわいい」と思う親心があるものと解釈されている。したがって、信者は、病気やトラブルに遭遇したとき、親神の配慮に感謝しつつ、反省すべきは反省して、自らの心や行動を立て直す、といった思考のプロセスが促されるという。このように天理教では、信者は身の上に起こる出来事に対面すると、自らの心の歴史への振り返り(いんねんの自覚)とそれに対応する親神の配慮という観点から、信仰上の意味を解釈しようとする心の習慣を持つというのである。

といって、あらゆる病気やトラブルの解決に対しては、医者や薬や専門家の知識を排除するのではなく、それらも人間の陽気ぐらしに導く「修理」「肥」(道具)として肯定している。天理教団が設立した、天理市の「天理よろず相談所病院」という総合病院もその現れである。同時に、教祖の教えに、「医者の手余り神がたすける」というものがあり、医学的専門的処方に限界がある場合も、心がけ次第で神がたすける、というのである。

天理教の救済観——「人たすけたらわが身たすかる」

教祖の教えによれば、病気やトラブルから人をたすけることを目的として、親神が教祖を通して現れ出たのではなく、究極の目的は、各人の「心のたすかり」を通じて、理想とされる「陽気ぐらし」の世界を実現するためであるという。そのような心のたすかり、とはどのような心を言うのか、といえば、親神が人間に最も望む心がけとして、「人をたすける心」であるという。原典「おふでさき」を引用すると、

しんぢつに人をたすける心なら　神のくときはなにもないぞや　第三号三二
しんぢつにたすけ一ぢよの心なら　なにゆわいでもしかとうけとる　第三号四八
わかるよふむねのうちよりしやんせよ　人たすけたらわがみたすかる　第三号四七
このさきはせかいぢうは一れつに　よろづたがいにたすけするなら　第十二号九三
せかいぢうたがいにたすけするならば　月日も心みなひきうける　第十三号三八

どのように「ほこり」が積もり重なっている者でも、「真実に人をたすける心」を持ち行動するのであれば、「わが身たすかる」という。この教えは、短く「人たすけたらわが身たすかる」という表現でまとめられている。人をたすけたら、その見返りとして自分がたすかる、という意味でもよいが、むしろ、より深い意味で、苦しむ人にたすかってもらいたい、という素朴な心は、いわば親神と同じ思いであり、人間だけが持てる心情であり、そのような心を持てるだけで、すでに人として救われている、という意味であるという。

別の見方をすると、「人がたすける」ことを願い手助けすることが「自分がたすかる」ということと同じであれば、自分の救済とは、他者の救済と同じであり、さらに拡大すれば人間社会全体の救済と結びつくことになる。逆に言えば、他者のたすかり（人間社会のたすかり）を望まない自己中心的な考えは、自分自身がたすからない、ということでもある。ここに天理教の、自他の区別を超越した救済観が見られる。言い換えると、自他の区別や、個

人と人間社会全体の区別は、「人たすけたらわが身たすかる」という概念によって一つのものとして合体する。

天理教の信仰とは、別名「お道」と呼ばれ、信仰を続けることは「お道を通る」と呼んでいる。究極の理想である、人類の「陽気ぐらし」に向けて道を歩む、という意味である。そして「お道を通る」とは、一般日常の生活から離れて、人里から遠い山奥で厳しい修行を行うのではなく、通常の人間社会に住み、人間同士の交わりの中で信仰者としての精神（人たすけたらわが身たすかる）で他者と関わってゆき、社会全体を陽気ぐらしに導こうとする存在とされる。そのような人物像を「里の仙人」（一般日常社会に住みながら、究極の目標に向けて修行しているもの）と呼んでいる。

「はたらく」ことの意味

さらに、本章にとって重要な、教えのポイントの一つは、天理教の労働観である。教祖は、日常生活上の心がけとして、「朝おき、正直、はたらき」の三つをあげている。朝早く起きて、日々正直を旨とし、よくはたらくことであるが、特に、「はたらく」とは、「傍々《はたはた》の者（そばにいる人々）を楽《らく》させる」ようお互いよく動くから「はたらく」というのだ、という語呂合わせのような説明がされている。このように、労働において単なる勤勉ではなく、助け合うことを意識した勤勉さが促されている。世俗的な日々の仕事であっても、教理に基づく心がけを持って従事することで、聖なる行為として位置づけられることになる。

また、商売人の信者に向けては、「商売人は、高う買うて、安う売るのやで」という教祖の言葉も残されている。その意味するところとは、「生産者や問屋を喜ばすよう高い値で買ってやり、客にはできるだけ安く売ってやって、自らは薄利でも喜んではたらきなさい」というものであるという。

以下、株式会社シオザワの創業者から現在の社長までの歴代経営者の信仰と経営の実践を語る本論は、現社長塩澤好久自らの執筆によるものである。

2　株式会社シオザワの信仰と事業の歴史

一九三七年（昭和一二年）に私（塩澤好久）の祖父である塩澤好三が和紙卸業の個人商店として創業したのが、現在の株式会社シオザワの嚆矢です。現在、私で三代目となり、印刷用紙やＯＡ関連用紙類の卸販売、機密文書の管理・リサイクル、セールスプロモーション関連の企画・制作と業務を広げ、今日に至っています。

（一）初代社長塩澤好三の経営と信仰――三か月間会社を留守に修養科へ

弊社シオザワは初代の塩澤好三（祖父）が大正一〇年（一九二一）長野県飯田から上京し、紙商吉川四郎商店（現在の吉川紙商事）に入店、丁稚奉公から始めて昭和一二年（一九三七）に暖簾分けというかたちで東京三田で創業したのが始まりです。戦後の混乱期を経て、和紙から洋紙へ扱いをシフトし高度成長の波に乗り、同郷からまずは親戚縁者、その後は故郷の出身者を雇い入れて、馬車馬のごとく働き会社を大きくしました。

初代好三の信仰との関わりは、私の祖母つまり祖父好三の妻以恵子からです。やはり同郷の出身で祖父が独立する前に、同じ職場にいた人です。以恵子はその父親の身上（病気）をきっかけに信仰に入り、大変熱心な布教者でもありました。実の子供の面倒もそこそこに、困った人がいると「お助け」に出かけてしまうので、夫である好三も不満を持っていたこともよくあったと聞いています。

また、好三がまだ独立する以前長野の本家で土地を手放さなければならない危機があったとき、独立するためにととっておいた当時のお金二千円を、さあ独立しようという矢先に妻以恵子が「本家あっての私たちなのだから」

と何のためらいもなく本家に与えたということです。その土地は今でも本家にあります。後年「塩澤さんは土地についてる」と初代の時代から他人に言われるほど不動産についてはずっと数々の不思議をみせていただいてますが、初代も「神さん、見てたんだ」とよく言ってました。そう思えるのも、信仰があるからと思っています。親々の「伏せこみ」(信者としての心と行動の積み重ね・歴史)は大変ありがたいものです。

この信仰の深さは、会社の歴史を振り返っても、こんな不思議なことがあるのかと思われるほど、数々の「ご守護」(神の恩恵)につながっていきました。途中で倒産してもおかしくないような時期もありましたが、不思議と努力が報われる結果になっています。

その一つの例として、祖父好三の自伝「一筋の道」の中からエピソードを紹介しましょう。

昭和二六年から原宿への新しい家の新築にかかり、めでたく新築したのであるが、その後私が急性肺炎を患い、病後がパッとせずぶらぶらしていて、今までの張り詰めた商売もなんとなく気力がないので、これは困ったなあと思い、みなも心配してくれ、一思いに天理教の修養科(天理市の教会本部で行われる精神修養)に三か月行って、心持を立て替えてきたらと思いつき、世間の方々から見られたら、どうかと思われることをした。そして昭和二八年三月から六月一杯まで、天理市の天理教本部修養科へ行って、すっかり元気になれたわけである。(中略)

このように、あらゆる面で不完全な折に、一番中心の私が三か月間会社を留守にして修養科に行ったということは、随分と思い切ったことであり、天理教という宗教をご存じない大かたの方々には、驚きのことであっただろうと思うが、自分としては深く考え、体は神様からの借り物で、心一つが自分のものであるという天理の教えに基づいているのである。修養科では、人のため社会のためになるよう、「朝起き、正直、働き」理念のもと、人を助けてわが身が助かるという教えに基づき、朝は四時半に起床、夜は九時まで命令のない軍隊のような学校生活をしてきたのであるが、このことは、随分とその後の仕事の面でも無駄ではなかった。むしろちょうど良いチャンスを天から与えられたと思ったおかげで、その後いろいろ商売上の問題が起こったが、このときある程度の信念が出来たように思われ、心のよりどころ、心の持ち方により、人間はいかような道も通れるものと強く感じた次第である。

（二）二代社長塩澤好一の経営と信仰――会社の経営理念にお道の教えを生かしていく

昭和五四年（一九七九）に会社継承した私の父である二代社長塩澤好一が最初に手がけたのは経営理念づくりです。理念とは、基本的なものの考え方、方向性、価値観のことであり、父好一は、現代社会における日々の行動に「お道の教え」が生きている経営理念を求めました。

どちらかといいますと、初代好三はシオザワの社長が天理教原宿分教会長を兼務しているという意識だったと思います。でも、二代好一はばらばらに考えるのではなく、それらを相補的な関係性と考えていました。

そんなエピソードが『事業と信仰』（道の経営者の会編、福昌堂刊）に掲載されています。

天理教を信仰している人ばかり集まって仕事をしている会社ならば、経営理念に「お道の教え」を生かすのは容易です。しかし残念ながら世界においても日本においても、天理教はまだまだマイナーな宗教です。その信仰者数も少なく、当然私の経営する会社の社員にも天理教信仰者は少ないのです。この場合でもやり方はあります。信仰を社員に強要するというのも一つのやり方です。（中略）しかし、私自身としては天理教の信仰は、無理強いし押し付けるものではないと考えています。先走りや観念過剰、宗教色の濃い文面などいろいろな問題も指摘されましたが、私の信仰信念と経営信念との折り合いの中から、天理教信仰者にも、またそうでない者にも通用する言いまわしを試み、私はシオザワの経営理念を次のような文面で掲げてみました。

会社沿革

1937年　塩澤好三個人創業
1948年　㈱塩澤好三商店設立、資本金100万円
1959年　深川支店開設
1965年　㈱塩澤好三商店を㈱塩澤に社名変更
1972年　板橋支店開設
1973年　大阪の大和紙業㈱買収、大北用紙店と併せ㈱関西塩澤を設立
1979年　塩澤好一代表取締役社長就任、塩澤好三代表取締役会長就任
1982年　船橋営業所開設
1985年　CIを導入、シンボルマークと社名を変更し、㈱シオザワ、㈱関西シオザワとなる
1989年　新宿営業所開設
1990年　資本金3億9730万円に増資。リゾン有明完成
1991年　新宿営業所とOS部を統合し、リンクル事業部を発足
1994年　当社の制作物が郵政省主催「全日本DM大賞」金賞を受賞
1997年　塩澤好久代表取締役社長就任、塩澤好一代表取締役会長就任
2000年　ISO14001認証取得を受ける
2006年　リゾン戸田開設
2007年　森林認証FSC-CoC認証取得を受ける
本社を中央区湊へ移転
エコプラン事業部を江東区森下へ移転
株式会社関西シオザワを吸収合併
本社1階にショールーム『4030ペーパーサイト』開設
リンクルSRNセンター開設
株式会社丸加洋紙店を100％子会社にする
2008年　ISMS認証取得を受ける（リンクル事業部）
株式会社コクシンを100％子会社にする
株式会社丸加洋紙店を吸収合併
関西支社を東大阪市楠根へ移転し、リゾン関西開設
2011年　ショールーム・セミナー事業部を原宿商事㈱へ事業譲渡
ホールディング・カンパニー制移行の一環として、資本金5,000万円に減資
当社と原宿商事㈱との共同株式移転により、持株会社㈱4030ホールディングスを設立
2013年　第二営業部（東京都江東区森下）を本社（東京都中央区湊）へ移転

大自然によって生かされている今に感謝し
紙を媒体とした情報文化創造企業として
明るく、楽しい、暖かい社会づくりに参加する。
一手一つになって人間性の向上につとめる

キーワードは、「感謝・参加・向上」そして「一手一つ」です。

「一手一つ」（目標に向かって心を一つにすること）は天理教の教義用語をそのまま使っていますが、たとえば、「大自然」という言葉は、「親神様」と言いたいところを一般的な言葉で言い換えました。「かしもの・かりもの の理」を「生かされている今に感謝し」というフレーズで表現しています。「暖かい社会づくりに参加し……人間性の向上につとめる」という一文は、役員は偉いとか社員は偉くないという考え方をしないで、それぞれの役目をそれぞれが尊重し協力して仕事を進め、会社経営にみんなが参加してるんだという意識を持ってもらうためのもので「いちれつ兄弟姉妹」（人間は魂において平等であり、親神の子として他人同士ではないの意味）による「互い立て合い、助け合い」の教説の具体的な展開を試みています。私はシオザワの掲げる経営理念に、わが社は、教祖がお教えくださる「陽気ぐらし世界」実現の事業に、情報文化創造企業として参加するんだとの思いを込めています。

二代好一が社長の時、社員の提案により始めた新規事業に、紙卸販売会社で戦後どこよりも先駆けた紙のリサイクルがあります。後ほど詳しく書かせていただきますが、弊社は多くの企業にコピー用紙を販売しています。配送した後はトラックは空で帰って来るので、サービスの一環として販売したコピー用紙やその他古紙のリサイクルを始めました。納品した後には、その会社で集めてもらった古紙を持って帰るのです。それまでは販売と古紙回収は別々のルートで行われていましたが「動脈の仕事」と「静脈の仕事」を一つの会社で行うことは、流通としての大きな使命と言えます。この事業を「リンクル事業」と呼びました。リンケージとリサイクルの造語で、「しわ（リンクル）を延ばす」（しわになった使用済みの紙ものばして再利用して無駄にしない、という教祖の逸話がある）という意味も込めています。始めて五年間は赤字でしたが、その後の黒字化と同時に今日では、機密書類回収に特化し、特許も所得したシステムを構築しシュレッダーで裁断しなくても、機密を保持しリサイクルするビジネスモデルを確立しました。弊社の有力な一事業部として成長を続けています。好一社長は「お道の教えに基づく仕事が根付いて嬉しい」と事業の発展を常に喜んでいました。

(三) 三代社長塩澤好久の経営と信仰──事業は損得で考えるのではなく善悪で考える

今日の株式会社シオザワが存在し、三代目として私が社長をできるのは、ひとえに初代の祖父好三、二代の父好一と文字通り粉骨砕身の努力と創業以来会社に勤めてくれた社員、その家族の皆さんの貢献の賜物であります。初代好三社長と二代好一社長の経営と信仰の係わり合いをエピソードで紹介しましたが、これはほんの一部分です。実際には、信仰とは別に経済社会の中でさまざまな問題が発生してその解決に真摯に取り組み乗り越えられたのは、信仰があったからこそだと思います。

シオザワ入社

私が大学を卒業して社会人としてスタートしたのは凸版印刷です。紙商の息子は製紙メーカーか流通へ入り紙の製造・流通を学ぶのが主流でしたが、紙を買ってくれるお客様のメインは印刷会社です、ならば印刷会社に入社してどのように紙が使われるのかを見てみたいと私は考え、凸版印刷へ入社しました。この経験は、シオザワに入社してから大きく役立ちました。その後三〇歳くらいの時にシオザワに入りました。その平成二年（一九九〇）は、実はすでに紙業界は成熟化していて、ＩＴ時代に入ろうという時代でした。具体的に申しますと、当時は日本人の一人当たりの紙消費量は年間二五〇キログラム程度で頭打ちでした。したがってシオザワの本業であった、紙の卸販売は継続しながら、機密文書の管理・リサイクルの部門のリンクル事業部をより一層発展させるべく取り組み、さらに同じ頃紙を単なる素材としてではなく情報媒体として捉えクリエーティブに制作していく広告制作部門のメディアキューブを立ち上げたのです。

そして、私が父から会社経営の一切を任されたのは三五歳の時。祖父が紙卸業を創業して六〇年の節目でもありました。父から言われたことは「間違いなく、右肩上がりの経済という時代は終り、大きなパラダイムチェンジを迎えている。企業経営の在り方も根本から改革せよ」ということでした。当時はバブルがはじけた数年後で市場は成熟化し、同業他社は異業種へ参入したり、海外へ活路を求めたり、加えて高度情報化、少子高齢化へ転換という時代の変化もあり、戦後長く続いた強力なリーダーの下でみなが一斉に走っていくヒエラルキー型組織経営手法では立ち行かなくなっていたのです。

弊社も数億円の赤字があり、ゼロからのというよりマイナスからの再出発でした。ですから父は「会社の屋台骨を揺るがしかけない決断のときは相談しろ。それ以外なら好きにやれ」と、しばらくは代表権のある会長にとどまって見守ってくれましたが、経営には一切口を挟みませんでした。ですから三代目というよりは、まったく新しい会社に赴任して経営権を譲られた、あるいはまったく新しい事業を起こすという自負がなければやれないなと覚悟したことを覚えています。

機密書類システムの誕生

天理教では、例えば教祖は「菜の葉一枚粗末にしてくれるな」と神の体であるこの世のあらゆるものを大切にするようにと教えられています。ですから「商売で扱っている紙は神や」と先代はよく言っていました。そういう信仰的発想から、高度成長期の使用済み紙はごみでしかなく捨て去られていた時代に、どこより先んじてオフィス使用済み用紙のリサイクル業務（現在のリンクル事業部）を行う発想を持ったのです。当初はコピー用紙販売サービスの一環での古紙回収でしたが、後年IT化が進み、ペーパーレスといわれるような中で次のステップとしてアイデアが出たのが、どの企業にもある機密文書の処理という新しいビジネスでした。このビジネスに手本となるモデルはありません。試行錯誤で始めて企業機密を守り処分するシステム（特許取得）を開発し、今では競合する会社もありますが、独自のシステムを提示して比較優位を理解してもらっています。始めた当初は「シオザワが廃品回収業を始めた」と揶揄されましたが、世の中のためになることだと信念を持って推進してこれたのも信仰のお陰と思います。

新規事業を始めるにあたり、経営と信仰のバランスをどのように捉えるかは「事業をする場合に、会社にとっての損得と考えるよりも、世の中にとっての善悪を考える」ということです。世の中にとっていいことだからやろう、赤字であってもやろうと。実際、機密処理システムを担うリンクル事業部は五年間赤字でした。立ち上げに当たっては、私と担当者の二人で企画提案書を書き、役員会でプレゼンし、事業部の設立を訴えました。役員会では、二代好一社長を除いて他の役員全員が反対という状況でしたが、好一社長は、「遠回りだろうけど、結果として世のため人のために成ることを実践していく。初代好三社長がよく言っていた言葉だ。必ず実る良いことだから進めなさい」とトップダウンで設立を認めてくれました。おそらくこのような、損得で考えるのではなく善悪で考える思考は、信仰ある経営者の多くに共通することなのかもしれません。

社長としての経営と信仰「受け継ぎつつ、変えるべきは変える」

私が社長になってからの五年間は、社内的な風土改革も目指しました。体質を変えていくという東洋医学的な発想です。社員に徹底的に会社の悪口を言ってもらいました。上層部には耳が痛い話もたくさんでますがそういう段階を経て、株式会社シオザワは塩澤家の会社ではない、社員には自分の会社で自分の事業という意識を持ってもらいたかったからです。

経営を譲るに際し、父好一がつけた条件は「絶対にリストラはするな」「古株の役員を大切に」です。確かにそれまでのシオザワの基礎を築いてきたのはそうした古い世代の人たちです。その基礎が新しい時代に合わなくなっているからこそ、改革が必要だったのです。しかし、基礎を築いてきたのには間違いありません。ですから社長に就任した時、全従業員を前に「今お得意先が八百件も九百件もあるのはひとえに今日も休まず働き続けてくれた人たちがいたからです。いくら時代が変わったとはいえ、先輩からは絶対に学ぶことはある」と訓示しリストラはしないと宣言しました。

その上で開いたのが「会社を良くする会議」です。参加者を募ると全従業員一五〇人のうち三〇人が集まってくれました。普段から思っていた不満や愚痴、批判を吐き出してもらいました。その会議を六回開き議事録にまとめて役員会に提出。現状を率直に認識してもらいました。ついでに、同様に開いたのが「風土改革分科会」です。先に出た不満や愚痴をなくすにはどうすればよいか、皆に考えてもらいました。どちらの会議にも若手から五〇代までいろいろな人が参画しました。中にはそれまでプロジェクトの企画に参加したことのない人もいたはずです。ですが、徐々に建設的な意見が上がってくるようになりました。人は頭ごなしに注意してもまず直りません。しかし、本人が気付けば話は別です。ただ指示を待つ、やらされるというのではなく、自分の目で見て耳で聞き考えてそれを実際の行動に移す。そのときに大切なのは、前提となる経営理念を明確にしておくこと。そこに最も心を砕きました。

企業理念の再定義と徹底

風土改革が進む中、改めて経営理念を検討しました。一年かけて検討した結果、好一社長が策定した経営理念の素晴らしさをプロジェクトメンバー一同が再認識し、不変であるものと再定義しました。

「一手一つ」以外は「天理教」とか「親神様」という言葉は使っていませんが、会社経営を通して社員の、社会の「陽気ぐらし」を目指していきたいということです。この理念を徹底するため、些細な用件であっても社員にファクシミリや手紙を送り、その中で私の思いや会社の存在意義を訴え続けていきました。

そして、この理念のもとに「社員心得二〇カ条」「人生を成功に導く〝二〇の法則〟」を示して浸透を図りました。前者は〝あいさつ〟〝笑顔〟〝敬語〟〝親しき中にも礼儀あり〟〝他人の悪口は言わない〟など、社会人として当たり前といえば当たり前のことばかりですが、経営理念を実現していく上での行動規範。後者は、〝陽転思考〟〝マイナスの言葉は使わない〟〝他人のせいにしない〟〝素直な心〟〝人との縁を大切に〟〝目標の達成の期限を区切る〟など前を向いて進もうとする人の背中を押せる内容としました。

その上で「社長塾」という自由参加の場を設け、経営理念や社史の研究から異業種研究などさまざまなテーマに取り組みました。それらすべてにおいて出席率が高く、積極的だった人が結果としてリーダーと呼べる存在に成長してくれました。その中の一人は一般事務の五〇代の女性でしたが、勉強会に出るうちに大きく成長して、物流改善などにも力を発揮するようになりました。

経営理念
大自然によって生かされて
働ける今に感謝し
情報文化創造企業として
明るい温かい楽しい
社会作りに参加する
一手一つになって
人間性の向上に努める

人生を成功に導く“二〇の法則”
1．陽転思考で生きる。
2．マイナスの言葉は使わない。
3．自分の強運を心から信じる。
4．「ごめんなさい」がきちんと言える。
5．身の回りを整理・整頓・清潔にする。
6．人生の哲学を持つ。
7．人の成功を助ける人になる。
8．心配するのはやめて、今に集中する。
9．常に笑顔で人に接する。
10. 人の話を真剣に聞き、聞き方力を高める。
11. 人に伝える力を高める。
12. 成功のイメージを描き続け常に声に出す。
13. 即行動する。
14. 成功者の行動に学びまねる。
15. 「ありがとう」「感謝します」「ツイている」を口癖にする。
16. 成功するまで続ける強い意志を持つ。
17. 他人のせいにしない。
18. 素直な心の持ち主になる。
19. 人との縁を大切にする。
20. 目標達成の期限をくぎる。

社員心得二〇カ条
一、常に大きな声でしっかりとした挨拶をすること。
一、常に笑顔で接するよう心がけること。
一、正しい敬語、謙譲語を使用すること。
一、上司、先輩とは親しき仲にも礼節を重んずること。
一、他人の悪口は言わないこと。
一、高慢にならず、常に謙虚で感謝の心を忘れないこと。
一、自己中心的な行動、言動は慎むこと。
一、整理、整頓、清潔を心がけること。
一、心豊かな人格者となるよう、精神、心を磨くこと。
一、プロになるべき知識の習得を日々心がけること。
一、有言実行であること。
一、率先垂範の精神で行動すること。
一、自己変革、自己改革に挑戦し続けること。
一、一期一会を大切にすること。
一、毎日初心を忘れないこと。
一、自助自律の精神に立脚すること。
一、経営理念、ビジョン、経営目的に反しないこと。
一、What Why How で考えること。
一、温故知新から温故創新を考えること。
一、思考回路を問題対処から解決、未来志向へ進化させること。

そうやって育った人材で執行チームを作り積極的に権限委譲を進めヒエラルキー型からアメーバ型経営を試みました。各事業部、営業所ごとの月次独立採算制を取り入れ、新人採用も部署ごとの責任者に任せる。そうした権限委譲で社員がますます成長する。私と会社が目指す所が明確になっていればこそ、それが可能だったのです。

挑戦できるチャンスを作る

しかし、なかなか結果を出せない社員もいます。そうした社員をどうするか。当社では経営理念に加えて「シオザワ二一世紀ビジョン」というものを設けています。その副題では「自己開発の環境創りと挑戦」をうたい「ビジョンの核心を成す経営目的（私たちの目指すもの）」として三つをあげています。

一つは、社員及び関係先の潜在力を開発することで、お客様に高い満足感を提供すること。次に、社業を通して持続可能な社会の実現に向けたあらゆる創造と革新に挑戦し続けること。最後は、そうしたすべての事業活動を通じて、より高い付加価値、社員の幸福、新しい文化の創造を実現するとしています。

ですから、結果が出せない社員をダメだと決めつけません。成長を促す一つの方策として月に一回「ワーストの会」を開き、営業成績下位の五人に報告させました。なぜ結果が出ないのかの自己分析と、どんな取り組みをするか。私は叱りも怒りもしません。半年もすると何か行動を変えない限り、報告することが無くなります。

そんな中から千葉県内の印刷会社を一か月で全部回ると宣言し、実行した者がいました。すると、それから一二か月連続で目標を達成できたのです。自信を得た彼は、やがて部長職となり営業所長に就きました。自分で気付けば人間は成長するのです。その挑戦できるチャンスをつくり、背中を押す、環境は私が作るけれど、挑戦するのは一人ひとりだと常に言い続けています。

シオザワ「21世紀ビジョン」
人とエコロジーの可能性に挑むシオザワ・プロ集団
～自己開発の環境創りと挑戦～
ビジョンの革新を成す経営目的（私たちの目指すもの）
一、社員及び関係先に秘めたる潜在力の開発を通じて、
　　ひとりでも多くのお客様に高い満足感を提供すること。
一、紙と流通を通じて、持続可能な社会の実現に向けた
　　あらゆる創造と革新に挑戦を続けること。
一、全ての事業活動を通じて、より高い付加価値、
　　社員の幸福、新しい文化の創造を実現すること。

信仰の大切さ

社員育成のためには、スキルアップと人間力向上が必要です。こうした研修においても、信仰の考え方が役に立ちます。天理教では、「かしもの・かりもの」として心と肉体は別の物と説きます。肉体は親神から借りたもので、心だけが自分独自のものであると。自分の心は、本来は清廉で正しいはずなのですが、いつの間にか埃がつき、汚れてしまう。そしてその汚れた心は八つあるといいます。おしい（惜）・ほしい（欲）・にくい（憎）・かわい（可愛い）・うらみ（怨）・はらだち（怒）・よく（貪）・こうまん（慢）。この八つの埃は祈ることによって、ほうきで塵を払うが如く払ってもらえると教えています。このたとえは、実際の社員研修でも「八つのほこり」として説明し、心の部分にほこりが積もる場所がありそれを払うことで心の使い方を指導していくことにつながっています。

また、経営判断では北風政策ではなく太陽政策ということもいえます。性悪説ではなく性善説で考えるのです。私の宗教的感覚としては信仰三代ともなりますと人間が作った道徳教育的な捉え方が強くなってきます。初代信仰は命を助けられての入信が多く熱烈な信仰者でありますが、代を重ねるたびに信仰をどのように心の中に収めていくかです。騙すよりは騙されたほうが良いし、損して得（徳）取れです。ビジネスの根底は自分の会社だけが良いということでは続きません。

また、問題にぶつかった時、その判断基準としては、世の中にとっての善悪は何か、ネガティブにならず陽転思考で考える。信仰をしていると必然的にそうなります。

弊社もさまざまなリスクに直面してきましたが、必ず守っていただけるという強い信念を基に、精いっぱい取り組んでこれたのは三代にわたる信仰のおかげと感謝しております。

信仰がベースにあって、性善説、陽気ぐらしを標榜するのだから、ビジネスにおける事業承継や相続なども上手くいきました。信仰（道徳）があるので親子、兄弟も最終的には同方向の価値観を共有し、物事が収まっていくのです。

「ご守護」があるということ

シオザワの社長としてのビジネスのシーンでは、信仰があることでビジネスや生き方にどう関わってきたのか、どのようなご守護があったかを実例を挙げてみます。

信仰のおかげで日々がご守護の連続と思っていますが、私塩澤家にしても会社にしても土地・不動産に関しては人から「ラッキーだね」とよく言われます。とくに、計算や予測を立てたわけでもないのに結果として先回りの大きなご守護があったのだと、後に分かることがよくありました。その代表的なものが、現在の本社ビル建設と同時に進行した当教会の普請です。実は、それまで塩澤の家も会社も教会も、すべて原宿のビルの中にありました。下が会社でテナントにして貸し出し、最上階が教会の神殿という構造でした。これは本来の天理教教会としての姿ではないために、初代会長（祖母）、二代目会長（父好一）そして三代目（母道子）歴代の教会長が「お詫び書」を書いて教会長に就任していたほどでした。そこでいつかは会社と教会は分離した建物にしないといけないと思っていました。

そして教祖一二〇年祭（二〇〇六年）に向けて、後期講習に行かせていただき、分離させる心定めをしました。しかしそのためには莫大な経費が必要です。古いビルなので耐震設備を整えるだけでも多額の設備投資がかかります。新しく本社ビルを建て、別途教会の建物を建設するにも相当額の予算を必要としていました。ところが時代はすでに長い不況の時代に入り、土地価格も安く、希望予算の半額で売れたら御の字だとの評価でした。驚くようなご守護をいただいたのはその時です。実は私は一六歳の頃から丸三三年間一年も欠かさず八月の五日〜八日（以前は週末だったが）は天理で、子供おぢばがえり（夏休みの子供の祭典）の後片づけを甲賀大教会三日隊ひのきしん（日々の絶えざる喜びの奉仕）としてやってきています。ちょうどそのひのきしんに行く前の七月にある企業が相場並みで原宿の土地を買いたいと提示してきました。役員もそれで売却しましょうといっていましたが、その金額では会社のビルは建っても教会は建ちません。それでその役員には、おぢばでのひのきしん中、毎日神殿でお願いするからちょっと待つようにと指示して天理に来ました。そしてひのきしんを終え、東京に帰って直ぐに、別の企業からなんと相場の倍以上で買いたいという提示がきたのです。一か月で二倍以上になったのです。それも一部上場の一流企業でした。話が進みおかげでこの本社ビルばかりでなく、ＮＨＫの裏手代々木上原の見晴らしのよい高台に三階鉄筋コンクリートの教会を建てることができました。そのあとにリーマンショックが起き、また今回の大震災が起きていますから、教祖一二〇年祭という時の心定めと、先代とともに一生懸命教会の御用を務めていただいた信者の方々の伏せこみの賜物がこのようなかたちになって現れたのではないかと思っています。

事業継承とホールディングカンパニー制へ

紙卸としてのスタートですが、七六年も経ちますと紙にまつわる社会的な意味やビジネスの中味も変化させてきました。Ｍ＆Ａの推進と人材育成の観点から、二〇一一年、五社からなるホールディング制による統治機構の改革を実行しました。グループ会社の社長には誰もがなれるチャンスがあります。信仰心を持った経営者の輩出や戦略的M&Aも私の大切なミッションと思い、ガバナンスを再構築しました。

まとめ

今日ある株式会社シオザワは、初代好三社長（祖父）と二代好一社長（父）の進取の気性と先見の明とそれぞれの時代時代で有能な社員の皆様の並々ならぬ努力によるものです。さらに付け加えれば、時代の環境にも恵まれたと感じています。本来なら、大変な時代であろうとも、陽気ぐらしの信仰のもとご守護をいただき、社会に貢献できたのは喜びに耐えません。

祖母が父の病気から入信し、においがけ（布教）・おたすけに励んで教会になり、祖父が初代会長となりました。私の母は教会の娘でしたから、父が二代会長につき社長を譲るまではもっぱら仕事が主で、お道の御用は母が、父が五年前に出直した後は母が三代会長を務めています。そんな中で育ちましたから、若い頃は、神様は本当におられるのか、信仰とは、教会とはとさまざまな葛藤がありました。

しかし、年を重ねるうちまた社長となってから、教えが生きてきました。仕事で壁にぶつかったり部下に接する中で、例えば「八つのほこり」の教えがスーと胸に入ってきて物事がスムーズに運ぶ。そんな経験を重ねる中で、神様に「護っていただいている」と素直に思えるようになってきました。

すると今度は、「私の使命はなんだろう」と。霧が晴れるように見えてきたのは、今は会社と事業を通して、どうやって人を助けさせていただけるか。加えてそうしたスキルをどうやったら教会、布教活動のお役に立てるかを考えています。

その一つが「道の経営者の会」です。会社経営を譲った父は、教会長として御用を務める傍らも信者相互の助け合い、励ましあいの場として「道の経営者の会」を発足させ初代会長となりました。目指したのは、教祖《おやさま》が教えられた「なるほどの人」から、「なるほどの会社」でした。現在一〇〇社ほどの天理教の信仰ある経営者が集まっています。現在は私が会長をさせていただいており、講演会やセミナー、勉強会等を開催し、先代の志を受け継ぎ、企業経営を通してお道の教えを実践し、広めていく。そんな活動も推進しています。

また、社長就任後すぐの阪神・淡路大震災、三九歳の時のNYの同時多発テロ、そして四九歳の時には記憶にも新しい三・一一東日本大震災と節目で大きな事件に遭遇しました。「関西支社は大丈夫か」、「世界的なイデオロギーに対立激化か」、「日本人として精神の根底から再出発へ」と大変な出来事に、どう対処していけばよいのか真剣に考える日々が続きました。

そうした中、天理の教えを日々の生活で実践していくことで、理念が身近なものになってきたのは事実です。経営に直面していますと、必ずネガティブな要因が出てきます。それをどうやってポジティブな要因に変えていくか。信仰があれば、そうした点も信仰がない方と比べて容易なのかもしれません。負のスパイラルをどうやって変えていくか。陰から陽が生まれる。信仰があれば、そうしたことをストレス要因にする必要がない。シンプルに考えればよい。重複しますが、かしもの・かりもの、陽気ぐらし、身上・事情は道の花、八つのほこりなどいろいろの教えがあります。震災を目の当たりにしてよりそうした理念が身近なものになりました。陽気ぐらしで陽気サイクルが回ってくると上手くいきます。当たり前のこと、それがすべて大切なのだと。

振り返って、ラッキーな部分も多いですが、信仰があることで〝護られている〟ことが多いと感じます。信仰心のある経営者と信仰心のない経営者では、判断する基準のポイントの数が違うように思います。自分の力だけしか支えるものがないというのでは、毎日がとても辛いはず。すべては自分でやらなければと思うのでは疲れてしまうでしょう。その点、信仰心のあるほうが判断する基準のポイントが少なく、「事業を損得で考えるのではなく善悪で考えている」ために、迷いも少なく、心の拠りどころ、こころの支えがあるというのは、プラスに働きます。神とのつながりを持っていれば強い。

今、百年に一度の転換期だといわれています。そんな中で「あんたに会うと元気になるよね」といっていただける。どんな中でも精神的に落ち着いていられるというのは、本当にありがたいことだと思っています。

結語

以上が、経営の実践の現場にいる社長自ら、祖父母の代からの事業と信仰生活を描いたものである。本稿の締めくくりとして、再び住原が、シオザワ以外の事例（天理教信者である経営者）と比較することで、天理教信仰と事業経営の関係について、本書のテーマに沿って若干の一般化を試みたい。

筆者（住原）は、かつて、「『お道』と企業経営――天理教信仰と事業が融合する論理のありかと実例」［二〇〇九］という名の拙論の中で、羊羹で知られる米屋《よねや》の創業者で天理教信仰者であった諸岡長蔵と、フレッシュクリーム、スジャータで知られる「めいらくグループ」の創業者日比孝吉について書いたことがある。直接には接点を持たない経営者同士が、同じ信仰を持つがゆえに、共通した価値意識を持ち、新しいビジネスを手がけるきっかけになっていることなどが見えてきた。

例えば、既述のように、教祖中山みきが、この世のすべてが親神の体であり、人間の視点からは大切な借り物であるので、「菜の葉一枚粗末にしてくれるな」という言葉が残されている。それを受けてシオザワの例では、まだ紙のリサイクル業が発生していなかった高度成長期に、使用済み用紙の回収を行い、同業者からは「シオザワが廃品回収業を始めた」と揶揄されながらも、また赤字の中でも続けていたことが、結果として後年、重要書類の廃棄処理という現代社会に求められる仕事を先んじて開始することにつながっている。

同様に、めいらくグループの日比孝吉もまた、牛乳とはビンに入れて販売され、長期保存できないもの、というのが常識であった時代に、高額であっても、牛乳を長持ちさせるための、海外からの新しい機器（Long life の技術）に目をつけ改良し、今では当たり前になっているあのミルクパックを大手企業などよりも早くから導入している。また長年赤字であっても、無調整の豆乳を生産し市場に出し続けていたのは、無調整の豆乳しか飲んではいけない一部少数の病人の方々から、感謝の手紙をもらっていたからであったという。それが、近年になっての健康ブームから、むしろ無調整の方が好まれ十分採算が取れるようになっているという。本論文のタイトルにあるように、「事業は、損得ではなく、善悪で」という信仰に基づく意識が、シオザワにもめいらくグループにも見て取れる。

このような事例はまた、本書の一大テーマである、メタ理念と経営行為の関係、という観点から見たとき、信仰に基づくメタ理念が、「拘束」でありながら、「創造」であるというパラドックスの一例とも言える。つまり、「菜の葉一枚粗末にしてくれるな」というメタ理念としての概念は、例えば、会社や工場内の物品や電気代など、いかに節約して大切に使うか、といったことは、それ自身とても大切で実行する価値と必要性のあることであるが、それは、倹約という萎縮（不自由な）行為を伴うものである。しかし、リサイクル業も牛乳を長持ちさせる技術も、倹約であるとともに、同時に新しいビジネスを「創造」する契機となり、時代に先んじるものとなっていた。

また、リサイクル業も無調整豆乳の例も、ともに、同業者に揶揄されたり、赤字続きであったりしたが、どちらも「人のため」と思い、愚直に継続していた。そこには、メタ理念として、「人に笑われそしられて、末ではめずらしたすけする」（他人に笑われ悪口も言われながら、人知れず確実に人のためになることを実行する、の意）という教祖の言葉が知られていることが関係しているものと解釈できる。かつ、本書の序章で論じたように、経営者がそのメタ理念を、情動のレベルで腹に修めていたために、不利な状況の中も信念をもって「継続」したものと思われる。それがたとえ日の目をみず、赤字続きのままであったとしても、経営上許される範囲であれば、社会貢献（人だすけ）と解釈しなおしてやり続けたものとも想像される。たまたま成功事例となったことが、当人たちにとれば、尚一層の喜びとして解釈されて当然である。

本稿のタイトルである、「損得よりも善悪」という言葉は、塩澤によるものであるが、天理教では、人間が一般的に行う「損得」計算と、親神の「そろばん」がはじく「損得」計算は別物であり、信仰者ならこの「天のそろばん」を意識して経営行為も行っている。人間にとっての、一般現象としての「得」しているように見えることも、場合によれば、神の目から見れば「残念な」人間行為の結果かもしれない。逆に一般的には「損」であることが、むしろ親神に喜びをもたらしているかもしれない。その判断基準として「善悪」があると解釈できる。人間一人ひとりのすべての心と行為を「見抜き、見通している」上ではじかれる天のそろばんは、「千に一つの間違いも無い」と教えられているからである。

引用・参考文献

塩澤好三　一九八三　『一筋の道』塩澤好三自伝』自費出版。
塩澤好一　二〇〇一　「私のリサイクル経営実践教学」『事業と信仰――その理論と実践』道の経営者の会編、二一九―二三六頁、福昌堂。
塩澤好久　二〇〇九　「わたしと天理『〝なるほどの会社〟〝なるほどの経営〟を目指して歩む』」『すきっと vol 14』七六～八〇頁　天理教道友社。
対談記事　二〇一一　「紙は神である」『コスモス』第一八号、天理大学地域文化研究センター通信。
住原則也　二〇〇九　「『お道』と企業経営――天理教信仰と事業が融合する論理のありかと実例」『会社のなかの宗教――経営人類学の視点』中牧弘允・日置弘一郎編著、二一～四三頁、東方出版。

第6章　「自分だけの信仰」論
――ある経営者の信仰体験から

大森弘

序言――信仰体験の仮説

ここに、ある経営者というのは、松下幸之助のことである。ある経営者としたのは、ただ松下幸之助の物語や事例研究にとどめず、一般化したい意図からである。いうなら間主観性の物語なり、理論にしたいからである。[1]

したがって松下幸之助の事実としての体験、その信仰体験を仮説の起点として問題提起していきたい。

松下幸之助はすでにみたこともあるように、[2]晩年において「根源」の社や杜をつくり、礼拝し、尊崇していた事実がある。それに関連して色々といわれているが、[3]筆者が直接に見聞きしたのは、京都のＰＨＰ研究所においての道場である。当時、松下幸之助は、出所してくると、道場の荒縄円座に静座、瞑黙し、「根源」に祈念していたという。ここで「根源」というのは、「宇宙の摂理」とも解説されている。『松下幸之助の哲学』[4]やその原本である『ＰＨＰのことば』[5]によってみよう。すでに昭和五十年四月に第一刷が発刊されているところから、松下幸之助が丁度、八十歳の年齢であり、ちなみにその前年には、「崩れゆく日本をどう救うか」を出版し、六十万部を超えるベストセラーになっている。この『ＰＨＰのことば』の「その二三」として、「信仰の在り方」について述べている。要約して引用する。「天地の恵み」「この恵みの根源には、万物を生かし人間を生かそうとする宇宙の意志が大きく働いております。この大いなる宇宙の意志を感得し、これに深い喜びと感謝をもち、さらに深い祈念と順応の心を捧げることが、信仰の本然の姿であります。」

これが松下幸之助の晩年にいたった信仰であり、宗教体験であるといえよう。だがこれもすでに色々と議論[6]されているように、松下幸之助がここにいたるまで、様々な宗教や信仰に関係していることは、また事実である。しかし個人的に接触しているが、かならずしも帰依しているわけでもないこともいわれている。たとえば有名な事例は、創業した松下電器の経営理念の根幹になる「水道哲学」は、創業当初に天理教本部を訪ねたことが契機となり、それ以後も天理教との関係は連綿とあると聞く。さらに立正佼成会、生長の家をふくめ数々ある。この意味はどういうことであろうか。勿論、それらが信仰に帰依するに十分でなかったという議論はすぐつく。だがそれだけであるのだろうか。

その意味では、松下幸之助は真言密教との関係も深い。これも創業当初からの機縁である。加藤大観との縁である。真言密教のなかでも京都にある醍醐派、つまり修験道山岳宗教の流れをくむ宗派の僧侶である。のちに松下幸之助と同居し、個人や企業の加護を祈祷するとともに、相談役的な役割を終生果していく。空海を開祖とする真言宗の教義の根本は、大日如来を中核にする曼荼羅の体系である。いわば大日如来は、宇宙の中心の象徴である。その意味で、「宇宙の意志」のシンボルでもある。松下幸之助も早くから、真言宗へ接近し、高野山、総本山金剛峯寺にも参詣しているし、西禅院を菩提寺にして、松下家と松下電器の墓所をもうけている。そこには丁稚奉公していた五代自転車店の店主をはじめ加藤大観も一緒に参詣している写真も残されている。それだけ人生、生活に馴染んでいたといえよう。その結果か、高野山大学には、講堂まで寄付しているが、これも和歌山出身というだけではあるまい。

そうかといって『ＰＨＰのことば』の「信仰の在り方」が、真言密教の教義直訳かというと、どうもその印象を感じられない。その理由や意味は、どこにあるのだろうか。いくつかの問いをあげながら、自らへの仮説にしていきたい。まず、なぜ「根源」教ともいえる「信仰の本然の姿」に辿りついたのであろうか。ＰＨＰの「信仰の在り方」にしたがうと、それにはまず、「宇宙の意志を感得」しなければなりません。どうやったら、できるのでしょうか。またそれに、「深い喜びと感謝」をもたなければなりません。その心境は、どういったものなのでしょうか。「さらに深い祈念と順応の心を捧げること」、これはどうする行為なのでしょうか。

これらの問いは、松下幸之助が、松下電器を創業した当初から、天理教の本部を訪ねて以来、高野山を訪れるようになっても、つねに繰り返された問いであり、その都度、自らの答えとしての仮説を積み重ね、組み合せ、擦り合せつつ、自問自答の哲学そして信仰として、晩年にいたったのであろう。

そこに自らの答えがあり、あくまでいまだ仮説かもしれぬ「自分だけの信仰」「根源」教にいたったのではあるまいか。

この問いと答えの連鎖、つまり仮説を、どのように理解していけばよいか。つぎのような筋道を辿って、迫ってみたい。まず宗教社会学的アプローチといえるものである。それは宗教を社会という空間のなかでの変化として理解していこうとする観点である。これはトーマス・ルックマンの「見えない宗教」[7]論などを手がかりとして考察したい。詳しくは後でみるが、「見えない宗教」論は、要するに「教会志向型宗教」つまり「見える宗教」が、現代社会では「世俗化」ゆえに衰退していく、宗教社会学的な考察の結論をもたらす。

だが宗教の世俗化、つまり神聖の世俗化にたいして、松下幸之助は、実業という世俗そのものに全身で挑みながら、どう生きようとしたか。反転して、世俗の神聖化をもとめる。「水道哲学」のエピソード物語は、その典型といえよう。現代社会における「見えない宗教」づくりの第一歩ともいいえる。

ではその内味はどういうものか、現場的な検証をふまえて次節以降で詳細にしたい。

1 宗教社会学からの検証

ルックマンは、「見えない宗教」（Invisible Religion）の最初の草稿が、「見失われた宗教」（Missing Religion）であったことを「はじめに」語っている。たしかに現代社会が、その基本において平等性をもとめ、それを具体化する大量性のなかで、世俗化は促進されていく。そして社会学的な条件は、ますます制度化され、専門化していくなかで、受動化していく。それは社会的な普遍性をもたらし、利益追求という手段の目的化と快楽追求の目標の目的化を相乗的に強化していく趨勢となる。

そのなかでたしかに「周辺に生きる教会志向型宗教」として「見失われた宗教」の傾向が強まる。だが「宗教の人間学的条件」を吟味すれば、むしろ「見えない宗教」の領域が見えてくるという。マス・スピリチュアリズムといえる「宗教の社会的形態」である。いわば非宗教的精神哲学ともいえる領域であり、形態である。「個人の宗教意識」の湧出であり、これが「見えない宗教」の現代性である。結論として、「現代社会における宗教と個人のアイデンティティ」の物語は、「現代における宗教の主題」であるという。

この議論を叩き台にしながら、松下幸之助の宗教的な体験の現場に踏み込んでみよう。すでにふれた、よく知られているエピソード、天理教見学と「水道哲学」の物語について、検討してみよう。

天理教のもつ「世直し」と「現世肯定的一元観」は、信者の嬉々とした奉仕活動の印象を裏打ちして、近代的な生の経験知として共感したのであろう。つまり「水道哲学」の理念と「産業人の使命」につながっていく。これはすでにいうように世俗の神聖化であり、神聖の世俗化の反転であるともいえるし、習合ともいえる。ルックマンの

「見えない宗教」の仮説を、実証というか現実化する場面ともいえる。そこでは、ルックマンも問い語るように、「人間学的条件」として何が起こっているのであろうか。またその「個人の宗教意識」は、どうなっているのであろうか。さらに「個人のアイデンティティ」そしてその「社会的形態」はどうなっていくのであろうか。

ここで「人間学的条件」というか、人間そのものの心理的条件をふまえて検討をはじめよう。M・チクセントミハイのいう、フロー体験論についてである。フロー体験については、チクセントミハイの入門書から理論そして実践の訳書(8)まであるので、詳細はそれらにゆずり、必要なかぎりの骨子で検討していく。ただし主役はあくまで松下幸之助で、その体験物語である。

松下幸之助は、かなり早くから、「仕事三昧」論をいっている。状況を判然とさせるため、少々冗長になるが、発言集から生の語りを引用しておきたい。

……顧みて、創業このかた、わが社の人々はみな勤勉であった。真剣に働きとおした。朝から晩まで、みな黙々と働き続けてきた。

が、戦争に入ってからは、張りめぐらされた統制の網に縛られてか、この伝統の勤勉性が失われたように感ぜられる。真剣さが薄れたように見受けられる。自分自身を省みても、存分に働きたい、思うままに腕をふるいたいと念じつつも、どういうものか心をこめて働けない。気乗りがしないとでもいうのか、働きにもの足りなさがあった。

しかし、これから自由主義の世ともなれば、存分に仕事ができるようになり、再び自分の望む事業に没頭し、全心身を仕事に打ちこむことができるのだと思うと、非常にうれしくてたまらないのである。

仕事にはまりこみ、時間も忘れ、疲れも知らず熱中する。仕事から手を離すのが惜しくてならない。ただ働くことが愉快でたまらない。あたかも信仰の三昧境に似た状態で、仕事にわれを忘れてしまうという、いわば仕事三昧の境に入りうることは、まったく楽しいことである。

またこの境地こそ、真剣に働く者のみの知る極楽の天地であり、人の知れぬ楽しい世界である。

私が皆さんに贈るべき最上の贈り物は、この仕事三昧にふけりうる状態を与えることであると思うのである。

自分だけが楽しく働いていても、ほかの者が苦しく働いていたのでは、はなはだ申しわけない。自分と同様、皆が楽しく働けるような境遇をもたらさねばならない。

これがために自分も最善の努力をはらうが、皆さんも仕事三昧の境地に達することを希望し、これに向かい努力してほしい。

それには仕事を敬い、一心不乱に働かねばならない。器用に小手先だけで処理してはダメである。真心こめて力いっぱい働かねばならない。軽率に取り扱ったりぐずぐずしていてはダメである。仕事に徹し、仕事とぴったり一つになりきらねばならないのである。

働きを神聖というのは、かく全身全霊を仕事の中にこめて働くときをいうのであって、働く人を神々しく感じさせるのも、この仕事三昧、無我の境に入ったときなのである。

私はもちろん、諸君各自が仕事三昧にふけり、力強く事業を進めることができるならば、必ずや良品を多量に生産でき、代理店、販売店の渇望を満たしうるとともに、ひいては社会に貢献させてもらうことができると信ずるのである。あくまで社会に貢献させてもらうのであって、決して社会に貢献するのではない。仕事を通じて世に尽くさせてもらうのである。いいかえれば、社会に貢献させてもらうには仕事三昧の境にいたらなければならないのである。そこに事業も繁栄し、日本産業の復興再建も可能となるのである。（『松下幸之助発言集二十九』三二七頁、PHP研究所）

ここで「仕事三昧」というのは、チクセントミハイのいう「フロー体験」といっていい。これを「フロー体験」

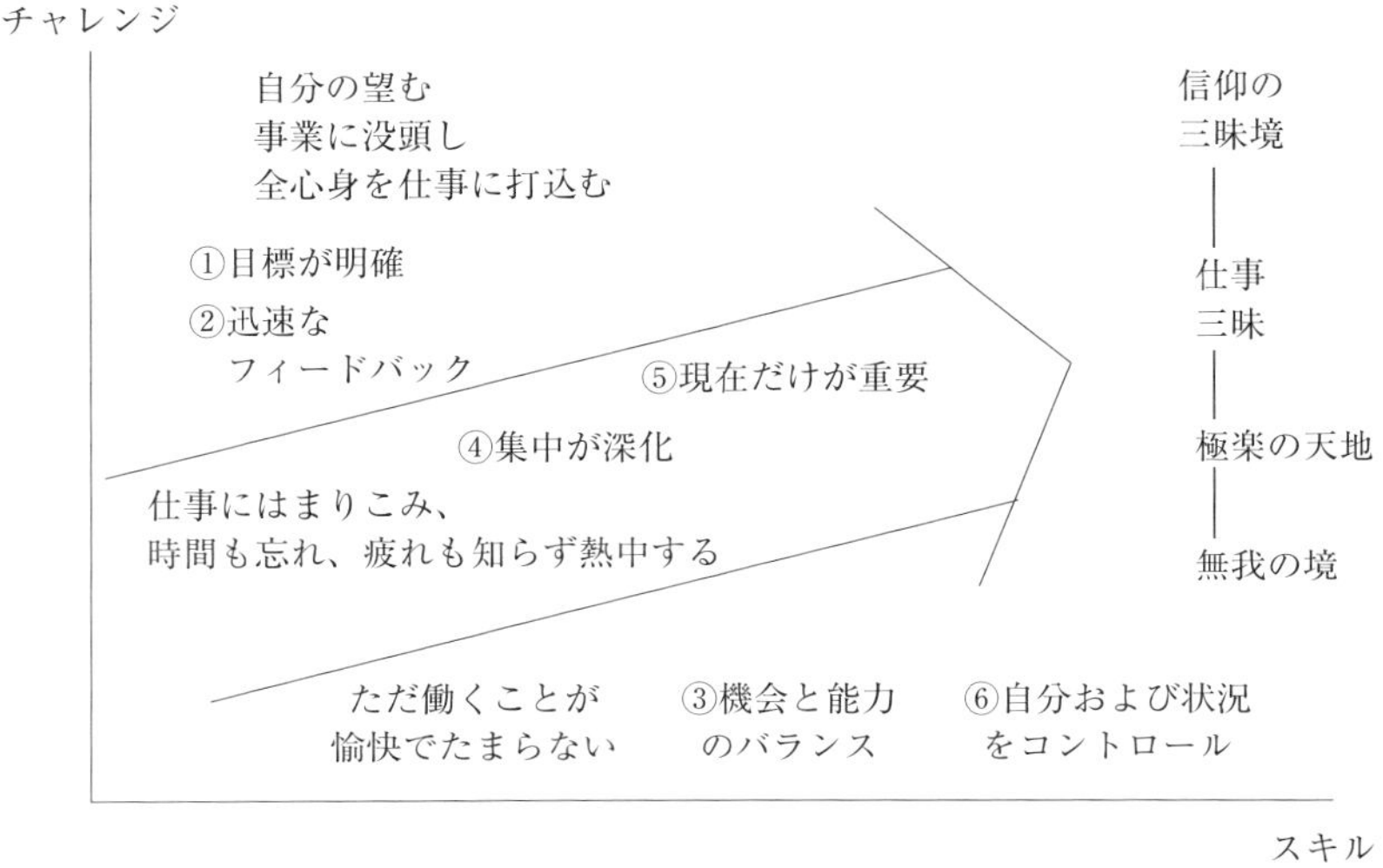

注）松下幸之助「仕事三昧の境」をM・チクセントミハイ「フロー体験」フレームワークに重ね合わせ、擦りあわせたチャートである。
①～⑧の付記は、チクセントミハイのいうフロー体験の構成要素である。

のチャートに、「仕事三昧」の要点をプロットして理解してみよう。図表は縦軸に行動へのチャレンジをとり、横軸に能力スキルをとっている。松下幸之助が「仕事三昧」といい、「信仰の三昧境」に似たものであり、それは「無我の境」で、「極楽の天地」ともいえるようなものであるという。ここで三昧というのは、もとは仏教の用語であり、三摩地（サンスクリット語、サマージ）という漢訳音写語である。仏教辞典（岩波）によれば、「心を静めて一つの対象に集中し、心を散らさず乱さぬ状態」といい、「悟りに達する直前の心の堅固で不動なる状態」ともいう。チクセントミハイは「フロー体験」という表現で、つぎのように語っている。人間が活動しているときの「最適経験」あるいは「内的経験の最適状態」をいう、と『フロー体験　喜びの現象学』のなかで説明している。

松下幸之助がいう「自分の望む事業に没頭し、全心身を仕事に打ち込む」という語りを、チクセントミハイ流に解釈すれば、自分の内発的動機によって、注意を集中し、時間感覚も衰失するほど、自我意識を没入させることになる。それはフロー体験を構成する八つの要素の順序からすれば、行動のチャレンジとして、目標を明確にし、迅速なフィードバックを行なうプロセスである。そのためには「仕事にはまりこみ、時間も忘れ、疲れも知らず熱中する」ことが必要である。それはまず「集中が深化」していき、「現在だけが重要」となる状態が必要となり、それはやがて「時間感覚が変化」していき、「自我意識が衰失」していく状態をもたらす。それは「仕事三昧」であり、「信仰の三昧境」に似る「極楽の天地」であり、「無我の境」であると語る。したがって「ただ働くことが愉快でたまらない」状態である。それは行動するチャレンジの「機会と能力のバランス」をとるよう、「自分および状況をコントロール」するスキルを身につけるようになる。

そのポイントは、現在だけに集中し、深化していくことで、時間感覚が変化し、自我意識が衰失すること、つまり意識の変移、シフトであり、宗教的には回心といわれる、一種の悟りの境地、悟性の覚醒といってもいいかもしれない。

これは日常意識として自己中心的な見方の生活や人生から、生き方の観点がシフトする。あとでみる「暗黙知」論をいうマイケル・ポランニーの表現をかりるなら、「自己中心的統合」から「自己放棄的統合」へのシフトであり、さらにいう「対立矛盾的統合」にいたるプロセスである。宗教的にいうなら、空海密教にいう「入我我入」へのアプローチともいえる。

2　宗教人類学からの検証

ルックマンは、社会学的にみて、「人間学的条件」を問い、「個人の宗教意識」や「アイデンティティ」その「社会的形態」を語った。それへの松下幸之助の物語をみた。フロー三昧の人間的条件であり、宗教意識、アイデンティティ、そして社会的形態である。これをより人類学的に時間の流れのなかでみるとどうなるか。「進化論からみたヒトと信仰」という副題で、「宗教を生みだす本能」[9]を論じた、ニコラス・ウェイドや、「ヒトはなぜ神を信じるのか」と問い、「信仰する本能」[10]を語るジェシー・ベリングなどは、進化論をふまえて、認知科学さえとりいれて、科学的なアプローチをとる。

宗教的本能といえるものを、どうとらえるか。少々回り道になるが消化しておこう。「宗教の本質」を、「信仰の社会的性質と個人的性質」からとらえようとする。つまり、「人間の道徳性」はその「道徳的直観」にあるとして、「宗教の文化的発展」を追う。つまり、「宗教行動の進化」であるが、そこに「遺伝学」まで持ち込み、「宗教は適応か、進化の副産物か」を問い、「宗教行動と集団選択」の関係に答えを見出そうとする。「宗教行動の起源」として、「音楽、舞踏、トランス」も見出され、「音楽」だけでなく、「言語」も、また「信仰」も意味をもってくるし、「神との交信」も可能になるという。「太古の宗教」として、オーストラリア・アボリジニの宗教にみるよう、ヒーリング・ダンスや舞踏はつきもので、文化人類学の対象となるところである。しかし「宗教の変容」が起こる。「原始宗教の消滅」であり、「恍惚の宗教と教会の闘争」によってである。そこに「超自然的存在の解釈」について「変容」が起こる。そして、「宗教の樹」が生れ、育っていく。「ユダヤ教の起源」であり、「キリスト教の誕生」そして「イスラム教の生成」である。それらの起源から生成そして発展のなかで、もとより「宗教と信頼」も生まれるが、「宗教と取引」のなかで、「宗教と経済」の関係も深まり、やがて「宗教なき道徳」さえ生れていく。これは「宗教の生態学」とよべるもので、「宗教による人口調整」から、「天然資源の管理」や「戦闘のサイクル」にまでおよぶようになる。とくに「宗教と戦闘」については、「戦闘のための宗教」といわれるように、現代の現実においても、「飽くことなき戦争マシン」といわれ、「戦闘の訓練」までふくめて、「戦闘の原因」になっている。その意味では、「宗教と国家」の問題を提起している。「文明間の分裂と宗教」の問題でもあり、「世俗化と聖典」宗教そのものの問題である。そこに「アメリカ市民宗教」も生まれる可能性があり、「宗教市場」も生まれてくるという。こうした動向は、「宗教の未来」を創り出していく。

このようにニコラス・ウェイドは、宗教と信仰を進化論的に位置づけ、意味づけているが、どうも大筋的で形態化している感がある。それにたいしジェシー・ベリングの「信仰する本能」論は、文化人類学的で、やはり進化論にしたがいながらも、より生態的であり、認知科学の知見までも援用した内容である。補完する著作として、消化しておきたい。ただ最初に、「信仰する本能」(The Belief Instinct) はともかく、「ヒトはなぜ神を信じるのか」の表題は、直訳すれば「霊魂、運命そして人生の意味についての心理学」の意訳である。著者からすれば、人間がもつ「信仰する」という本能的なものを、人類の進化のなかの「心理学」として説明しようと意図しているようである。訳者も「あとがき」でいうように、「心の理論」(theory of mind) から答えようとするものである。ここで「心の理論」というのは、「他者の心の状態(意図、欲求、願望、目的、知識、思考、推測、信念、感情)を読みとる能力」であり、「他者に共感や感情移入をしたり、他者の視点に立ってものを考えたりするうえで基礎となる能力」である。そして「ヒトだけに『心の理論』があるということは、それがこの六百万年で獲得されてきた能力だということになる」という。したがって「霊魂」や「運命」そして「人生の意味」も、進化論的にみて「適応的錯覚」にすぎないというのだが、錯覚という表現はともかく、主観であり、それゆえ信仰となるといえよう。

著作の目次も、「ある錯覚の歴史」から始まる。人類の進化の歴史が錯覚の物語であり、「目的なき生」そのものが人生であるという。その「サインはいたるところに」あると。進化論的にいって、人生は「目的なき生」かもしれないが、進化のなかで人間は「心」をもったことも確かである。それは人類の認知的進化ともいえよう。「心の理論」の源泉は認知的進化、ここにある。しかも神のごとく万能の進化でないため、認知的バイアスをもっている。そのため認知的錯覚も起こす。自我的思考による目的論的推理もそうである。したがって人間は、「適応的錯覚としての神」を生むと結論づける。しかし、それでも「いずれは死が訪れる」と結着させる。

救いのないような言い方ではあるが、よく考えてみれば、その示唆に教えられる。いうなら、人間は認知的バイアスのある「心の理論」の持ち主にすぎない。そこに自我的思考もあり、目的論的推論もあれば、適応的錯覚もある。それは主観的な意識による認知である。

最近は認知科学が発展し、色々な知見が引用される。人間の脳の発達を三重層化して、古層のハチュウ類脳と中層のホニュウ類脳、そして新層のジン類脳の補完作用で理解するのも、その一例である。これもヒトの神を信じる認知的進化の根拠になり、あわせて「心の理論」の機能が認知的バイアスをもつ論拠にもなる。なぜならヒトの脳が、ジン類脳だけでなく、ホニュウ類そしてハチュウ類の古い脳との補完作用で成り立っているからである。それがヒトの脳の特徴であり、補完することは、それぞれの脳の部分の限界があり、ヒトの脳の不完全性と限界、つまりバイアスを生む。そこにベリングも結論の章節で表題にするように、「適応的錯覚としての神」が生まれ、「いずれは死が訪れる」ことを知りながら生きる。むしろそれがゆえに自分なりの「ある錯覚の歴史」を「信仰する本能」として物語に紡いでいくのであろう。

3 「〈私〉だけの神」論からの検証

これまでトーマス・ルックマンの「見えない宗教」論による宗教の世俗化や、それを当然とする進化論による宗教や信仰の本能化についてみてきた。これは宗教の世俗化が、ただ脱宗教化へいたるというより、むしろ宗教の一般化ないし普遍化を意味づける。

そこに「〈私〉だけの神」(11)論が見出される。ウルリッヒ・ベックは、リスク社会論でよく知られているドイツの社会学者であるが、著作の副題を、「平和と暴力のはざまにある宗教」として、現代の「リスク社会」におけるヒトの救済は、「〈私〉だけの神」を信仰することによる、とアピールしている。いわば個人として信仰の本能に生きるということでもある。ここはベックの大冊の内容を紹介する場でもない。その趣旨を、自分なりに「自分だけの信仰」論として展開していきたい。

宗教や信仰の世俗化そして本能化の議論は二つの側面、つまり一般化や普遍化とともに、個人化そして特殊化をもたらす。もとよりその中間的な組み合せは幾種もある。ベックも「宗教の二つの顔」として「寛容と暴力」をあげているが、普遍化と特殊化の二つの葛藤ともいえる。それをやはり「コスモポリタン化」と「個人化」としてとらえ、「再帰的近代化の理論」のフレームワークのなかで消化していく。それは直線的進歩化ではなく、原点的回帰化といえる。ちなみにコスモポリタン化をグローバル化と区別しており、宗教の個人化がすすむことが、コスモポリタン化をささえるという。

したがって宗教や信仰の個人化は、随分と誤解され、「正統信仰」にたいし「異端」の問題として、長く「宗教的自由が夢物語に過ぎなかった歴史」を回顧している。そして今日の原理主義的なアンチ・モダンをふくめ、モダンはもとより、ポスト・モダン、それに再帰的近代化にいう「第二の近代」などとの関係を吟味して、「世界宗教の紛争を文明化するための五つのモデル」を提示する。ここまでくると現代の「リスク社会」の宗教版であり、当面の守備範囲をすでに超えているが、結論の部分だけを、あとの参考のために摘記しておきたい。

第一のモデルは、神を商品化する「市場モデル」と、第二はユルゲン・ハーバマスのいう宗教に対して中立的な憲法国家モデル、第三はハンス・キュングのいう普遍的世界倫理モデル、第四はマハトマ・ガンディーの「方法論としての改宗」といい、最後の第五は「革命？」モデルとしている。結章としては「世界リスク社会における宗教の未来」に、「真理の代わりに平和を？」と結ぶ。

こうしたベックの議論を消化しながら、「ある経営者の信仰体験から」の「自分だけの信仰」論に擦り合せていく作業にとりかかりたい。まずベックの議論は、「〈私〉だけの神」論をベースにしながら、「リスク社会」に引かれ、「平和と暴力」に悩む宗教に偏り、あまりにもマクロ的に、いうならコスモポリタン化に重心をおきすぎていないか。むしろコスモポリタン化のベースは個人化、パーソナル化にささえられている。ミクロな個人、パーソナルの「自分だけの信仰」そして宗教に中心をおき考察のベースにすべきであろう。

ただ信仰や宗教の個人化、パーソナル化もやがて、一般化、普遍化し、コスモポリタン化する可能性とその連動性のプロセスは、ミクロとマクロの動態として押えていかねばならない。

だがなによりも「自分だけの信仰」論の理論の内容と実践の方法が肝要である。それをただ宗教の世俗化や本能化あるいは再帰化という理論的な、しかもマクロなアプローチにとどまらず、どのように理論的でもあるが実践的なミクロのパーソナル・レベルへ着地さすかが大切である。いうならベックもいう「アクター」としての信仰そして宗教へのアプローチ、しかもベースに個人、パーソンをおいてその可能性をみていきたい。

4　フロー体験としての信仰

ここで松下幸之助の、宇宙の摂理に念じ、祈る静座、黙想の姿を想い起こしたい。いわゆる祈り三昧の姿勢である。松下幸之助は発言集にあるように、日常の朝会などでも、仕事三昧を説き、その心境を詳しく語っている。その仕事三昧については、すでに論じているので、信仰との関係においてみておきたい。

つまり三昧は、すでにふれたように「心を静めて一つの対象に集中し心を散らさぬ状態、あるいはその状態にいたる修練」（岩波　仏教辞典）である。これは心理学的には、M・チクセントミハイによれば、フロー状態であり、その表現をかりると、「内的経験の最適状態」という意味で「最適経験」といい、つぎのように説明する。[12]

「最適経験とは、目標を志向し、ルールがあり、自分が適切に振舞っているかどうかについての明確な手掛りを与えてくれる行動システムの中で、現在立ち向っている挑戦に自分の能力が適合している時に生じる感覚である。注意が強く集中しているので、その行為と無関係のことを考えたり、あれこれ悩むことに注意を割かれたりすることはない。自意識は消え、時間の感覚は歪められる。このような経験を生む行動は非常に喜ばしいものなので、人々はそれが困難で危険なものであっても、そこから得られる利益についてはほとんど考えることなく、それ自体のためにその活動を自らすすんで行う。」

チクセントミハイは、「人間はどういうときに最も大きな幸福を感じることができるか」というテーマの研究結果、フローの概念に辿りついたのである。その研究方法は、フィールドワークであり、多数の面接調査の事実から、発見した成果である。最初に「芸術家、競技者、音楽家、チェスの名人、外科医」など数百人の「熟達者」を対象にして出発するが、やがて世界各地の一般の「異なる人生を歩む数千人の人々に面接調査」し、ポケットベルによる「経験抽出法」という方法を開発することで、ついに十万例を超える標本を世界各地から集めて研究したのである。その結果、えた確信はつぎのようである。

「最良の瞬間は、普通、困難ではあるが、価値のある何かを達成しようとする自発的努力の過程で身体と精神を限界にまで働かせ切っている時に生じる。このように最適経験は我々が生じさせるものなのである」と。

まさに最適経験といえるフロー体験は、喜びの現象学として生まれることを確認しておきたい。それはかならずしも気楽で受動的な活動ではなく、困難ではあるが能動的な活動のなかに生まれ、ただ見えやすい物質的な仕事だけでなく、見えない内面的な、身体と精神を限界まで活かし切っている時に育まれるという。

こうしたフロー体験の構成要素を八つあげて理論化する。『フロー体験とグッドビジネス』[13]の実践的な著作のなかから、事例をふまえながら引用してみよう。第一は、「目標が明確である」ということ。ただここで目標というのは、たとえばロッククライマーが夢中になるのは、山頂に辿りつくという最終目標ではなく、落下しない、つぎの動作をどうするかという、目の前の目標ということである。

第二は、「迅速なフィードバックがある」こと。チクセントミハイもいう「『オンライン』の情報がタイムリーに入手できなければ、どんな行動にも没頭し続けることは難しい」のである。つまりもっとも「望ましいのはその情報を提供する行動自体から来ることである」と。

第三は、「機会と能力のバランスがとれている」こと。これをチクセントミハイは、「CSバランス」といい、「フローはチャレンジとスキルがともに高くて互いに釣り合っているときに起こる」ことを指摘する。

第四は、「集中が深化する」こと。実践のなかで、「没頭して、熱中の度合がある基準点を超えると、突然、ゲームや研究、交流のなかに深くはまりこんでいる自分に気づく。」「自己と行動との区別は消失」した状態である。それは「行為と意識の融合」した主体でもある。

第五は、「現在だけが重要となる」こと。いままでみたように、フローは究極の精神集中状態である。チェスのプレイヤーは、「盤上の駒とそれぞれの駒の動ける範囲」だけの世界に入り込んでいる。作曲家も、「紙の上の小さな黒い符号とそれが表す音から成り立っている」世界に没入している。それは「精神を現在に集中しなければならないので、過去や未来の出来事は意識のなかに存在しえない」からである。

第六は、「自分および状況をコントロールする」こと。これは卓越したスポーツ選手が競技に集中してフローとなり、思いどおりに体を動かし、精神状態もコントロールしながらベスト・パフォーマンスを発揮する姿から、容易に想像しうる。

第七は、「時間感覚が変化する」こと。子供のころ、遊びに夢中になって、時を忘れた経験は誰にでもある。チクセントミハイによれば、チェスのプレイヤーは、時間が百倍も速く過ぎていくのを感じるという。それにたいし短距離走の選手は、百メートルを走り抜ける十秒ほどの時間を果てしなく長く感じるともいう。

第八は、「自我が衰失する」こと。その理由は、「強い精神集中の結果、今取りかかっている仕事に直接関係ないことが、意識の外へ押し出される」からであるという。それは自分のすべてではなく、「いわば名前や地位、認識番号といった、責任を伴う人間の社会的な一面」が一時的に意識から消え去り、「自意識や野心、そして敗北、恐怖や欲求から瞬間的に解放される」のである。

こうしたフロー体験の八つすべての要素を経験する人もいれば、その一部だけを経験する人など色々であるが、共通しているのは、フロー体験そのものが楽しく、そして喜びと感じていることである。その充実感というか充足感、そして喜悦や歓喜の情感を、チクセントミハイは、「内発的報酬」とよぶ。したがってフロー体験を「自己目的的経験」といい、そのような志向の人を、「自己目的的パーソナリティ」ともよぶ。

このようなフロー体験の心理学的な知見は、そのまま祈りの三昧や仕事三昧の心境にも通用する。その意味でフロー三昧といえる心境は、自分だけの内的な経験であり、個人的な主観である。つまり「自分だけの信仰」につながる道であるといえる。それをつぎに、「喜びの現象学」の理解として考察してみたい。

5 「喜びの現象学」としての信仰

チクセントミハイはフロー体験を楽しく喜びのある幸せの現象としてとらえる。それは心理学的に一般化しえる現象であるが、あわせて内容は個別的で特殊であり主観の現象である。これをどう理解していくか、まさに現象学としてとらえてみたい。それは哲学的というか、知的に考察していくことでもある。

そのため現象学の創始といわれるエトムント・フッサールの現象学をふまえてみよう。『間主観性の現象学――その方法』[14]は、晩年の著作であるが最近に翻訳され注目されている。もっともその現象学にも批判はある。「観念論」哲学であり、科学的、合理的な考え方から逸脱した古い哲学で、「意識主義」「主観主義」で、「非合理的な形而上学」へつながるという。だがむしろフッサールは、「真理」や「絶対的客観主義」というものはなく、ただ「妥当な認識」その意味で「普遍的認識」があるにすぎないという。それは近代哲学におけるデカルトの「我思う、ゆえに我あり」の主観の原点にたつ。主観をベースにして現象をみ、哲学しようとする。すでに哲学において「主観―客観」の一致の不可能性がいわれて久しいし、認識の相対性や懐疑論がいわれる。ただ近代科学がもたらした「客観的認識」といわれる成果を、どうとらえればいいのか戸惑っているといえよう。

フッサールは、この認識の問題を解いていく。そのため、「主観―客観」一致の図式を「現象学的還元」の図式に代替する。それは現象学的な判断停止（エポケー）によって、純粋意識となり、そこで観取される現象の直観的な知覚と意味の構成が創出されていくという。すべてを自分の純粋意識という意識体験に還元して、現象を観取し、その意味を創出していく。自分だけの主観的な意識体験であるという。フロー体験もそうであり、祈りの三昧や、仕事三昧もそうである。

ここで松下幸之助の仕事三昧の物語に即して考えてみよう。「電池が語りかけてくる」というエピソード[15]がある。

第二次世界大戦後の混乱期には、原材料も乏しく、乾電池にも不良が出ることがしばしばあった。

そんなある日、乾電池工場を訪れた松下幸之助は、責任者から不良が出る状況について説明を受けたあと、不良の乾電池を二、三ダースとコードのついた豆電球を十個ほど自宅に持ち帰った。

翌早朝七時、幸之助はすぐ来るようにと、電話で責任者を自宅に呼んだ。

責任者が訪れると幸之助は、まだ蒲団の中にいた。その枕元にはあかあかと豆電球をつけた乾電池がずらりと並べられていた。

「これを見てみい。これはきのう、きみのところから持ち帰った不良の乾電池やで。きみは、アンペアが低いからあかんと言うとったが、みな直るで」

「社長、どんなにして直されたんですか」

「きみな、物というもんは、じっとこう前に置いて一時間ほどにらめっこしておったら、どんなにしてくれ、こんなにしてくれと言いよるものや。きのう、わしが帰って、飯を食べて風呂に入ってから、前に電池を並べてじっとにらめっこしてたら、〝炊いてくれ、炊いてくれ〟〝温めてくれ、温めてくれ〟と言うのや。それでコンロで湯沸かしてな、温めたんや」

見ると、確かに、横にコンロと手鍋が置かれている。

「きみら屁理屈ばかり言ってるけど、言うだけやなしに実際にやらなあかんのやで。自分の一所懸命につくったものを抱いて寝るくらいの情熱をもって見とったら、それは、必ず何かを訴えよる。わしみたいに電池の理屈をよく知らんもんでも、解決方法は見出せる。きみは何年乾電池をつくってるんや」

「十四、五年でしょうか」

「それだけつくっておいて、まだわからんのか。だいたい、電池をつくっておったら、不良が出るもんやと頭から決めてかかってるのやないか。ほんまはな、不良が出るほうがおかしいのや。だから不良が出たらどうするか、どこに誤りがあったのか、よう考えなあかんのや」

責任者は工場に帰ると、すぐ乾電池の製造工程の見直しに取り組んだ。このことがきっかけとなって、ぐっと不良を少なくすることができたのである。

この松下幸之助のエピソードにからめて理解しよう。乾電池の不良品が「温めてくれ」と言う。実在している乾電池は、たとえ不良品であっても、誰が見ても当り前の乾電池である。それが「温めてくれ」と言うのは、内在的な意識体験であり、その現象に熱中し、没入しているときの知覚的直観である。

この乾電池を家に持ち帰って、一晩中、洗面器に熱湯を入れて観察、手直しして、良品化した乾電池を翌朝、幹部に説明する。幹部一同、その熱心さと洞察に打たれ、品質良化に精進したという後日談的な物語は、そこに意味的直観がうかがえる。

フッサールの現象学は、「一切を、『意識』のうちでの表象（現象）にすぎない、という見方[16]」である。そのことは、すべて私の主観であり、確信することである。これまでの科学的な「主観―客観」図式を、主観的な「内在―超越」図式に代替する。ここでいう「超越」は、従来の「客観それ自体」ではなく、ただ個人を超越していて、自分の「内在」において構成された「対象確信」にすぎないといえる。つまりあらゆる対象への内在意識による確信の「構成」を解明するのが、フッサールのいう現象学である。「現象学は、『確信成立の条件』を解明する方法」であるという。

松下幸之助の乾電池エピソードで、不良乾電池が「温めてくれ」という知覚的直観にも驚くが、それを通して「温めてやる」という洞察力といえる意味的直観に驚嘆する。しかもその洞察と助言が、集団の人々の意識を共感させ、転回させ、良品化への精進を促し、結果を実らせていく実話の物語を形成していく。

「現象学的還元」という方法は、「一切は私の意識表象である」として存在にたいして自我の判断を停止（エポケー）し、純粋意識でありのままを観察、観取して、確信を成立させる認識の問題である。フッサールがいうように、「主観―客観」の一致が不可能であること、絶対的な「客観認識」は不可能であることは確かであるが、普遍的な妥当認識は、主観的な確信が個人的レベルから間主観的に、つまり共同的確信へ、さらに普遍的確信のレベルにいたれば可能である。すでにふれた意識体験の内在意識から、直接に洞察される内容であり、それは確信成立の理論ともなる。すべて思惟や思念といわれる作用も、意識する対象への確信成立の強度といえる。

これを不良乾電池のエピソードにそっていうなら、「温めてくれ」という乾電池も、「温めてやる」乾電池も、松下幸之助の意識体験であり、知覚的直観であり、意味的直観としての確信であると説明できよう。しかしそれは全知全能の神がえがく客観的認識と「的中」一致していないであろう。ありえるのは、個人的な主観確信にすぎず、それがやがて間主観的になって共同的確信になり、普遍的確信に高まり、妥当認識としてどのように共有化されるか、共感の問題でもある。そこに実践の行為や行動のなかから、より妥当な認識として客観性が生れ育ち認識されていく。したがって大切なことは、現象学的な内省による確信の構成は、誰でもが実行できることであり、しかも相互の確証によって共有化され、補完化されていくことである。それをフッサールは、「連続的調和」と呼ぶ。つまり「調和的に与える働きをする意識の統一」を創出していくことであるという。

かなり以前に、「内省の企業家─松下幸之助[17]」論を書いたことがあるが、まさに今にして想えば、現象学的な内省による確信の人であり、その確信が人々に共有化されていく「連続的調和」の活動であったといえよう。

結語──パラダイムとしての信仰

フロー体験による、自分だけの確信にもとづく信仰の根拠を、チクセントミハイの心理学的知見やフッサールの現象学的考察にもとめてきた。ここでは自分だけの信仰論をパラダイムとしての信仰へとオープンにしておきたい。すでにフッサールの現象学をみたとき、自分だけの主観的な確信が原点ではあるが、それは間主観的に共有化されることによって、より妥当性のある認識として共同的確信や、さらに普遍的確信にまでなることをみた。

松下幸之助のいう、宇宙の摂理や自然の理法を、ベックのいう「〈私〉だけの神」にみなすこともできようし、

「根源」教ともいえる「自分だけの信仰」も成り立ちえるが、あわせてそれが共有化され間主観的に共同的確信になりえる可能性はあるということである。松下幸之助自身も、「根源」についての「自分だけの信仰」を、独りよがりの独断とは信じていなかったのではないか。妥当性のある認識であり、普遍的とまで信じていたのかもしれない。その論拠をみておきたい。

フロー体験による純粋意識で、現象をありのまま観取することは、自我意識が衰失され、悟性的な知覚が覚醒される。松下幸之助もいう「一種の悟り」の境地ともいえる。それは人間としてのありようの規範、つまりパラダイム、むしろ思考の枠組、フレームワークの転回ともいえよう。科学論にいわれるトーマス・クーンのパラダイム論[18]を想起する。『科学革命の構造』[19]（一九六二年）で提示した概念である。「一定期間、科学者集団に対して問題と解答のモデルを与える、一般的に認知された科学的認識」をパラダイムという。これは自然科学だけでなく、社会科学や人文科学にもいえるし、さらに思想や歴史、文化の領域についてもいえるのではあるまいか。すでにみた間主観的に共有化された妥当な認識として、である。したがってクーンは、共有化された「科学的認識」のパラダイムで問題を解決していくのが「通常科学」であるという。だがそれでは解決できない問題がでてくると、パラダイムの危機に直面し、根本的に新しいパラダイムが求められる。それがパラダイム・シフトであり、「科学革命」であるという。そのシフトはかならずしも合理的とはいえず、むしろ非合理的な飛躍ですらある。

そこには直観も働き、日常意識ではとらえきれない、フロー体験での、自我意識を衰失した、純粋意識の、ありのまま状況を観取する知覚による洞察が、超常的なパラダイムを創出する。超常科学へのブレークスルーであり、イノベーションへの物語ともなる。

この論拠の可能性の一つを、カール・ユングの分析心理学、あるいは深層心理学に見出すことができる。人間の心理を分析して、三重の意識構造の重層とみる。それはまずは表層的意識と、潜在化している個人的無意識、そしてその奥底に潜在する集合的無意識である。その集合的無意識は、個人を超えて普遍的であり、人間として共有しえる無意識の領域であるという。その意味でも、現象学にみた純粋意識による間主観的な共有性の心理学的ベースを提供してくれる。このことは仏教の心理学といわれる唯識論においても、すでに二千年余の以前に瑜伽行（ヨーガ）の修行体験のなかで阿頼耶識として立論されている。

したがって人間が創りあげる意識の物語として、日常の表層的意識による物語だけでなく、個人的無意識の物語とともに、人々に共感をよぶ集合的無意識の物語まで三重奏あるといえよう。これについて、「暗黙知」論[20]のマイケル・ポランニーは、いみじくも、つぎのように補完してくれる。人間には語りえない暗黙知という、水面下の氷山の底辺が膨大な宝庫として潜在していると。したがって人間の語りえる表現や物語には三種あるという。表層的な指示的表現による物語と、深層的な象徴的表現による物語、そして暗喩的表現による物語であると。

仏教に「菩薩の道は菩薩に聞け」という警句があるが、逆にいうと菩薩の道も、菩薩の声も、その意味は衆生には解りかねる。つまり通常パラダイムを超えた、直観、インスピレーションによる超常パラダイムといえる。そのパラダイム・シフトにも、科学の領域で、ガリレオの地動説やダーウィンの進化論のようなグランド・パラダイムのシフトもあり、宗教でも釈迦の仏教やイエスのキリスト教のようなグランド・パラダイム・シフトもあるが、それらは背景にある数多くのサブ・パラダイムの累積のうえに華開いているのであろう。くしくも相対性理論のアインシュタインも、「九九パーセントのパースピレーションのうえに、一パーセントのインスピレーションがある」といったとか。パラダイムそのものが、そういった性質のものであろう。そこには二つの表裏一体といえる両面が理解できる。一つは誰でも平凡に汗して努力することが可能であり、それが大半であること。そこにフロー体験に熱中し、三昧のなかで、内的な直観がえられ、それはあくまで主観であるということである。ただその主観といえる直観が、日常意識を超えた純粋意識による知覚になり、意味づけになることが二つ目の側面である。つまりその主観は、個人的だけでなく、間主観性をもって他者に共感、共鳴され、その知覚や意味が妥当性をもって共有化されること、つまりパラダイム化されていく。この両備性があって、共同的確信そして普遍的確信が形成されていくといえる。

ここに「自分だけの信仰」、個人的な主観や信条をシーズにしながら、共同的確信としての宗教やさらに普遍的確信としての科学が形成されていくネットワークのダイナミクスが見出されるといえよう。

注

(1)『間主観性の現象学――その方法』フッサール著（浜渦辰二・山口一郎監訳）、ちくま学芸文庫、二〇一二年

(2)「企業者論・松下幸之助研究（一）」大森弘稿『論叢　松下幸之助』（七）ＰＨＰ研究所、二〇〇七年

(3) 谷口全平稿「南無根源！――松下幸之助の宗教観」『論叢　松下幸之助』（二）ＰＨＰ研究所、二〇〇四年

(4)『松下幸之助の哲学』松下幸之助著、ＰＨＰ研究所、二〇〇二年

(5)『ＰＨＰのことば』松下幸之助著、ＰＨＰ研究所、一九七五年

(6)「松下幸之助と生長の家――石川芳次郎を介して」川上恒雄稿、『論叢　松下幸之助』（十三）ＰＨＰ研究所、二〇〇九年

(7)『見えない宗教』トーマス・ルックマン著（赤池憲昭・ヤン・スィンゲドー訳）、ヨルダン社、一九七六年

(8)『フロー体験とグッドビジネス』Ｍ・チクセントミハイ著（大森弘監訳）、世界思想社、二〇〇八年。『フロー体験入門』Ｍ・チクセントミハイ著（大森弘監訳）、世界思想社、二〇一〇年

(9)『宗教を生み出す本能』ニコラス・ウェイド著（依田卓巳訳）、ＮＴＴ出版、二〇一一年

(10)『ヒトはなぜ神を信じるのか――信仰する本能』ジェシー・ベリング著（鈴木光太郎訳）、化学同人、二〇一二年

(11)『〈私〉だけの神』ウルリッヒ・ベック著（鈴木直訳）、岩波書店、二〇一一年
(12)『フロー体験　喜びの現象学』M・チクセントミハイ著（今村浩明訳）、世界思想社、一九九六年
(13)『フロー体験とグッドビジネス』M・チクセントミハイ著（大森弘監訳）世界思想社、二〇〇八年
(14)『間主観性の現象学――その方法』フッサール著（浜渦辰二・山口一郎監訳）、ちくま学芸文庫、二〇一二年
(15)『エピソードで読む松下幸之助』PHP研究所編、二〇〇九年
(16)『フッサール「現象学の理念」』竹田青嗣著、講談社、二〇一二年
(17)『内省の企業家　松下幸之助』大森弘稿『日本の企業家Ⅳ』有斐閣、一九八〇年
(18)『パラダイムと科学革命の歴史』中山茂著、講談社、二〇一三年
(19)『科学革命の構造』トーマス・クーン著（中山茂訳）、みすず書房、一九七一年
(20)『マイケル・ポランニー「暗黙知」と自由の哲学』佐藤光著、講談社、二〇一〇年

第７章　「道」に昇華される経営

——鍵山秀三郎氏「掃除道」、坂田道信氏「ハガキ道」を例に

渡邊祐介

はじめに——なぜ経営に「道」がつくのか

普遍的な「経営道」という表現

「経営道《どう》」という表現は日本の巷によく使用されている。インターネット（グーグル）による検索によれば、三〇八〇万件のヒット（二〇一四年一月現在）があり、「経営道」を冠した組織もあれば、研修講座や書籍のタイトルにも頻繁に使用されている。使用している人々もさまざまで、つまるところ、「経営道」という言葉は、ある特定の人の命名によるものではなく、多くの日本人ビジネスマンがだれ言うことなく、同じイメージを持ちうる言葉だということができよう。

「経営道」は広辞苑など主要辞書にある言葉ではない。慣用的に「経営」プラス「道」もしくは、「経営者」プラス「道」ということで成立してきたのであろう。語義としては「経営における〝修養〟〝修行〟」といったことになろうか。英語では「management　way」という言葉で表現されるが、これもあくまで「経営道」の訳語として存在する表現にすぎず、欧米のビジネスマンの概念として元々ある言葉ではない。

そもそも日本語の「経営」と欧米で使用する「management」が同義かどうかも議論があろう。「management」はstrategy（戦略）やtactics（戦術）を体系化することで、「business administration」（経営学）という学問として認知される。日本の経営学もほとんどすべて欧米からの輸入にほかならない。しかし、日本ではどうも学問、すなわち知識や技術・技能ではない、何か別な要素で経営は成り立つという意識がたしかに存在している。

しかもそれは、実績のある練達の経営者が言うのである。たとえば、パナソニックの創業者・松下幸之助はある講演後の質疑応答の場で、「経営を学ぶにはどうすればよいか」という質問に対して、次のように答えている。

「これはね、教えて悟れるものではないですよ。私は経営というものは自得するものやと思うんです。自得するために、あるいは人の教えを聞くとか、あるいは自分で体験してみるということはそれは必要でしょう。しかし、これは教えられるものではないです。これはもうみずから会得せねば仕方ないですな。

何か自分でいろいろ考えてみて、人にも聞き、自分も考えてみて、そしてみずからそこに悟るものをもたなかったらいかんですね。経営というようなものは教えられるものではない。

経営学は教えられますよ。経営学というものは、経営学者に教えてもらったら、ある程度わかります。しかし経営というものは、生きる経営というものは教えられないです、これは。これはもうその人が、自分で体得するものですわ[1]」

松下は体得する一つの方法として、経営者の先輩、友人に話を聞くとか、実践の場で実験してみるといったことも紹介するが、やはり大原則として、心がまえを保持できるよう自得、体得することが近道ではないか、と述べている。そしてまた、松下の指摘を裏付けるかのように、日本の経営者教育は欧米同様、大学でのＭＢＡ（Master of Business Administration＝経営管理学修士）教育とは別に、民間のビジネス研修事業界による軍隊まがいの訓練や座禅などの宗教的修行法、はては心理学実験も取り入れた研修が、「経営学」では学べない〝生きる経営〟を習得させるものとして、実際に多く見受けられている。

以上のようなことから、経営を習得するという点において、知識や技術・技能を獲得することとは別に、〝生きる経営〟を学ぶことが、「経営道」という表現を普遍的な言葉として認知させているのではないか。本稿はそうした経営者教育のあり方として、経営者がみずから会得する「経営道」という営為があることを肯定して論を進めたい。そして、「経営道」の実践的な方法として、「掃除道」「ハガキ道」の実践が経営理念のメタ理念に変わるものであるかどうかを検討してみたい。

中国における「道」の概念を受容した日本

その前に日本における「道」（どう・みち）という概念が、どういうものであるかを整理しておく必要がある。というのは周知のとおり、「道」という語意が、具象的なものから抽象的なものまで広範囲であり、メタ理念に直結する部分や概念が不明瞭になるおそれがあるからだ[2]。ここで「経営道」「掃除道」「ハガキ道」で使用されている「道」は、どのような語義があるのかを検討しておきたい。

漢字であることを考えると、「道」の原義はやはり中国である。まずここでは、中国における「道」の概念を整理しておきたい。多くの哲学・思想研究者はその発生は古代中国においてであるとし、孔孟の説く「徳」の「道」や老荘の説く「天地万物自然の源、無為」の「道」にその源流を求められるとする[3]。

儒家と道家の解釈の違いは本来厳密に議論されることなのであろうが、筆者は以下のような諸説を確認した。たとえば朱子によれば「道は即ち理なり」と言い、すなわち、「人間が持つ本然的秩序観念」であるという[4]。一方老子が『道徳経』において説明するのは、「『道』は『道は一を生じ、一は二を生じ、二は三を生じ、三は万物を生ずる』」ものであり、「形而下なるもの、これを器といい、形而上なるもの、これを道という」とある。

このように、「道」の意味するところは、儒家がとりわけ〝人道〟的な面を強調する面があるものの、宇宙の万物の根源であり、普遍的な法則を示すものであるという点においては共通で、それは言わば中国人の素朴な宇宙観、世界観であるともいえるようだ[5]。

ではその「道」という概念を、日本人はどのように受容したのであろうか。広島市立大学教授・欒竹民《らくちくみん》は日本人の「道」と中国人の「道」の観念の違いを、和製漢語の成立という点から説明する。すなわち、「歌道、弓道、剣道、茶道、柔道、武士道、書道」といった言葉である。これらは「技芸・芸能の道」の意を示す日本の現代語で、字音読みとして漢語にほかならないが、欒は中国語には出典を求めることが出来ないことを強調する。つまり、それらが造語されるうちに、明確に日本的な新しい意味が創出されたのだという。

たとえば、「茶の湯」が「茶道」、「剣術」が「剣道」、「射芸」を「弓道」というふうに、これらの表現は時代によって変化してきたものであり、より普遍性のある形に変わっていった。この「道」の言葉がつくことによって、欒は「技《わざ》」の習得に、「精神性、思想性、道徳性に重きを置くという意味合いを持たせて格調の高いものになる[6]」と指摘している。

「みち」と「どう」

こうしたイメージを東京大学名誉教授・相良亨は、道元の「菩提は天竺の音、此には道《どう》といふ[7]」の言葉をあげ次のように説明する。ここにおける道は、追求されるべき究極の境地、しかもそれは個によって区別されるような内容ではなく、人間として普遍的な究極の境地である。そのことから、「道」の観念の違いを考えると、「『どう』には究極的な境地のイメージが重く、『みち』にはたどり行くという営みのイメージが抜けがたくともなうように思われる[8]」というのである。「みち」から「どう」への捉え方が広がり、浸透したのは道元のこの言葉からだとしているわけだ。

また東京大学教授で、文芸評論家として知られた寺田透は、やはり、道元の言葉から、「道」の二重性を説いた。少し長いが引用する。

「われわれが気軽に武道とか芸道とか、あるいは相撲道などと言うとき、それは武芸、遊芸、相撲を内容として持ち、それによって成立っている stana[9] を考えて言われた語とみなされる。

そしてその世界にはもう一つの『道《どう》』、道元の言う菩提ではないが、菩提がそれを把握することによってみずからを菩提即仏智となしうるところのもの、その世界全体を律する法という意味の道、すなわち dharma[10] が具わっており、それが gati[11] 乃至 stana の訳語を道とする上で、有力に加勢したと言っていいだろう。この『道』を体得することによって、ひとはその『道』（世界）の名人達者となる。

言い方をかえれば、ある領域はその領域独特の法を持ち、それによって規律され、それを習得し、それに従って自己を錬磨することによって、その領域に入ったひとはいよいよその世界で卓越した存在になるという了解が、『道』の語の成立基盤にはあるだろうということである。領域の意味でまず道の語が生れ、ついで、さらにそこを律する法の意味での『道』がそれに重なったという、二重性が道という言葉の基底に見出されはしないかということだ[12]。」

このように「道」は「みち」と「どう」という二重性としてとらえられると言えよう。そして、それぞれのもつイメージ、「みち＝営み→錬磨」と「どう＝境地→卓越」が、経営道の成立をあと押ししている感があるのではないか。

「経営」は道たりえることか

さて、従来の「道」は武道ならびに芸道の範疇に入るものであった。では「経営」というものは弓道や華道、茶道と同じように目されるものなのであろうか。

「経営」は、『広辞苑』によると、「①力を尽して物事を営むこと。工夫を凝らして建物などを造ること、②あれこれと世話や準備をすること。忙しく奔走すること、③継続的・計画的に事業を遂行すること。特に、会社・商業など経済的活動を運営すること。またそのための組織」である。③の語義をとったとしても、分野が規定されただけのことであって具体的な営為をつかみにくい。

武道のように体系だった身体的な技術を極めることでもなく、華道や茶道のように知の体系を伴った芸道ともいえない。その意味では、「経営道」というものは具体的にどういう要素をして「道《どう》」として成立しうるのか分かりにくい。ただ、冒頭に紹介したように実際に「経営道」という言葉があり、多大な説明を要することなく受け容られているのは事実である。それは、具体的にどのような行動の練達を指すのか、あるいはどのような技術の向上を指すのか分からないが、少なくともある一面の過程において、錬磨、修養によって卓越した成果を生むイメージが理解できるからではないだろうか。

こうした点について経営者自身の感覚をあげるならば、先述の松下幸之助はユニークなことを述べている。「経営は総合芸術である」と言うのである。その理由を次のように説明する。

「一つの事業の構想を考え、計画をたてる。それに基づいて、資金を集め、工場その他の施設をつくり、人を得、製品を開発し、それを生産し、人びとの用に立てる。その過程というものは、画家が絵を描くごとく、これすべて創造の連続だといえよう。

なるほど、形だけ見れば単に物をつくっていると見えるかもしれないが、その過程にはいたるところに、経営者の精神が生き生きと躍動しているのである。その意味において、経営者の仕事は、画家などの芸術家の創造活動と軌を一にしており、したがって経営はまさしく芸術の名にふさわしいものだといえる。[13]」

もちろんこの言葉は一経営者の主観に過ぎないものであって、普遍性を証明するものではない。しかし、牽強付会の誹りを恐れずに言えば、松下が言う感覚に理があるものであれば、経営道もまた武道、芸道と同じ「道」の観念に沿うものなのだろう。ただ、いみじくも松下が言ったように、それは経営者個人が完全なる単独の努力で創造するものではない。さまざまな具体的な営為が合わさり、その創造の過程があって総合的な経営となる。したがって、経営道というものがあるにしても、経営活動として細分化される具体的な営為は、それぞれ入れ子のようにさまざまな「道」として成立しうるわけだ。「経理道」や「朝会道」、「挨拶道」というのもあってもいいということにもなる。そうした可能性を指摘しつつ、本稿では実際に内外で大きな共鳴をすでに得ている「掃除道」や「ハガキ道」の意義や実践活動を重要な例として紹介したい。

1　鍵山秀三郎氏の「掃除道」

掃除のカリスマ

まずは掃除を通じて、社員の人間力を高め、結果として経営を向上、さらには掃除の意義を伝える社会活動家として著名な鍵山秀三郎氏の「掃除道」に対する考察を深めたい。鍵山氏は自動車用部品及びカーアクセサリーの販売、自動車の整備を業としている株式会社イエローハットの創業者である。氏の名が知られるようになったのは、イエローハットの成長の過程で、徹底して行なった掃除の実践である。今は社業を離れ、ＮＰＯ法人日本を美しくする会の相談役として活動しており、すでに掃除の伝道師として五十年が経過している。

鍵山氏の活動は、従業員に対して、掃除を社命によって、もしくは経営者としての権力でもって強要し、徹底したわけではない。自発的な行為として始めた結果として周囲の人びとを巻き込んでいったところ、すなわち共感以上に共動させてきたところに凄みがある。

鍵山氏の行動が「掃除道」とまで称されるものになっているのは、その行為が単なる献身的なものとして社会的に評価されているからとか、技術的に整った体系がある（掃除の手法としての熟練はあるとしても）といった理由ではない。掃除に対する透徹した信念、哲学があるからである。

「私がいままで歩いてきた人生をひと言で表現すると、『凡事徹底』、つまり『誰にでもできる平凡なことを、誰にもできないくらい徹底して続けてきた』ということに尽きます。[14]」

「どんなに才能があっても、傲慢な人は人を幸せにすることができません。人間としての第一条件は、まず謙虚であること。その点、トイレ掃除をしていると、自然と謙虚な気持ちになります。[15]」

「眼というのは非常に臆病にできていますけど、手は勇気があります。汚い物でも一度触ってしまえば、何ともないのです。[16]」

これらはいわゆる鍵山語録というものの一部で、多くの著書や講演のなかでもくり返し語られる。なかには先ほどの「道」をめぐる解釈で重視された「過程」にもふれている。

「結果さえよければいいという考え方は誠意のない考え方だと思います。それに対して私は徹底したプロセス主義、過程を大事にします。どういう方法や手段でもってその結果を得たか、ということを大事にしたいと思います。[17]」

氏の生い立ちと経営実績

鍵山氏がこうした掃除道を説くようになった背景には何があったのであろう。その生い立ちとビジネス人生をふりかえってみる。

一九三三（昭和八）年、都内の裕福な家庭に生まれた鍵山氏は三男二女の末っ子ということもあって、甘えん坊に育った。その人生で大きな影響を与えたのは戦争であった。一九四五（昭和二十）年三月十日の東京大空襲によって自宅が焼失、鍵山家は一家そろって父の実家がある岐阜の山奥に疎開した。資産家であった叔父（父の長兄）を頼ったのだが、一家はそこで慣れない農作業をしながら何とか自活しようと塗炭の苦しみを味わった。

このときの両親の困苦に耐える様《さま》に鍵山氏は強い衝撃を受ける。

「いつものように、友だちと遊び呆けて学校から帰宅する途中でした。ジリジリと太陽が照りつける真夏日のこと。私は、畑仕事をしている母を探していました。

そのとき、私の目に飛び込んできたのが、いまにも倒れそうな姿で荒れ地を開墾している母の姿でした。屈強な建設作業員が使うような重いつるはしを両手で持ち上げた母が畑仕事に汗を流していたのです。深く張った大きな木の根っこを掘り起こそうと懸命に取り組んでいたように記憶しています。

『自分が代わってやらないと、母が死んでしまう！』。一瞬、私の身体に戦慄が走り、雷に打たれたような恐怖感に襲われました。そのとき以来私は、何よりも優先して両親の農作業を手伝う子どもに変身しました。[18]」

この経験は鍵山氏の人生観を変え、その事業観にも大きな影響を与えたという。一九五二（昭和二十七）年、岐阜県立東濃高等学校を卒業すると、中学校の代用教員として働いていたが、日教組の活動が活発だった職場になじめず一年で退職、単身上京した。そこで輸入車や自動車用品を扱う会社に入社する。しかし、今度も過酷な仕事環境に八年間堪えた。しかし、経営者のモラルを欠いた経営に得心がいかず、辞表を提出する。

個人で独立したのは一九六一（昭和三十六）年、株式会社ローヤル（のちにイエローハットに社名変更）として法人化し創業したのは翌六二（昭和三十七）年三月のことであった。社員を雇い、事業主となった鍵山氏が心を砕いたのは、自分が経験したような職場環境ではない、社員の心が荒《すさ》むことのないもっとよい社風をつくること。そこで鍵山氏が始めたことが掃除だったのである。

静謐のリーダーシップ

掃除を始めた理由について、鍵山氏は二つの理由をあげている。ひとつは他人に対して、「言葉で説得したり、文章で伝える能力を持ち合わせていなかった」から、そして「きれいにしておけば、社員の心の荒みもなくなるはずだ」と考えたからであった(19)。

しかし、この思いや行動が常に社員に理解されていたわけではなかった。当初は社長である鍵山氏が掃除をしている横で平気で用を足す、あるいは、「うちの社長は掃除しかできない」という社員の批判の声も聞こえていた。

多くの著書で紹介されている言葉「十年偉大なり、二十年畏《おそ》るべし、三十年歴史なる(20)」は鍵山氏の実践が周囲の社員を巻き込んでいく過程そのものであったという。掃除の実践を通じての啓発は、社内だけでなく、社外へと広がり、鍵山氏の各地での講演や実践活動を機に、日本各地で「掃除を学ぶ会」が設立されるようになり、一九九五（平成七）年には名称を「日本を美しくする会」として、今は全都道府県に会が設立、国内で約一三〇〇か所、海外ではブラジル、中国、アメリカ、台湾、ルーマニア、イタリア、インドまで広がっている。また新宿の繁華街や厚木や沖縄の米軍基地周辺での清掃活動など、鍵山氏の掃除活動は犯罪が起きやすい地区や政治的な問題をはらんでいる場所でも躊躇なく企画され、結果として社会問題解決に一石を投じる役割も果たしつつある。

2　坂田道信氏の「ハガキ道」

個人の郵便番号を持つ人物

もう一人、ハガキを書き続けることで、人生の生き方やビジネスが変わるという「ハガキ道」の提唱者・坂田道信氏にふれる。坂田氏が実践しているのは「複写ハガキ」である。複写ハガキは教育学者の森信三氏の提唱により、熊本県の教員であった徳永康起氏が実践、指導を広めたものだという。「複写ハガキ」とは要するに、ハガキ大の用紙の綴りとカーボンのセットで、一枚のハガキを書く場合は、ハガキを綴りの下に敷き、その間にカーボン紙をはさむ。その状態でボールペンを使用して執筆すれば、文字はカーボンによってハガキに転写され、控えが残る。控えを残すことは、精進の証しであり、そのことに達成感を見出しつつ、同時にさらなる努力を促すという自省の効果があるわけだ。もっともこの控えを残すことに、どのような効果があるのかに関して科学的な追求がなされているわけではない。控えは副次的なことであり、何よりハガキを出すことが主目的であることは間違いない。

坂田氏はこの複写ハガキを一日三十通書くのをみずからに課し、その数は年間約一万枚に及ぶ。年賀状にいたっては毎年二万枚、そのため年賀状が発売される十一月までに坂田氏は切手代百万円を貯金する。[21] 受け取る枚数も膨大なため、郵便局から大晦日のうちに年賀状が配達される。その返事のために年賀状を四月まで書いているとも。こうした状況もあって、郵政省は坂田氏個人に郵便番号を付与している。

坂田氏のハガキ道普及は講演活動が中心であるが、その説くところは以下のようなことである。「ハガキは『書くもの』ではなく、『書かせていただくもの』です。（中略）『複写ハガキ』の実践は、自分の心に語りかけ、ひたすら己れの魂を磨く下座行そのものです。別の表現をするならば、内観の作業といってもいいかもしれません。『複写ハガキ』を書くことによって、人生のあらゆることが深く見えてきて、自分自身が育てられるのです。[22]」

現在、坂田氏は、「複写ハガキ」の普及、みずからがプロデュースするハガキ祭りの開催、座禅断食の指導、続婚式の開催（不思議な縁で結ばれた夫婦がお互いに与えられた人生をより豊かに生きていくように見直すための式）、また精進料理の料理教室などを行なっている。人生を根本から見直すという意図で共通しているようである。

森信三の影響

坂田氏がなぜ「ハガキ道」の指導者となったのか。その生い立ちを紹介する。

坂田氏は一九四〇（昭和十五）年広島県の過疎の町に生まれた。誕生時から病弱で学校へ満足に通学できなかったこともあった。何とか高校を卒業するも就職ができず、実家の農作業の手伝いや地元でいわゆる便利屋をして、糊口をしのいだ。結婚して一男三女に恵まれるも、妻は若くして病死し、みずからも極貧のなか、栄養失調と過労で失明の危機に遭ったこともある。

坂田氏に大きな転機を与えたのは一九七一（昭和四十六）年のこと。愛媛県松山市で開催された講演目当てだった氏に、思いがけず印象を与えたのは全一学（森氏が提唱する宇宙の哲理と人間の生き方を探求する学問）で知られる教育学者・森信三[23]の講話だった。

「皆さん！　義務教育を出た者は、最低、次の三つができなければいけません。せめてこれだけは身につけるようにしてください。一つはあいさつができること。二つ目は、返事ができること。そして、三つ目は、ハガキを自由自在に書けるようになることです[24]」

この教えに打たれた坂田氏はその場にいた森の高弟・徳永康起により、具体的に複写ハガキを教わり、以降、述べてきたように精進を重ねた。そこで感じたことは相手と自分におけるあきらかな変化だった。

ハガキとは、相手の欠点や悪口をいうために書くものではない。ほとんどの人は相手の長所を思い浮かべながら書くものである。したがって、単に相手を喜ばせるばかりでなく、自分が救われ、美しい心が養われる。すなわち、「精神浄化作用がある」[25]と感じられた。

また、「複写ハガキ」の控えが「日記であり、心の歴史であり、子孫に対する語りかけでもある」[26]という。そしてまた、「言葉が最高のエネルギー」を持つということを実感させるものだともいう。

こうした諸々の効果で、ハガキを書くという一見単純な行為が他人と自分の変化をきっかけに多くのものを変えていくのを見聞したのである。

妙好人的信奉

ハガキ道に徹して三年、「複写ハガキ」を書き続けて、坂田氏は種々の講演に呼ばれたりするようになる。それは講演において、縁ある人の心を豊かにすれば自分の心が豊かになったことを述べたのが発端だった。ところが、坂田氏にならって多くの人が「複写ハガキ」を実践してさまざまな成功体験を寄せるようになった。

ハガキを書き始めたら、業績が上がるようになったというセールスマン。「複写ハガキ」を徹して実行していたら社長になった人。絶縁状態だった娘とよりを戻した人。これらのケースの蓄積は、氏の活動をより強固なものとしたようだ。

坂田氏の実践が「ハガキ道」とまでになったのは、師である先述の森信三、徳永康起両人の志操の高さによるのかもしれない。坂田氏が徳永の指導のなかで受けた教えには、次のようなものがあったという。

「ハガキの活用度のいかんによって、その人の生活の充実さ加減が測定できる」「手紙の返事はその場で片付けるのが賢明」「丁寧に……と考えて遅れるより、むしろ拙速を可とせん」等々[27]。

これらの言葉から、すでに坂田氏という実践者の前に、「ハガキ道」は道足るべく高い修養目標ともいえるステージが整っていたことは指摘できよう。

また、本研究の過程で筆者は坂田氏から次のような言葉を得た。「名もなきお方庶民の間でも日頃なんでもないものを深く（広く）根をつめてやっていますと、やがて仏につながるようになり、自然にナムアミダブツと口をついて出て来て、生かされているよろこびが湧き上がって来るのではないでしょうか。いのちのよろこびの根源のようなものが〝道〟でしょうか」[28]（読点は筆者）。こうした坂田氏の見解は、現代の妙好人を思わせる。

おわりに――スキルを超えた「道」へ

鍵山氏、坂田氏の共通性と実践経営上の効果

これまでみてきたように、鍵山秀三郎氏は「掃除道」、坂田道信氏は「ハガキ道」の普及に注力している。いずれも必ずしも企業経営者のみ対象としているわけではないので、厳密には「経営道」と同一視してはいけないのかもしれない。とはいえ、いずれも企業経営者に絶大な信頼を持ち、企業研修や経営者個人の修養として広く活用されている。松下が述べたように経営の総合芸術性の一端にある所作として、掃除やハガキがクローズアップされ、「道」として昇華されたならば、すなわち「経営道」といっても差支えないといえよう。

とは言うものの、この「掃除道」や「ハガキ道」に精進すると、なぜ経営は良化するのであろうか。

鍵山氏、坂田氏の言葉を編纂してそれぞれの著作に協力している亀井民治氏によると、次のような共通点が挙げられる。

①相手を喜ばす方法として、自分の時間と身体を使う。人が喜ぶことで自分が一番幸せになることを発見

②一つのものを掘り下げると世界が広がる（一点突破、全面打開）

③手抜きをしない。出し惜しみをしない。億劫がらない
④計らい（打算）がない[29]

この共通点は、鍵山氏と坂田氏の雑誌での対談時に司会者である亀井氏が整理したものである。ちなみにここでは鍵山氏もまたハガキ道に精進していることなどが語られた。この対談で鍵山氏は、「ハガキ道と掃除道は車の両輪である」と述べ、その理由を次のように述べている。

「日本だけでなく、世界の傾向として個というもの、要するに個人というものが無視され、対象になってきたのは衆です。商売に例えると、大勢のお客をどっと集めて売上げを上げればよいということです。そこに個というものが全くないわけです。（中略）そのために世の中が非常に殺伐としてきたと私は思うのです。[30]」

この個を重視した問題意識は、経営の衆に対する効率的なアプローチを志向する特性と真っ向から矛盾する。しかし、真の顧客第一主義には合致するわけである。個の人間、近接者に対して万全の心遣いをすることにおいて、掃除道もハガキ道も実践のプロセスを踏む上で、経営活動に不可思議な効果をもたらすのであろう。

メタ理念として昇華される「道」

掃除道やハガキ道が、それぞれ経営道のアプローチとして有意義な地歩を示しているのは、まぎれもない事実である。掃除をする、ハガキを書くというプロセスそのものが信仰と同じレベルに達すること、それが道として充分足り得るわけで、そのように考えれば、たしかに経営道は「道」の実現においてメタ理念へと昇華されるのだと論じづけてもいいのであろう。

ただし、この「道への昇華」そのものを支える思想にもまたメタなる考え方が複数存在することも理解しておかなければならない。すなわち、坂田氏が信奉する森信三氏の思想は全一学と称し、「人生二度なし」「真理は現実の

ただ中にあり」という真理を追究する点において、掃除道、ハガキ道のメタなる価値観であり、考察の要があろう。

また、武道の「道」たる研究は認知科学からも考察されており、たとえば空手家であり、武道哲学者である南郷継正は、「わざ」の公式を、「平常心」↓「非常心」↓「平常心」と捉えている。(31) これなどは、掃除をするにせよ、ハガキを書くことにせよ、鍵山氏が言う「誰にでもできる平凡なことを、誰にもできないくらい徹底して続けてきた」という行為に合致するのである。

これら森氏の思想や南郷氏の哲学は「道」というものの本質をよりとらえているわけであり、こうした哲学が経営の良化に寄与する過程は、「昇華」という表現にとどめず、より科学的にも検討する余地があることを最後に課題として示しておきたい。

注

(1) 一九六七(昭和四十二)年十二月七日、経済同友会東西会講演会にて。

(2) 広辞苑第六版によれば、みち【道・路・途・径】(道の意の「ち」に接頭語「み」がついて出来た語)は、①人や車などが往来するための所。通行するところ。道路。通路。万葉集(一七)「玉桙の—をた遠み」。「—なき—を行く」「—に迷う」「—が悪い」②目的地に至る途中。土佐日記「舟を出して漕ぎ来る—に手向する所あり」。「帰る—で見つけた」③みちのり。距離。平家物語(九)「都へ近づく事もわづかに一日の—なれば」。「—が遠い」「千里の—を遠しともせず」④(転じて)人が考えたり行なったりする事柄の条理。道理。万葉集(五)「かくばかりすべなきものか世の中の—」。「人の—に背く」⑤特に、儒教・仏教などの特定の教義。「仏の—」⑥道理をわきまえること。分別。浄、松風村雨束帯鑑「—ある男子」⑦てだて。手法。手段。平家物語(五)「馬に乗つれば落つる―を知らず」。「和解の―がない」「―を失う」⑧方面・分野。そのむき。「その―の達人」「歌の―」⑨足場。踏台。〈日葡〉、という説明になる。

(3) 桒竹民「日本における「道」の受容と展開：「芸道」の生成を一階梯として」『国文学攷』No.一八〇、一九頁、二〇〇三年。

(4) 相良亨『日本の思想――理・自然・道・天・心・伝統』ぺりかん社、一九八九年、六八頁。

(5) 桒竹民前掲一三頁。

(6) 同前、一四頁。

(7)『正法眼臓』「発菩提心」から。

(8) 相良前掲七〇頁。

(9) サンスクリット語で「場所」の意。

(10) 同じく「法」の意。

(11) 同じく「道」の意。

(12) 寺田透『道の思想』創文社、一九七八年、七頁。

(13) 松下幸之助『実践経営哲学』ＰＨＰ研究所

(14) 鍵山秀三郎著、亀井民治編『ひとつ拾えば、ひとつだけきれいになる――心を洗い、心を磨く生き方』ＰＨＰ研究所、二〇〇六年、一二頁。

(15) 同前、四二頁。

(16) 鍵山秀三郎著、寺田一清編『鍵山秀三郎語録――続けると身につく』到知出版社、二四頁。

(17) 同前、四二頁。

(18) 鍵山秀三郎著、亀井民治編『やっておいてよかった――「凡事徹底」の80年』ＰＨＰ研究所、二〇一三年、三四―三五頁。

(19) 同前、七二頁。
(20) 前掲『ひとつ拾えば、ひとつだけきれいになる』三四頁。
(21) 坂田道信著、亀井民治編『ハガキ道――人生が変わる！ 思いがかなう！ 奇跡が起きる！』PHP研究所、二〇〇八年、九八頁。
(22) 同前、五九―六〇頁。
(23) 森信三は愛知県生まれの教育学者。京都大学大学院で西田幾多郎の指導を受ける。主著に『修身教授録』(致知出版社、一九八九年)がある。
(24) 同前、三二頁。
(25) 同前、七〇頁。
(26) 同前、七二頁。
(27) 同前、三五頁。
(28) 二〇一四年一月二十五日付、筆者宛の私信。
(29) 鍵山秀三郎、坂田道信「特別対談 新たな道を拓く生き方――それぞれの道を究めた達人の対話」『PHPビジネスレビュー』二〇〇九年新春号、一二―一三頁。
(30) 同前、一二頁。
(31) 生田久美子『「わざ」から知る』東京大学出版会、一九八七年、六八頁。

参考文献(年代順)

寺田透『道の思想』創文社、一九七八年
オイゲン・ヘリゲル著、稲富栄次郎・上田武訳『弓と禅』福村出版、一九八一年
生田久美子『「わざ」から知る』東京大学出版会、一九八七年

相良亨『日本の思想――理・自然・道・天・心・伝統』ぺりかん社、一九八九年
坂田道信『ハガキ道に生きる』致知出版社、一九九七年
寺田一清編『鍵山秀三郎語録――続けると身につく』致知出版社、一九九八年
鍵山秀三郎『掃除に学んだ人生の法則――掃除道50年の実践哲学』致知出版社、二〇〇四年
鍵山秀三郎著、亀井民治編『ひとつ拾えば、ひとつだけきれいになる――心を洗い、心を磨く生き方』PHP研究所、二〇〇六年
坂田道信著、亀井民治編『ハガキ道――人生が変わる！　思いがかなう！　奇跡が起きる！』PHP研究所、二〇〇八年
『PHPビジネスレビュー』二〇〇九年新春号、PHP研究所
亀井民治『エピソードで綴る　鍵山秀三郎の流儀』PHP研究所、二〇一一年
鍵山秀三郎著、亀井民治編『やっておいてよかった――「凡事徹底」の80年』PHP研究所、二〇一三年

第Ⅱ部　海外の事例

第8章　ゾロアスター教徒の造ったインドの巨大財閥

——タタ・グループの経営理念に見られる「包括的合理主義」の精神

住原則也

はじめに

海外の、強い宗教的背景を持つ企業の好例として、インドを代表する財閥であるタタ・グループを取り上げてみたい。創業者ジャムシェトジ・タタ（一八三九〜一九〇四）は、代々ゾロアスター教の神官の家系であったが、父の代より商人・実業家となり、一八六八年にタタ・サンズ（Tata Sons）を設立し、貿易業を手始めに製造業もてがけ、現在のタタ・グループの核をつくり上げた。今日まで一四〇年余の歴史を通じてタタ一族が経営のトップにあり、二〇一二年一二月に就任した現六代目会長サイラス・ミストリ氏が初めてタタ一族ではないものの、同じくゾロアスター教徒であるという点では連続性が見られる。初代会長・創業者から、現在の六代目会長までの生没年と在職期間は以下の通りである。

創業者　ジャムシェトジ・タタ（一八三九〜一九〇四）：在職一八六八〜一九〇四
二代目　ドラブジー・タタ（一八五九〜一九三二）：在職一九〇四〜一九三二
三代目　ノーロジ・タタ（一八七五〜一九三八）：在職一九三二〜一九三八

四代目　Ｊ・Ｒ・Ｄ・タタ（一九〇四〜一九九三）：在職一九三八〜一九九一
五代目　ラタン・タタ（一九三七〜　）：在職一九九一〜二〇一二
六代目　サイラス・ミストリ（一九六八〜　）：在職二〇一二〜

タタ・グループの規模は現在、世界八〇か国に展開する約百社から成り、二〇一一年四月から一二年三月までの総売上高は約一〇〇〇億ドル、そのうちの約八割が、製鉄、電力、自動車、ＩＴの四大部門からであり、四大部門の他に化学、ホテル、銀行・金融、通信事業、飲料など、おおよそあらゆる産業をカバーする、インド最大の財閥である(1)。

これほどの大規模なグローバル企業であるので、歴代の会長がゾロアスター教徒である、という事実だけで、グループ全体の経営をゾロアスター教の教えに還元してしまうのは、あまりに単純化のそしりを免れない。しかしながら、この財閥においては、創業者以来歴代の会長が、ゆるがぬ強い信仰信念に基づき、その意向を経営活動の上に反映させてきた、という事実は広く知られており、宗教的教理と経営のあり方の整合性を見て取ることができる。

タタ・グループという巨大財閥の長い歴史をおおよそ語るだけでも大著を要し、限られた紙面では限界があるので、本章では、特に、初代ジャムシェトジの高い志の内容とその継承の概観、さらに企業が多国籍化に向かった一九九〇年代以降でも、五代目会長ラタン・タタの強い指導の下で作成された経営方針の枠組み、とりわけ、経営の質向上のためのモデルである Tata Business Excellence Model（TBEM）と倫理基準である Tata Code of Conduct（TCoC）に注目することで、初代以来受け継がれてきた基本精神をあぶりだしたい。

インドは第二次大戦終戦後の独立後から一九九一年まで統制経済政策をとっており、九一年から経済自由化の路線が開始された。その一九九一年から五代目会長として就任した五代目会長ラタン・タタは、タタ・グループの経営近代化とグローバル展開を目指すとともに、タタ・グループの伝統である、高度な倫理観に基づく企業ガバナンスを追求した。それが表現されているのが、前記 TBEM と TCoC の二つの柱である。

ラタン・タタが会長職である間、グループの総売り上げは五〇倍に成長したと言われているが、グループの急成長そのものより、世界的な経済展開の中でも、ビジネス倫理においても伝統を崩さず、国内外から高い評価を受けてきたことに注目したい。経済発展と倫理の両面をどのような仕組みで達成してきたのか、その根幹がどのようなものであるのかを見ることが本章の目的の一つであるが、そのためにもその思想的背景としてのゾロアスターの教えも概観しておく必要がある。タタ・グループの経営理念にとって、ゾロアスターの教えこそメタ理念であると言える。

筆者は、二〇一〇年春に、インド、ムンバイと香港でのゾロアスター教徒の調査を皮切りに、同年秋には当時横浜に本社のあったタタ・グループ企業の日本本社での聞き取り調査[2]を行い、さらに翌二〇一一年初頭、二度にわたり、ムンバイとプネ市のタタ・グループ関連施設及びゾロアスター教徒の起業家の聞き取り調査を行い、二〇一二年夏には、ニューヨークを会場として行われた北米に移住したゾロアスター教徒の大会に参加させていただき、参与観察と聞き取り調査を行い、同時に、マンハッタンにあるタタ・グループの一企業の北米本社でも社長に聞き取り調査を行った[3]。

インドのゾロアスター教徒＝パルシー（Parsi）

多宗教国家とはいえ、ヒンドゥー教徒が大多数を占めるインドで、ゾロアスター教とは元々古代ペルシャで誕生し栄えたが、教徒たちは、紀元一〇世紀ごろ、すでに台頭して久しいイスラム勢力に押されて、断続的にインド西部のグジャラート州に亡命したとされている。現在のゾロアスター教徒とはその子孫であり、ペルシャ人の意味で「パルシー」と呼ばれている［青木健　二〇〇八a：一八〇―一八六］。タタ一族もパルシーである。パルシーは、亡命当初の地元国王との約束からインド国内では布教せず、また彼らもインドの宗教に改宗することは稀であったので、パルシーとはほぼペルシャからの亡命者の子孫といえる。ちなみに故郷のペルシャ（イラン）にも少数ながらゾロアスター教徒は在住しており、彼らはイラニーと呼ばれている。

パルシーは極めて少数派であり、インド国内に一〇万人程度、世界各地にも散らばっているが、その人口をあわせても一〇万人に満たないので、世界に総人口二〇万人以下と考えられている。二〇世紀後半からは、北米にも多数移住している。

一三億人とも言われるインドの総人口の中で、わずか一〇万人ほどの極少数民族でありながら、パルシーはタタ財閥をはじめとして、多くの傑出した実業家を輩出しており、インド国家への貢献も大きく、知名度の高い民族である。パルシーは、民族的にインド人ではなかったことにより、ヒンドゥー教などインド固有の宗教的な縛りや、カースト制の枠からも自由な身であったために、多くが商人、実業家として国の内外で活躍してきた歴史があった。

タタ一族とタタ・グループ創業者ジャムシェトジ・タタの小史

タタ・グループの創業者ジャムシェトジ・タタ（Jamsetji N. Tata）も、先祖はペルシャから移住してきたパルシーであり、グジャラート州で代々ゾロアスター教の名門の神官を務めており、三九代まで先祖を遡ることができるというが、一四代前のベーラム（Behram）という人物があまりに短気で怒りやすかったために、グジャラート語で「怒りっぽい、短気」を意味する「ターター」が、以来そのまま家名になったとされている［中川　一九六二：二六二、青木　二〇〇八ｂ：二三六］。

ジャムシェトジ・タタの父であるヌッセルワンジ・タタ（Nusserwanji Tata）の代からボンベイ（現ムンバイ）で貿易業を営み、その息子であるジャムシェトジはグジャラート州ナヴサリで生まれているが、ボンベイの大学卒業後から父の商売に参加している。ボンベイはすでに多くのパルシー商人が多数活躍する商業都市であった。

ジャムシェトジは、当初父の貿易業に参画しており、一八六三年までの約四年間中国に駐在して商才を磨き人脈を得、その後宗主国イギリスにも駐在して、苦境にも遭いながら貴重な経験を積むとともに、「世界の工場」と言われていたマンチェスターや、綿糸綿布の輸出拠点ランカシャーなどで見聞を広め、いつか貧しいインドにも近代産業を興し、インドが独立するための経済的基盤を確立してゆきたいという志を抱いていた。またこの英国在住中、当時の英国を代表する言論人トーマス・カーライル（一七九五～一八八一）の講演を聴きに行ったおり、「鉄鋼を持つ国家は黄金を持つであろう」というカーライルの言葉が若いジャムシェトジの心に深くとどまった、とされている［Lala 2004：23］。また、ジャムシェトジは、明治維新によりアジアでほぼ唯一独立を保持していた日本にも熱い眼差しを向けていたようで、後年、日本資本主義の父、渋沢栄一などとも深い交流を行うようになったことも、よく知られている(4)。

ジャムシェトジは、一八七〇年代半ばから約五年間、インドで大量に生産される綿花から、綿糸綿布を生産する工場を、それまでのインドの前近代的な手工業とは全く異なる、世界最先端の機械を輸入し使用した近代的工場を、インド中央部の地方都市ナーグプルに建設し、優れた管理職員を育成し、当時未だ近代的な労働意識（時間や規律に従うなど）の定着していないインド人労働者を訓練して、安価で高品質の綿製品を大量生産し輸出した［中川　一九六二：二七四―八二、ララ　一九八一：三四―三八］。

本章のテーマにとり、大切なポイントは、ジャムシェトジは、単に良質の綿製品を生産するための近代的工場を建設してビジネスを成功に導きたかっただけではなく、自分の事業をインドの中のモデル工場として、他の国内事業家へのお手本になろうとした強い意志があった点である。

それは工場の労働環境や労務管理に表れた労働者への配慮にも見られる。例えば、熱い工場内の環境改善のために全インドに先駆けて通風装置を完備したり、各種の安全装置も整備した。さらにインド初の厚生保険制度や賞与年金制度も整備している。近代的な労働という、時間や規律を守る習慣を持たない地元インド人労働者を訓練し、また、文化的に重宝される貴金属を祭日などに賞品として与えるというアメも使いながら、労働意欲を高め生産性を向上させていった［中川　一九六二：二八一］。

それればかりではなく、近代的な綿産業が、貧しい伝統的な手工業従事者を苦しめることのないように配慮し、例えば、近代的な綿工業には有利な綿糸消費税が、伝統的な何百万人の手工業従事者にも課されようとしたとき、真っ先に反対の意志を表明している。また、綿の種を搾れば油が取れ良いビジネスにもなる、と部下が提案したときには、その種子を拾い集めて家畜の飼料にしている貧しい人々が困るだろう、と即座に却下したエピソードも残されている［中川　一九六二：二八一］。

このように経済的合理主義だけで事業を行っていたのではなく、地域の弱者への思いやりの姿勢を見ることができる。ジャムシェトジは、どれほど成功し裕福になっても、インド社会の貧者の生活の話になると、しばしば涙していたという人柄が、現在まで語り継がれていること、筆者のインドでの取材中にも、タタ関係者から耳にすることが何度かあった。

先述のように、ジャムシェトジは、単に個人的な成功のためだけにビジネスを行っていたわけではなく、インド社会や国家への貢献、とりわけ、長い間イギリスの植民地下にあるインドが、独立してやってゆけるような経済的基盤づくりのためにも事業を行う必要性を真剣に考えていた。その端的な例として、既述のような欧米先進国での見聞から、国を富ますための大規模な産業の基盤は鉄鋼業と電力であることに注目し、また、高度な知識と技術を身につけたインド人を育成する高等教育機関の必要性を感じていた。しかしそれらは大資本を必要とし、個人の思いだけでできる容易な事業ではなく、生前中は実現することなく、志半ばにして一九〇四年に逝去した。無論、電力については、綿糸工場の稼動のために、自前の水力発電施設は建設しているが、小規模なものにすぎない。

ただ、もう一つ別の思いは生前に着手し実現させている。それは、一九世紀当時のインドには、高級ホテルはあっても、イギリス人・西洋人などが優遇され、地元インド人にとっては差別的なホテルばかりであった。そこで、そのような人種差別のないホテル建設を志し、現在のインド最高級ホテル、タージマハルホテルをムンバイに建設している。一九〇四年一二月の開業を待たずに、ジャムシェトジは同年五月に亡くなっているが、ホテル業は現在もタタ・グループの一事業として発展してきている。

インドが経済発展するための、ジャムシェトジが遺り残した鉄鋼業、電力、高等教育機関の設立という三つの志は、長男で二代目会長のドラブジー・タタによって引き継がれ、インド国内の民族資本の支援も受けて、一九〇七年に製鉄会社（現在のTISCO）が、一九一一年には電力会社（現在のTata Power）が設立され、一九〇九年は、現在もインドを代表する理科高等教育研究機関であるIndian Institute of Scienceが創設されている。

もう一つ付け加えるべきジャムシェトジの志は、事業を通じて得た利益は、私的な財産ではあっても、ジャムシェトジは公的な富、として認識しており、「社会から得た富は社会に還元する」という信念を持ち、死後、跡を継いだ二人の息子の名を冠した財団、サー・ラタン・タタ財団（一九一八年設立）とサー・ドラブジー・タタ財団（一九三二年設立）などを通じて現在に至るまで幅広い社会貢献活動が行われている。

「包括的合理主義」の精神

以上のように、創業者ジャムシェトジが考えていたことをまとめると、①ビジネスそのものに近代的合理性を導入するばかりでなく、倫理的にも正しいやり方で成功させることで実業界のお手本ともなること、②経済・産業を通じてインドという国家に貢献すること、③得た富は社会に適切に還元すること、という大きく分けて三つの柱を実現することにあったと見て取れる。無論、理想通りにすべての事が運ぶことは困難であろうが、整理すれば少なくとも、この三つを目指したものと解釈できる。

①については、最先端の工業技術・知識を使い、清潔な工場と人道的な労務管理下での規律ある勤勉労働の奨励、競合する伝統的な労働者への配慮、工場立地周辺の住民への配慮、など工場内外の諸側面への目配りを行いながら、ビジネスそのものは成功させる手腕である。

②については、一九世紀後半当時のビジネスチャンスである綿産業だけを追いかけるのではなく、貧しいインドに大規模な産業をもたらし経済発展を通じて独立するに足るインドにする、という大志であり、そのための基盤として欧米先進国に倣い製鉄業と電力に注目するとともに、高度な人材育成のための教育機関設立を考え実現させようとしたこと。

③については、得た富を使って社会的弱者や貧者への慈善事業を行ったが、無計画に場当たり的に金銭をばらまくのではなく、「恵まれない人々への奉仕は、財貨の生産と同じように頭脳を使い、調査をし、正しい日を選び、また特定の側面へ集中することなしには不可能」［中川　一九六二：三二九］と述べているように、一時的な貢献ではなく、末永く続くための合理的経営的見地からの奉仕のあり方を、ジャムシェトジは考えていたという。

このように見ると、目指す三つの志のすべてに徹底した合理主義的な方法論を追求しようとしたのであり、実業家であり信仰者として配慮すべきあらゆる方面で、最高の到達点を目指そうとした、という意味で、筆者は、このような合理主義を「包括的合理主義」と名づけてみた。それは、目的と方法の両面において最も高度な成果を、しかも永続できるような仕組みを目指そうとしつつ、同時に、倫理的価値という、場合によれば営利追求的な合理性に反する価値をも併せて追求しようとする、包括的な合理的価値の追求姿勢である。

何ゆえ、そのような国家が考えるべき領域までジャムシェトジやその後継者たちが目指したのか、植民地下における民族主義の台頭など、さまざまな理由や解釈がありうるだろうが、筆者は、宗教的な背景、とりわけその教えの中身に注目したいと考える。無論、既述のように、ジャムシェトジのモチベーションのすべてを、宗教的信念に牽強付会に帰するということではない。しかし、経営方針と実践の長い歴史からは、個人的な成功だけにとどまろうとしない、別の何か強い理由を求めることが自然であるように感じられる。宗教的信仰というより、特にゾロアスターの教えの中身が一つの有力な手がかりとなる。ゾロアスターの教えを、タタ一族の心に常に底流する強いエトスとして捉えれば、ジャムシェトジ亡き後、直系ではなくとも、代々受け継がれてきたゾロアスター信徒としての会長たちが、同じ精神的伝統を継承している姿の首尾一貫性を見て取ることができるのではないだろうか。さらに、二〇一二年、タタ一族からは適切な後継者はなかったときも、六代目会長として選ばれたのは、やはりゾロアスター教徒の若い実業家であった、という事実を見ても、企業経営の根幹に、ゾロアスターの教えへの信念を据え続けたい、という強い意志を感じとることができる。

ゾロアスター教を信奉するタタ・グループのトップの経営陣が、宗祖ゾロアスターの、具体的にどのような教えをメタ理念として企業運営の理念としてきたかについて、日記、手紙、メモ書きその他、一次資料は筆者の手元になく、またそのテーマに絞った文献が特に刊行されているというわけではない。したがって、ゾロアスター教が企業のメタ理念として、経営行為の上にどのように解釈・再解釈されてきたのか、という本書の核心に迫ることには現時点では限界があり、今後の研究を待たねばならない。しかし、タタ・グループの内部文書や、トップ経営者の発言や社内に向けたメッセージと、公表されている具体的な経営の方針と実践などを、ゾロアスター教の基本的な教えとつき合わせて見ることにより、一定の解釈が行えるものと思われる。ゾロアスターの教えとはどのようなものであるのか、以下に、中核的な教えを概観してみたい。

宗祖ゾロアスターの教え

ゾロアスター教については多くの文献が存在しており、また、筆者がインドや北米でのゾロアスター教の神職者による公開レクチャーに参加したり、また出会ったゾロアスター信徒に直接行った聞き取り調査などを踏まえて、教えの基本を素描してみたい。

ゾロアスター教の教えを知るために、数々の文献は出されているが、ゾロアスター研究者として名高い英国人メアリー・ボイス氏の説明は、筆者自身が、直接ゾロアスター教徒や神官に尋ね、聞いてきた教えの中身と符合する点が多い実感から、ここではボイス氏の説明に耳を傾けたい。

ボイス氏によれば、創始者・預言者ゾロアスターは、おおよそ紀元前一五〇〇年から紀元前一二〇〇年くらいの間に、今のイランに生きて活動した、と考えている［二〇一〇：五五］。そうだとすると、ゾロアスター教とは最大三五〇〇年の歴史をもつものと考えられる。ゾロアスター教の教えは、『アヴェスタ』と呼ばれる古来の経典により知られているが、預言者ゾロアスターが受けた啓示は特に、『ガーサー』という頌歌が残されており、文字の無い時代からの口伝が神官や信徒により脈々と受け継がれ、ササン朝ペルシャ（紀元二二六年から六五一年）の時代に文字化したものという［二〇一〇：五三］。

ゾロアスター教の神アフラ・マズダーは、ゾロアスターが出現する以前のペルシャですでに、アシャ（天則・正義・公正）を守護する三大アフラのうちの、最も偉大な神として礼拝されていた。つまりアフラ・マズダーとは元々多神の中の一つの神にすぎなかった。しかし、ゾロアスターは、アフラ・マズダーこそ唯一の神であり、永遠に存在し、他のすべての慈悲深い神々を含むあらゆる善なるものの創造主であると宣言し、さらに、「宇宙には、はじめに唯一の慈悲深い存在であるアフラ・マズダーがいた。この神は完璧に賢明であり、すべて正しく善であり、他のあらゆる慈悲深い神々は彼から発した」と考えた［二〇一〇：五八］。それ以前の時代の神々の中から、アフラ・マズダーを根源の善の神と定めたことにより、ゾロアスター教が人類最古の唯一神を奉じる宗教の一つ、と言われる所以がある。

叡智の神アフラ・マズダーは、善なる霊「スプンタ・マインユ」を通してこの世を創造するのであるが、一方で、その創造に攻撃をしかける、悪意に満ちた霊「アングラ・マインユ」もまた存在しており、この世・宇宙の創造にあたって、二つの対立霊が戦いを繰り広げるのだという。そして究極的には悪霊は滅び、宇宙は全くの善となることがゾロアスターによって預言されている［二〇一〇：五九］。

もう少し詳しく見てゆくと、預言者ゾロアスターの出現以前から、ペルシャの古代信仰の伝統には、アフラ・マズダーを含めた七つの神が存在し、重要なことは、それぞれの神がこの世を形成する具体的な創造物を担当しているというコスモロジーがあった。それらの意味と担当する創造物とは、

アフラ・マズダー　＝　人間を担当
ウォフ・マナ（良い意図）　＝　善い動物（牛）を担当
アシャ・ワヒシュタ（最上の正義）　＝　火を担当
スプンタ・アールマイティ（聖なる信心）　＝　大地を担当

フシャスラ・ワイルヤ（望ましい王国）＝天空を担当
ハウルワタート（健康）＝水を担当
アルムタート（長寿）＝植物を担当

とされ、七つの神々が列挙されていたが、宗祖ゾロアスターは、アフラ・マズダーこそが唯一の創造主であり、他の六つはアフラ・マズダーから発したもので、すべてが善の神格において単一であり、それぞれが担当する任務を果たすことで善をすすめ悪を退治するよう努めているのだ、と唱えた。アフラ・マズダー以外の六つの神々とは、丁度アフラ・マズダーという「一つの松明からたくさんの松明に点火する」ようなものとたとえたという［二〇一〇：六〇］。

このような説明が、本書のテーマにとっても大切であるのは、ゾロアスターの教えにおいては、六つの神格が善の諸側面を表現しているのであり、かつ、神の世界とこの世の具象的な創造物とが、密に結びついているという点である。つまり、神はどこか異次元に潜むというより、この世の具象物と密に結びついているものであるという信仰である。

さらに重要なことは、この世・宇宙の創造過程が、常に善霊（スプンタ・マインユ）と悪霊（アングラ・マインユ）との不断の戦いの過程であり、人間もまたその戦いに参加することでアフラ・マズダーをたすけ、この世が善で支配される宇宙となるよう日常的に努めなければならない、と教えられていることである。それは、人間一人ひとりの内部に潜む、善と悪との葛藤において、善を選択する、という各人の意志的判断を促すことでもある。それは経典アヴェスタに記されている「良き考え、良き言葉、良き行い」という具体的な言葉を奉じ日々実践することで表現されている。

実際、出会うゾロアスター教徒に、ゾロアスター教の根本的な教えを短く言えば、どういうことですか、と筆者が問うと、必ずと言ってよいほど、この「良き考え、良き言葉、良き行い」を考え実践すること、という答えが返ってきた。それでは何をもって、良き考えとか良き言葉とか良き行いとか判断できるのですか？　とさらに問えば、「人間には、自分の言動を見ているもう一つの自分がいるでしょう。そのもう一つの自分が、正しいと判断するところに従う、ということです」と答える男性もいれば、また、「簡単に言えば、家族に話をしても恥ずかしくないような自分の行動ということでしょうか」と答える女性信徒もいた。いずれにしても、「良き考え、良き言葉、良き行い」がキーワードであり、日々心がけることで、善と悪との戦いにおいて、善つまりアフラ・マズダーの創造の意図に与して、善に満ちた世界の創造に貢献することが、ゾロアスター教信徒の信仰のあり方であることが見て取れる。

「良き考え、良き言葉、良き行い」というゾロアスター教徒にとって、最も基本的な教えは、彼らの毎日の儀礼を通じて各自で繰り返し確認されている。ゾロアスター教においては、一五歳が成人の年齢であるが、男女とも、一五歳になると、スドラと呼ばれる白地の下着シャツとともに、腹あるいは腰にクスティーと呼ばれる紐を身につける。そして朝と夜、毎日このクスティーを身体からはずして祈りの言葉をささげ、そのときに、今日の一日が「良き考え、良き言葉、良き行い」を実行できるよう心がけるとともに、できているかどうか自己チェックを行う。このような毎日の儀礼を通して、善への意識が心の奥底に深く入り込んでいることが想像できる［住原　二〇一〇：二一］。

アフラ・マズダーの望む、善に満ちた世界実現のためには、人間は心のうちに潜む善と悪の葛藤と日々戦い、善を選び取ることを繰り返すことであることが自覚させられるのである。

そのような神と人との関係を、筆者は、二〇一二年八月ニューヨーク市郊外で開催された、第一六回北米ゾロアスター教徒の集会において、司祭により行われたレクチャーの中で聞く機会があった。それによれば、神と人の関係とは、主人と奴隷、父と子、といった上下の関係ではなく、むしろ友であり、善に満ちた世界を創り上げる協働者・パートナーの関係であり、それこそが、ゾロアスター教と他の宗教を根本的に区別するものである、ということであった。確かに、神と人が協働者・パートナーとして平等な関係にある、という考え方はめずらしい。そうだとすれば、神が独自の力でこの世を造り形成してゆくというより、人間の働きが世界の形成に大きな力をもつということでもある。尚いっそう、この世のことは、神まかせではなく人間の行動こそが決定的に重要であることが認識される。この世界・宇宙はまだ創造の過程にあり、神と人がパートナーとして、善なる幸福な世界を創造してゆこうとすれば、ゾロアスターが預言した、善の勝利に満ちた世界になる、というのである。

メアリー・ボイスの説明によれば、創造主アフラ・マズダーがこの世を創造するにあたっては、二段階のステップを踏んでいるという。一つ目は、すべてのものは、まず形の無い状態で存在させた。これを「メーノーグ」(霊的、非物質的の意)と呼んだ。そして第二のステップで、物質的な存在(ゲーティーグ)を与えたという。この世のものは、霊的な存在(メーノーグ)の状態のときは形が無いので、悪霊アングラ・マインユの攻撃を受けないが、物質として形を与えられることで、攻撃を受ける危険が発生するという。人間も肉体という物質的存在として、病や死、道徳的精神的な邪悪によって苦しめられる世界に生きており、そのような悪霊からの攻撃に対抗するためにも、アフラ・マズダーを崇拝し、日々、基本的姿勢である「良き考え、良き言葉、良き行い」を意識する必要があるというのである。

さらに、人間の肉体も死という不幸により一度消滅するのであるが、魂としての存在は、審判にかけられ、その個人がどのように生きてきたのかに基づいて、天国か地獄に行くことになる。老若男女、貧富の区別なく、どのように善に基づき生き、アフラ・マズダーの理想の実現に貢献したのかが審判の基準となるという。

しかし、人の魂が天国か地獄かに行き着いて終わらないのがゾロアスター教である。つまり、この物質の世界・

宇宙で、悪のすべてが退治され、善に満ちた世界になったときには、魂として天国に住む人間は、再び完璧に肉体を持つ姿に復されて（復活）、この世で永遠の至福を感じて生きることができる。それが、最終的に理想とされる落ち着く先である。

ゾロアスターの教えにおいては、「各人は自分の魂の運命について責任をとるだけではなく、世界の運命についての責任も分かたなければならないとされている。ゾロアスターの福音は、このように高尚で日々日常の努力を要するものであり、受け入れようとする人々に、勇気と覚悟を要求するものであった」とボイスは指摘している［二〇一〇：七四］。

以上のような、ゾロアスターの教理の基本を踏まえた上で、以下は特に、五代目会長ラタン・タタが、タタ・グループにとっても初めての体験である、世界経済のグローバル化の荒波の中でも、代々受け継がれてきた精神的伝統を守り、倫理的にも正しいビジネス手法を維持しつつビジネスも発展させるという道をたどるにあたり、どのような方法をとっているのかという点を概観したい。

五代目会長ラタン・タタ

一九九一年という、インドにとってもタタ・グループにとっても大変革期（戦後の長い統制経済から自由主義経済への転換）に、五代目会長に就任したのが、ラタン・タタ（Ratan Tata　一九三七〜）である。

タタ・グループの会長は歴代タタ一族が承継してきたとはいえ、父から子へと嫡男が受け継いだのは、二代目のドラブジー（初代ジャムシェトジの長男）までであり、ドラブジーにもその弟のラタンにも子が無かったこともあり、三代目からは広く一族の中から後継者が選ばれてきた。この五代目ラタン・タタは、父はNaval Tata（一九〇四～一九八九）という、初代ジャムシェトジの姻戚筋（ジャムシェトジの妻方）にあたる人物で、Navalが幼少時に父親を亡くしていたこともあり、ジャムシェトジの次男、つまり長男ドラブジーの弟であるラタン・タタ卿（一八七一～一九一九）の養子として迎えられていた。よってこの五代目会長のラタン・タタとは、義理の祖父の名前をもらったことになり、また父の名もミドルネームに入れられ、Ratan Naval Tataがフルネームである。彼は、義理関係とはいえ、初代会長ジャムシェトジの曾孫にあたる。

この五代目ラタン・タタは、ムンバイで初等中等教育を受けた後、アメリカの名門コーネル大学で構造エンジニアリングを学び、ハーバードビジネススクールでも学位を修めて後、タタ・スティールに一九六二年に入社し、一九九一年に五代目会長に就任した。

ラタン・タタを後継者としたのは、先代の四代目会長J・R・D・タタである[5]。J・R・D・タタは、一九三八年から五十余年にわたり、独立後のインドの窮屈な統制経済の渦中にあっても、倫理的にも高潔な経営でタタ・グループを率いてきた傑出した経営者として知られ、インド初の航空会社で現在のエア・インディアの創設者としても名高い。経済のグローバル化という新しい時代の幕開けとともに、五代目ラタン・タタに後を託したことになる。

ラタン・タタは就任当初は、大財閥のトップとして十分な経験が無い、とその手腕が懸念されたそうであるが、実際は、先述のように、タタ・グループの戦略的グローバル化を推し進め、総売り上げを五〇倍（うち六割近くが海外ビジネス）にし、さらに、新時代にふさわしいタタ・グループの仕組みを部下とともに造り上げつつ、ジャムシェトジ以来の良き伝統を、新しい環境の中でも守ってきた人物として評価されている。

タタ・グループでは、どのように優秀な人物といえども、七五歳で一線を退き、後任に譲ることにしているので、ラタン・タタも二〇一二年一二月二八日、七五歳の誕生日をもって、会長を辞任し、若干四四歳のサイラス・

ミストリ（Cyrus P. Mistry）に会長職を譲っている。辞任以降は、ラタンは名誉会長として後見役を務めるとともに、社会貢献団体であるタタ財団の会長職に就いて活動を続けている。

タタ・サンズ（Tata Sons）によるタタ・グループの掌握

タタ・グループ全体の統括の仕組みを概観すると、グループの親会社としてタタ・サンズがある。タタ・サンズとは、初代ジャムシェトジが子や従弟とともに一八六八年に設立した会社であり、現在ムンバイのボンベイハウス（一九二四年以来タタ財閥の本社ビル）の中にオフィスがあり、筆者も二〇一一年に訪問した。このタタ・サンズが、現在タタ・グループを構成する主だった企業の二五パーセントから七五パーセントの株式を保有しグループ内企業のオーナーとしての地位を持つ。さらに、タタの商標を保有し、各社がタタの名を使用する権利の与奪権を握っている。また、二〇一〇年現在、タタ・サンズ自体の株式の六六パーセントは、社会事業を行うための複数のタタ財団が保有している［Witzel 2010：8］。一九八〇年現在に遡ると、計六つのタタ財団が約八一パーセントの株式を保有し、一方、タタ一族個人の保有比率は、一・五三パーセントにすぎない［三上　一九九三：一六三、初出はララ一九八一：一九二］。

このようにタタ・サンズを通じて、タタ・グループ全体のあり様と方向性が強力に制御されていると言える。タタ・グループの会長とはタタ・サンズの会長でもあり、また、グループ内の主だった企業の会長も同じ会長が兼ねていることも、グループ全体の統括に大きな意味を持っている。

一九九〇年代、五代目会長ラタン・タタの下に、タタ・グループの経営のあり方に、明確なメッセージが発せられた。その二つの柱が、Tata Business Excellent Model（TBEM）と、Tata Code of Conduct（TCoC）である。前者はすぐれた企業経営・運営を行うためのモデルを示すものであり、後者は会社および社員の倫理的行動基準である。グループとして初めて作成された明示的なモデルと基準であり、ラタン・タタは、先代J・R・D・タタを敬愛し、タタ・グループの歴史に誇りと敬意は持っていても、かつての経営に見られる前近代性を見直し、改善を目指し、グローバル時代にふさわしい近代的な経営を確立しようとした。たとえば、かつての経営は、同じグループでありながら、企業間の連携もコミュニケーションも無く、場合によれば、同じような業務をグループ内の異なる企業で行い、競合するようなこともあったという。ただし、ラタン・タタは、タタ・グループが常に高い名声を得てきたのは、ビジネス上の成功というよりむしろ倫理的な高潔さであった、として、あらためて行動基準を整備し明文化して、その遵守の徹底を訴えていた。それが既述のTCoCである。

現在のタタ・グループの企業理念——企業目的と五つの価値

そのようなラタン・タタ会長の下に、新しい企業理念も作成されている。新しいとはいえ、同時にタタ財閥の伝統がいかんなく盛り込まれていることがわかる（以下、原文は英文、邦訳は筆者）。

＊企業の目的

タタ・グループは、奉仕するコミュニティの生活の質向上に努めることを旨とします。関与するビジネスの分野において、リーダーシップとグローバル競争に向けて懸命に努力することにより、この目的を果たします。私たちが社会から得たものは社会に還元する、という私たちの行動が、消費者、従業員、株主そして地域社会からの私たちへの信頼を生み出します。私たちがビジネスを行う方法を通じて得られる信頼に基づくリーダーシップの伝統を守ることに努めます。

（信頼は、①社会から得たものを社会に還元すること、②日常のビジネスの行い方、の二つを通じて構築され、その信頼を土台としてリーダーシップを発揮すること。）

＊中核的な五つの価値

タタは常に価値主導型の企業として今日まできています。この諸価値が、タタ企業群の成長とビジネスを方向付けています。私たちがビジネスを行うにあたり重視する中核的な五つの価値とは、（先の②に関する信頼構築のための価値）

Integrity（清廉・誠実）＝正直さと透明性をもって、公正にビジネスを行うこと。私たちの行うすべてのことは、公的なあらゆる精査に耐えうるものでなければならない。

Understanding（理解）＝同僚や世界の顧客に対して、思いやり、敬意、同情、人間愛を持たねばならない。そして私たちが奉仕するコミュニティの利益のために働くこと。

Excellence（優秀性）＝日々の仕事や、提供する製品やサービスの品質において、可能な限り最も高い基準に達するよう不断の努力をすること。

Unity（一致団結）＝垣根を越えて同僚と、そして世界の顧客やパートナーと結束して働き、寛容さと理解と相互扶助の精神に基づく強い関係を築き上げること。

Responsibility（責任感）＝私たちが働く国やコミュニティや環境に対して、責任を持ち、敏感でありつづけること、そして、常に、人々から得たものは何倍にもその人々の元に還元されてゆくことを確実に実行すること。

以上がタタ・グループの企業理念であるが、既述の、「包括的合理主義」の三つの領域が含まれていることが見て取れる。つまり、一つは、「正しい」やり方でビジネスを成功させること。「正しい」とは公正で人道的で倫理的に正しい、という意味と、最高品質のモノとサービスを提供できる優秀性を追求すること。二つ目は、世界に展開している現在では、インド国家への貢献に限らず、活動を行うすべての国やコミュニティに貢献すること。三つ目は、社会から得たものは何倍にも社会に還元する、という社会貢献への姿勢、である。

三つ目の社会貢献についてはグループの総本部タタ・サンズが財団を通じて主に行っている。二つ目についてはインド国家だけに限らず、拠点のある国々や地域で、グループ内企業がそれぞれの判断で実行するよう奨励され、地域でのボランティア活動なども行われている。そして一つ目に関わることが、特に以下に扱うTBEMとTCoCで謳われている。

「正しい」ビジネスを実現するためのTBEMとTCoC

既述のように、「正しい」ビジネスあるいは、ゾロアスター教的に言えば「善なる」ビジネスとも言えるものであり、それは、一方では、ビジネスを成功に導くための「正しい」道筋を意味するとともに、他方では、ビジネス上の望ましい成果を導くにあたっても、「倫理的に正しい」方法で行うべきことを意味している。TBEMは、成功する「正しい」ビジネスと、「倫理的に正しい」方法の双方を含みつつ、TCoCはとりわけ、倫理的な正しさを強調したものと見て取れる。

タタ・グループは一九九五年、ラタン・タタ会長の指揮の下、Tata Business Excellence Model（TBEM）という名の大規模な「経営査定・顕彰システム」を構築した。その査定結果に基づき、年に一度、全グループ企業のトップをインドに集めて、表彰式典を開催し、お手本とすべき企業経営とはどのようなものかを可視化しているのである。

ラタン・タタ会長は、会長就任後、タタ・サンズの直轄の組織として、Tata Quality Managemen Services（TQMS）という部署を立ち上げた。TBEMもTCoCも、この部署が作成しかつ、その内容が遵守されているかどうかを査定する任務を担う。これにより初めてグループでは、グローバル化時代にふさわしい経営のあり方とともに、守るべき行動基準が明文化されることになった。かつその中身については、当初作成された内容から、時代環境の変化にあわせて微調整が常に行われてきている。本章では、責任部署TQMSの副社長などからの聞き取りを参考にしつつ、二〇一〇年度のTBEMとTCoCの性格の考察を試みたい。

ちなみに、TBEMとは、主に、一九八〇年代のアメリカで、レーガン政権下商務長官であったMalcolm Baldridgeが提唱し、後その名が冠されたMalcolm Baldrige National Quality Awardという、企業に限らず、公的および私的組織体の品質向上のために設けられた有名な査定・顕彰の制度を参考モデルにして作成されたものである。このアメリカの経営の質査定・顕彰のモデルは、七〇年代から八〇年代にかけての日本企業の主に製品の品質管理なども参考にしつつ、製品・サービスばかりではなく、経営の質そのものにまで拡大して作成されたもので、現在でもアメリカ政府が行う、経営品質の全国的な基準であり栄えある賞として名高い。一九八八年から賞の授与が行われているが、次第に、一般企業ばかりでなく、ＮＰＯや医療機関、教育機関など、大小あらゆる組織の経営の質に対して、お手本となる企業・組織が選ばれ顕彰されている。タタ・グループは、これの自社版を作成し、後述のように、年一度盛大に賞の授与式を行っている。

ラタン・タタ会長が、そのような査定システムの導入を宣言した当初は、グループ内からの反応は冷ややかなものであったそうで、開始の年である一九九五年にはグループ内で一二社程度しか査定を希望していない。しかし、次第にその内容と意義が理解されるに及び、グループ内企業の多くが、その査定システムに積極的に参加し、膨大な数の基準項目をチェックしクリアすることを目標として、会社の成長につなげようとしている。TBEMを学習することは、「正しい」経営を学ぶことになる、という共通認識がグループ内で定着してきたのである。

タタ内部の関係者に聞くと、TBEMの基準は非常に高度で、TBEMで高得点を得た企業は、世界に一般的に存在する、業種別のさまざまの難易度の高い賞にも輝いているという。グループ内基準をクリアできれば、世界の基準はたいていクリアできるというのである。

以下にTBEMとはどのような査定システムであるのか概観することで、そこに底流する思想を探ってみたい。

高基準の経営査定システム——TBEMのプロセス

既述のように、TBEMとは、グループ内企業を明確な基準をもって査定し、査定に基づく顕彰も行う制度であるが、主に三つの役割を持っている。

一つは、企業組織の行動や能力そして成果の、向上を助けること。

二つ目は、グループ内、異業種他社同士の、優れた経営手法の情報を共有し、相互に学び合う機会を促進すること。

三つ目に、実績を把握・管理し、組織のプランニングや学習の機会を指導するための有効なツールとして役立つこと。

TBEMとは、グループ内の企業を査定するための共通の基準を示したものであり、その概説のマニュアルだけで百ページ以上の詳細な項目と説明文から成っている。この基準に基づき、近年は毎年グループ内五〇社以上の企業が査定を希望し、調査員を受け入れている。

査定のための調査プロセスを見ると、例えば今年、グループ内五〇社が査定を希望しているとすれば、半分の二五社を、九月～一一月の三か月間で査定し、残りの半分を翌年四月～六月の三か月間で査定を行い、項目ごとにこまやかに査定・採点され、各企業の総合点がつけられる。そして、七月二九日、J・R・D・タタ前会長（四代目）の誕生日に、ムンバイの劇場National Center for Performing Arts（NCPA＝ニューヨークのリンカーン・センターのような文化施設を目標に一九八〇年完成した劇場。建設資金の多くが、先述のタタの財団からの寄付）で、大々的に授賞式が行われる。この劇場だけでは全員が入りきれないために、ムンバイばかりでなく、プナ市、バンガロール市、コルコタ市などにあるタタ・グループ系のホテルにも、各グループ内企業の代表者が集合し、ウェッブカメラによる生中継映像を見守っている。これがおおよその査定・顕彰システムの流れである。

より詳しく見ると、TBEMという査定・顕彰システムを運営しているのはTQMSという、構成員三〇人にも満たない小さな独立組織である。三〇人程度で、査定を希望する五〇社以上の大企業を一つ一つ綿密に査定することなどできない。そこで実際は、グループ内のさまざまの企業のマネージャークラスの中から選ばれてきた約三千人が集められ、査定の方法について訓練され、さらにその中から約五百人（査定すべき企業の数により人数は変化）が厳選されて調査員（assessor）となり、一〇人程度で一つのチームを組んで、詳細なマニュアルに基づきそれぞれの担当企業を調査・査定するというものである。調査員にとれば、グループ内の異業種他企業の経営について学習する絶好の機会でもある。また、調査員は、タタ内部からばかりでなく、タタの外部からも専門家を招き入れて、より正確で公平な査定を目指している（社内文書Business of Excellence　二〇〇八年発行、参照）。

この査定結果に基づき、ポイント化される査定の総点千点のうち、総合点が初めて六百点に到達した企業には、J・R・D・タタ前会長の名を冠した最も栄誉ある賞、JRD-QV（Quality Value）賞がグループの会長から直接授与される。千点中六百点というのは、あまり高い数値ではないのではないか、と筆者は思ったが、実際は、査定基準は非常に厳しく、過去一六年間でこの賞に輝いた企業は九社しかない。この六百点に初めて到達したときの一度に限り、このJRD-QV賞という最も栄えある賞が授与される。各企業は当面、この賞を最大目標にしている。

さらにその上の七百点に到達した企業はもっと少なくなり、わずか三社（Tata Steel, TCS, Tata Motors）だけで、Leadership in Excellenceという名の賞を受ける。その他にも、四五〇～五百点に到達するとSerious Adoption賞、五百～六百点ならActive Promotion賞、短期間で経営改善・向上が著しい企業にはHigh Delta賞などがあるばかりではなく、一方で、経営内容は非常に良いにもかかわらず、「結果」「実績」が現れていないところにも、奨励賞が贈られている。

一例として、タタ・グループ内の時計・貴金属メーカーであるTitan Companyを眺めると、二〇〇三年に総合点五三一点、二〇〇四年に五五五点、二〇〇五年に五七三点、二〇〇六年に初めて六〇五点に到達し、この年栄えある念願のJRD-QV賞に輝き、その後も少しずつ査定点を向上させてきている。企業にとり、このグループ内査定が自らの努力と向上を実感させる存在として大きな意味を持っていることがうかがえる。

査定の基準となるマニュアルの内容については、あまりに膨大でこの紙面で詳細を示すことはできないが、本稿のテーマにおいて重要なポイントは、この査定内容に底流する思想である。

経営査定システムに見える思想——whatよりもhowの重視

次頁の図表は[6]、TBEM査定システムの概念図である。同心円の内部の円の中に書かれているものが、ビジネスを行う上で重視される「コアとなる価値やコンセプト」であり、一一の項目がある。それらは、「ビジョンに基づくリーダーシップ」「未来へのフォーカス」「イノベーションのためのマネジメント」「迅速さ」「組織および個人のたえざる学習」「従業員およびパートナーへの価値意識」「顧客志向の卓越さ」「社会的責任」「事実によるマネジメ

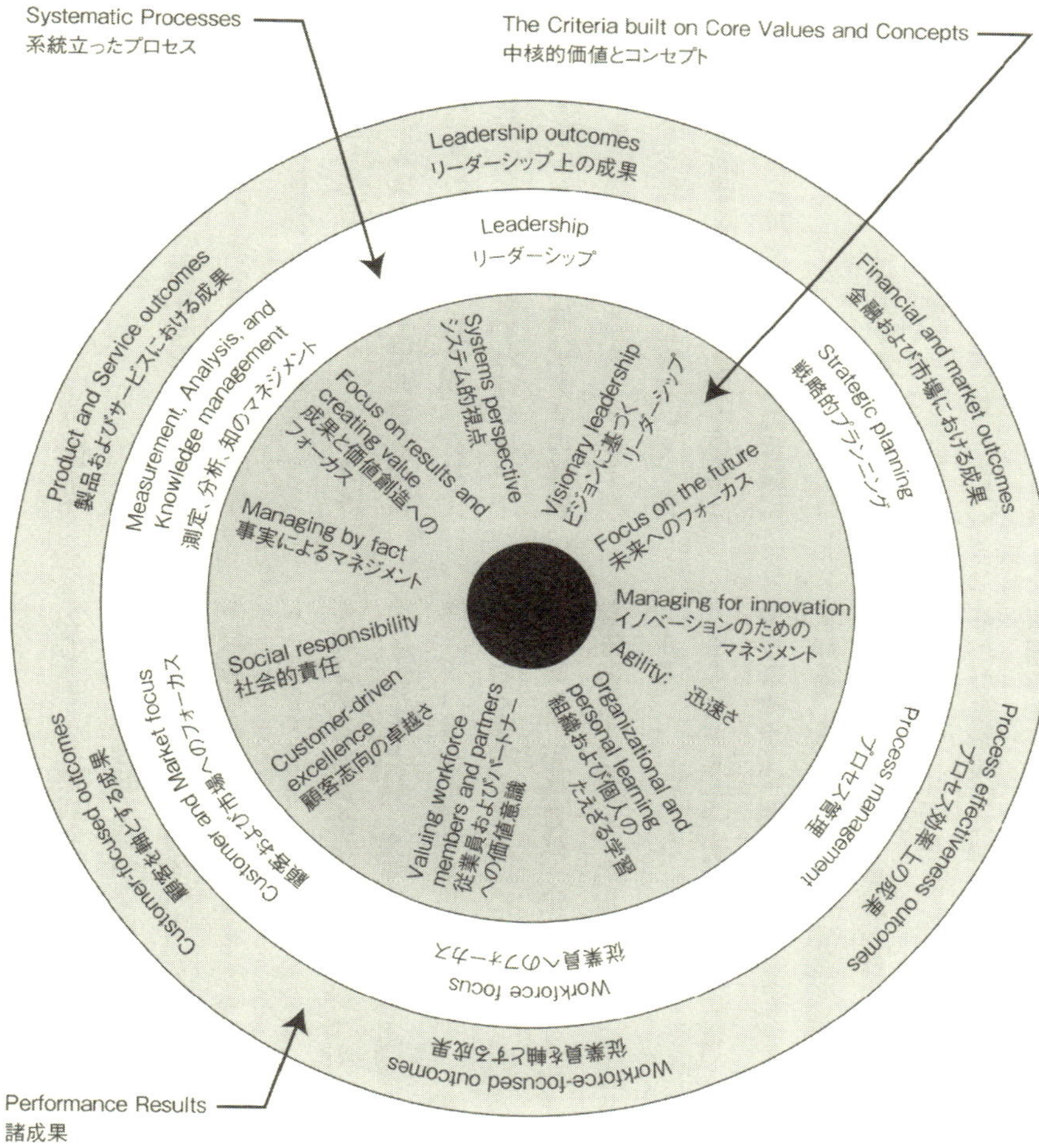
Systematic Processes
系統立ったプロセス
The Criteria built on Core Values and Concepts
中核的価値とコンセプト
Leadership outcomes
リーダーシップ上の成果
Leadership
リーダーシップ
Financial and market outcomes
金融および市場における成果
Strategic planning
戦略的プランニング
Process effectiveness outcomes
プロセス効率上の成果
Process management
プロセス管理
Workforce focus
従業員へのフォーカス
Workforce-focused outcomes
従業員を軸とする成果
Customer-focused outcomes
顧客を軸とする成果
Customer and Market focus
顧客および市場へのフォーカス
Product and Service outcomes
製品およびサービスにおける成果
Measurement, Analysis, and Knowledge management
測定、分析、知のマネジメント
Systems perspective
システム的視点
Visionary leadership
ビジョンに基づくリーダーシップ
Focus on the future
未来へのフォーカス
Managing for innovation
イノベーションのためのマネジメント
Agility:
迅速さ
Organizational and personal learning
組織および個人のたえざる学習
Valuing workforce members and partners
従業員およびパートナーへの価値意識
Customer-driven excellence
顧客志向の卓越さ
Social responsibility
社会的責任
Managing by fact
事実によるマネジメント
Focus on results and creating value
成果と価値創造へのフォーカス
Performance Results
諸成果

TBEM 査定システム概念図

ント」「成果と価値創造へのフォーカス」「システム的視点」である。

この中核的価値に基づき、図中では白地の円の中の「リーダーシップ」「戦略的プランニング」「プロセス管理」「従業員へのフォーカス」「顧客および市場へのフォーカス」「測定、分析、知のマネジメント」という計六つのカテゴリーが、査定の対象となる行為・行動・姿勢であり、それらが適切なものであれば、一番外の円内に記された各種の「結果」「成果」が会社業績として形に現れる、という考え方を示している。この図により、「価値観」と「具体的行為」そして「結果」の諸関係がイメージ化されている。

筆者の解釈によれば、図表の中心の何も書かれていない黒丸に、メタ理念としてのゾロアスターの教えが込められており、教えの、経営における、より実践的な一一の諸価値が派生し、それら実践的諸価値に基づいて、六つの具体的な行動項目があり、そして最も外周に六つの具体的な成果・実績の項目が列挙されている。

マネージャー以上の経営管理者は、たとえゾロアスターの教えを共有する者ではなくとも、これら「諸価値」「諸行動」「諸成果」の系統的な関係性を意識しつつ経営を行うことにより、「正しい」方法で成果が残せる、と期待されている。

査定内容はポイント化され、総得点は千ポイントであるが、注目すべきは、本来最重要であるはずの、ビジネスの「結果」あるいは「成果」、つまり業績（＝what）は全体の四五〇ポイントでしかなく、これは総得点の半分以下であり、むしろその成果に至るまでの経営内容（具体的行為＝how）の得点の方が重視されていて五五〇点、という配点のあり方である。「結果」「業績」はわざと半分以下に設定されているのである。結果（what）だけで高得点は得られず、むしろ、経営の内容・プロセス、つまり、how の方が重んじられている、という点に、タタの理念や思想が表明されている。[7]

この how に相当する領域とは、概念図の白地の円内に記されている既述の六つのカテゴリーに分類されているもので、その中で「リーダーシップ」の配点が一番高く一二〇点であり、その他はそれぞれ八五点〜九〇点という配点である。

査定マニュアル本には、それぞれのカテゴリーの査定基準も実にこまやかに質問項目が記述されているが、目立つのはまさに「How」という単語で始まる文章の多さである。筆者の言葉で言い換えれば、どのように、いかにして「高い合理性」とそれに基づくパフォーマンスを追求できるのか、を考えさせるような査定質問文・チェックポイントとなっているように見える。

この査定システムを管轄する、TQMSの副社長Arora氏の話によれば、このTBEM査定システムは、howつまり、経営の内容・プロセスが徹底的に良いものとなれば、結果は必ず伴ってくる、という強い信念に基づいているという。運よく、ビジネス環境が良ければ、経営内容は悪くても良い結果が出ている場合はある。しかし、長期的には良い成果は続かない。したがって各企業にはしっかりとhowにこだわってもらいつつ、目標である成果を向上させてもらいたい、というのである。

倫理の強調——TCoCに基づくもう一つの査定

とりわけ、howの中でも最も重視されているものが、査定のあらゆるカテゴリーに関係する、Ethics（倫理）の問題である。既述のようにタタ・グループは、ビジネスを行う上での倫理を重んじてきた。その伝統を、巨大化・グローバル化するからといって崩すわけにはいかない。ラタン・タタは、「タタの価値観やビジネス倫理を守りながら、グローバル企業として、強く、抜きん出ていて、他社にお手本を示せるような」企業を目指している、とTBEMマニュアル本の冒頭に書いている。

倫理への意識は、コアとする価値観の根底を成すものであり、五代会長ラタン・タタの指揮の下に、Tata Code of Conduct（TCoC）という、タタ・グループの全従業員が守るべき「倫理的行動基準」が一九九九年に作成されている。突然出てきたものではなく、それまでのタタ・グループの価値観を、整理し明文化したものであると言ってよい。全二五項目二〇ページにも及ぶ浩瀚なもので、こまやかに倫理規則が書かれている。以下が、TCoC の二五条であり、本文ではすべてに詳細な説明がなされている。

第一条、National interest（国家的利害）
第二条、Financial reporting and records（財務上の報告と記録）
第三条、Competition（競争）
第四条、Equal opportunities employer（機会均等の雇用主）
第五条、Gifts and donations（贈与と寄付行為）
第六条、Government agencies（政府機関）
第七条、Political non-alignment（政治的非連帯）
第八条、Health, safety and environment（健康・安全・環境）
第九条、Quality of products and services（製品とサービスの質）
第一〇条、Corporate citizenship（企業市民）
第一一条、Cooperation of Tata companies（タタ・グループ内企業の協力）
第一二条、Public representation of the company and the Group（企業とグループ情報の公示）
第一三条、Third party representation（グループ外関連機関の代表権）
第一四条、Use of the Tata brand（タタブランドの使用）

第一五条、Group policies（グループ方針の扱い）
第一六条、Shareholders（株主に対して）
第一七条、Ethical conduct（倫理的行為）
第一八条、Regulatory compliance（法遵守の義務）
第一九条、Concurrent employment（複数被雇用の禁示）
第二〇条、Conflict of interest（会社利益に反する行為の禁示）
第二一条、Securities transactions and confidential information（証券取引と機密情報）
第二二条、Protecting company assets（会社資産の保護）
第二三条、Citizenship（公民義務の関与について）
第二四条、Integrity of data furnished（信頼できるデータ供給）
第二五条、Reporting concerns（報告に関する事柄）

内容はこまやかであり、組織および個人のビジネス上のあらゆる側面を網羅しているかのようである。一例をあげれば、第三条の、競争についての説明文では、競合他社の製品・サービスについて、確かな根拠もなく、あるいは根拠はあっても、正当な方法で入手した情報に基づいていない場合、顧客にその情報を流して、自社の優越性を語るようなことをしてはならない、といった相当に厳しい内容が記されている。

これら諸倫理項目を、単に絵に描いた餅にしておくのではなく、既述のTBEMマニュアルに基づく査定・顕彰システムとは別立てに、TQMSに所属する、豊富な経験を持つ二名の専門調査員が担当し、査定対象のすべての企業の、主だったあらゆる階層のマネージャークラスに、「deep dive（深くもぐる）」と呼ばれる聞き取りの調査を時間をかけて行う。Deep diveとは、文字通り、企業内部やマネージャーと対面して、その心理の奥底に深く入り、倫理に関わる事項を徹底的に調べる、というものであるようだ。担当者は、決してスパイのような匿名者ではなく、名前も特定できる人物である。

さらにグループ内の各企業には、「倫理カウンセラー」という名の専門職が置かれている。大きな企業では常勤で雇われ、小さな企業ではパートで雇われている。このカウンセラーと、既述の deep dive を行う専門家とが定期的にコンタクトを持ち、倫理的課題のチェックを行っているという。

概略以上のような、ビジネス及び倫理問題における査定のシステムは、単に、高得点を得た企業が評価されるというばかりでなく、逆に倫理的な問題を持ち、改善の意志が見えない企業からは、タタ・グループの「ブランド」を示すロゴマークを使う権利が剥奪される、というムチの側面も持っている。実際、査定が開始されてから現在まで、二社程度であるが、ロゴの使用を禁じられ、売却された企業もあった。ただし、TBEM の査定の点数が低いと自動的にロゴの使用権を剥奪されるということではない。タタブランドに関わる最重要項目が、倫理面におけるパフォーマンスであり、倫理的に逸脱している企業であるかどうかを見極めて、タタ・グループの経営トップが最終判断するものである。

おわりに

以上、タタ・グループに底流する、筆者が「包括的合理主義」とも呼ぶべき伝統精神と、中でもとりわけ、世界のお手本になろうとする高邁な目標に向けて、経営的にも「正しく」、倫理的にも「正しい」方法を目指す企業運営をするための仕組みを概観した。このような考え方と行動の奥底に、ゾロアスターの教えを実現しようとする強い意志を見て取ることができる、と筆者は考える。そこに底流する精神には、手段を選ばず蓄えた財によって「善を為す」というより、手段の段階で「善である」ことを方向付ける、いわば「善でありつつ、善をなす」ことにこだわる強い姿勢が見える。

タタ・グループの一つの特殊な事例から見えることは、宗教的メタ理念が、企業成長への内的なドライブになるとともに、同時に、成長のための手段の中に潜む負の手段（不正、反倫理など）の抑制にもなっている点である。それは、宗教的、と一般化されるものではなく、ゾロアスターという特定の宗教の教えの内的な性格（つまり、「良き考え、良き言葉、良き行い」を基にして、この世を善に満ちた世界に、神アフラ・マズダーとともに創造してゆくべきものという教え）が、成長への熱い思いと不正・逸脱行為の抑制という、二つの対立ベクトルを同時に制御している。タタ・グループの伝統を、グローバル化という新しい時代の中でも真っ向受け止めて、経営方針と行動基準を明確に示した五代会長ラタン・タタは、「世界のお手本を目指す」と内部文書に書いている。世界の他企業にもお手本を示そうとする高い志に、善に満ちた世界創造の実現を、その視線の遥かかなたに見ていると筆者は考える。

注

（1）タタ財閥を含むインドの財閥の概要については、三上敦史［一九九三］参照。

（2）当時の支社長梶正彦氏を通じて、調査はおおいに進んだ。ここに謝意を表したい。

（3）それらの調査の成果の一部はすでに拙著、拙論にまとめているのでご参照いただきたい。

（4）タタ一族と渋沢栄一など明治の日本の実業家・政治家との関係は、渋沢資料館の、全五八巻にのぼる『渋沢栄一伝記資料』に詳しい。

（5）ジャハンギール・ラタンジ・ダーダーバーイ・タタ（一九〇四～一九九三）初代ジャムシェトジの従弟R・D・タタの子で、少年時代横浜に一年八か月間在住経験がある。半世紀以上にわたり四代目会長として指揮をとった。

（6）この図表は、タタ・サンズの内部文書に英語のみで表記されていたものを、筆者が、二〇一一年の拙稿で邦訳も付けて紹介したもの。

（7）これはタタ独自の考えというより、お手本となったMalcolm Baldrige賞の考え方でもあるが、その運用においてタタでは徹底されている。

引用・参考文献

青木健　二〇〇八『ゾロアスター教』講談社選書・メチエ。

青木健　二〇〇八『ゾロアスター教史——古代アーリア・中世ペルシア・現代インド』刀水書房。

小島眞　二〇〇八『タタ財閥——躍進インドを牽引する巨大企業グループ』東洋経済新報社。

住原則也　二〇一〇「三千年の伝統を継承するゾロアスターの子孫——未来に向けた起業家精神の育成」天理大学地域文化研究センター通信『コスモス一五号』一一—三頁。

住原則也　二〇一一「タタ・コンサルタンシー・サービシズ（TCS）［Part II］」PHP Business Review 第四九号、六二—八七頁。

住原則也　二〇一三「『包括的合理主義』のモデルとしての経営理念——タタ・コンサルタンシー・サービシズ（インド）の理念継承・伝播」『アジア企業の経営理念——生成・伝播・継承のダイナミズム』三井泉編著、二五一—二七七頁、文眞堂。

中川敬一郎　一九六二「ジャムセトジ・N・タタ」『世界の富の支配者』岡倉古志郎責任編集、二五五—三三二頁、講談社。

三上敦史　一九九三『インド財閥経営史研究』同文館。

メアリー・ボイス　二〇一〇『ゾロアスター教——三五〇〇年の歴史』（山本由美子訳）講談社学術文庫。

ルッシィ・M・ララ　一九八一『富を創り、富を生かす――インド・タタ財閥の発展』（黒沢一晃・小沢俊麿訳）サイマル出版会。
Lala, R.M. 1992 Beyond the Last Blue Mountain-A Life of J.R.D. Tata. Penguin Portfolio.
Lala, R.M. 2004 For the Love of India-The Life and Times of Jamsetji Tata. Penguin Portfolil.
Witzel, Morgen 2010 TATA-The Evolution of a Corporate Brand. Penguin Portfolio.
その他の社内文書
2008 Business or Excellence-The Tata Journey.

第9章　「官民連動」による国際救援活動
――慈済会の東日本大震災支援を事例として

今井淳雄

はじめに

中国では一九七八年に始まる「改革開放」以降、民間非営利組織の数が増加している。特に一九九〇年代に入ると、関係法令も整備され、「社会団体」「基金会」「民辦非企業単位」という現在の民間非営利組織の形態が整えられた。[1] 二〇一二年末現在、その数は約四九万九〇〇〇団体［黄　二〇一三：三］を数え、十年前と比較すると約二倍の規模にまで増加している。

八〇年代以降の中国における民間非営利組織のこのような現象、特に中国における現象について、中国人研究者のなかには、レスター・サラモンがいう八〇年代以降の世界的規模での民間非営利組織の台頭、いわゆる「連帯革命」(associational revolution)［サラモン　一九九四：四〇二］の一部を成すものであると指摘したり、ユルゲン・ハーバーマスがいう「自由な意志にもとづく非国家的・非経済的な結合関係としての市民社会」［ハーバーマス　一九九四：xxxviii］が、中国にも構築されつつあると分析する者がいる。[2] このように中国の研究者は、程度の差こそあれ、改革開放以降の民間非営利組織数の増加と法的制度の整備、形態の多様化を世界的な潮流の一部に位置付け、中国社会にいわゆる西洋型の「市民社会」という新たな社会空間が構築されつつあると考えていることが読み取れよう。

しかし現実をみると、法規的にも中国人研究者による定義ともズレが生じてくる。たとえば「人民団体[3]」や「国家の規定によって登記が免除された社団[4]」など、極めて政府機関に近い組織も、民間非営利組織に含むものとみなしている。これらの組織は、サラモンの提起している民間非営利組織が備えておくべき条件のひとつである「民間であること」〔初谷 二〇〇一：一一―一二〕という要件を十分に満たしているとは言い難い。また、康暁光の「政府、企業セクター以外の組織の集合体」〔康 二〇一一：九〕や、賈が挙げている中国の民間非営利組織の「営利を目的としない、主に公益もしくは互益の活動を展開する党と政府の体系から独立した正式な社会組織」〔賈 二〇〇四：一三〕という定義にも当てはまらない組織が非営利組織として見なされている。このような中国の研究者による主張とサラモンの提起する定義とのズレは、中国の民間非営利組織の特殊性、また中国の民間非営利組織がサラモンやハーバーマスなど既存の欧米を中心とする民間非営利組織の研究成果では十分に考察しきれないことを表わしているといえよう。それではいったいどのような定義であれば、以上のような中国独自の組織も包摂できるのだろうか。本章では、それら組織を抱摂する概念として、清末に起きた「地方分権化」にみられる漢族の構造的変容から溝口雄三が導き出した「官民連動」という「民間空間」概念をてがかりに考察を進める。

ここで問題となるのは、「民間空間」とは何かということであろう。まず溝口は「空間」について、「体制や制度からはみ出した、あるいは逆に体制や制度とかかわりながらの、官と民の複雑な緊張関係によって構築される一種の『連動空間』とでも名づけるべき、官民連動の空間と思われる」〔溝口 二〇〇四：二四七―二四八〕と述べている。次に「民間」について、「その空間に仮に『民間』の名を冠したとしても、それは必ずしも『官』に対抗する、あるいは『官』から自立した『民』ではなく、（中略）時には官との関係を持たない、あるいは持ちたくとも持てない『民』である」〔溝口　二〇〇四：二四七―二四八〕と述べている。そこには、いわゆるヨーロッパ市民社会とは異なる「官民連動」の空間と呼ばれる「民間空間」を想定しているため、「公共空間」についてはふれられていない。

そこで本章では、この「官民連動」という視角を使って漢族型市民社会を再構成する。具体的には、台湾の仏教系NGO「台湾仏教慈済慈善事業基金会」（以下、慈済会）[5]の東日本大震災支援を事例として、慈済会が支援を進めるうえで、政府機関である外交部（日本の外務省に相当）、また支援対象である釜石市、陸前高田市、東松島市等の被災自治体との間でいかなる交渉を行い相互関係を築いたのか考察する。本章で特に台湾のNGOを考察対象とした理由には、つぎの二点があげられる。

まず、中国における改革開放以降の民間非営利組織数の増加、法的制度の整備、形態の多様化という現象が、台湾の戒厳令解除以降の「市民社会」においてもみられるという点があげられる。たとえば、台湾における民間非営利組織の形態のひとつである社会団体は、二〇一一年末には三万八〇二六団体を数え、〇一年末の一万八六九五団体と比較すると、約二倍の規模まで拡大している[6]。このような現状を先述の中国人研究者の研究文脈から眺めてみると、台湾にもいわゆる西洋型「市民社会」が広がっていると捉えられる可能性がある。

つぎに、筆者は、溝口によって提起された「官民連動」を漢族型「市民社会」を構成する重要な要素と仮定し、それがどのように漢族社会の中で成立し、具体的にいかなる相互関係の上に形成されてきたのかについて解明することを主たる目的として、研究を進めてきた[7]。それら一連の研究成果によると、この「官民連動」の空間は、清末の「近代化」という変革の過程の中で漢族社会に顕現してきたものであり、中華民国成立以降も引き続き機能してきた空間と捉えることができる。そのため、筆者は中国本土を主たる活動の場とする漢族による「市民社会」を中心として考察を進めてきた。それらは、「官民連動」の空間としての漢族型「市民社会」を明示しようとする試みであったといえる。

しかしその一方で、現在の中華人民共和国は中国共産党が社会全体を指導する国家であるため、「官民連動」の空間という概念を仮に提起したとしても、それは漢族という特殊性によるものではなく、社会主義という普遍的統治理念こそが生み出したものと捉えられる可能性がある。このような指摘に対応するためには、中華人民共和国による統治が及ばない漢族社会における「官民連動」の空間についての検討が不可欠となる。

このような視点に基づき台湾を捉えなおしてみると、どのような人々からなる社会かという「民」の立場からは、台湾の人口の大部分は中国本土からの漢族の移民の子孫で構成されており、中国本土を除き、最も規模の大きな漢族社会を形成している地域であるといえる。また、政権や統治という「官」の立場からは、清末に日本の植民地となり、第二次世界大戦後は、辛亥革命で清を倒して成立した中華民国に統治されたまま現在に至っており、中国共産党によって直接的に統治された経験をもたない地域であるといえる。

つまり、漢族社会の規模、統治における清朝や中華民国とのつながりという点などから鑑みて、中国本土以外の漢族社会の検討において、台湾を検討の埒外におくことはできないと考える。

なお、本章で事例として取り扱う慈済会の先行研究について、組織概要や基本的な慈善事業および国際救援活動などについては、金子昭［二〇〇五］『驚異の仏教ボランティア――台湾の社会参画仏教「慈済会」』に詳しい。また金子は、慈済会の東日本大震災支援についても、二〇一一年六月一一日に釜石市で行われた「住宅被害見舞金」の配布現場を取材し、当日の様子および慈済会による学校建設支援の申し出とその後の展開、震災一年後の継続支援について考察している。そのうえで、大規模な住宅被害見舞金の配布によって、被災地の人々に慈済会の活動が印象付けられた一方、「日常的な支援では、慈済会が災害支援の時と同様に濃厚な関わり方をしても、必ずしも日本の人々から受容されることはないだろう」［金子　二〇一三：八］と結論付けている。さらに「慈済会には、自らの独自性・固有性を保ちつつ、多様な文化、多様な生き方と共存共栄する『社会関係資本 Social Capital』として、日本社会の中で成熟した発展を遂げていくことが期待されている」[金子 二〇一三：九]と指摘し、釜石市に対する支援の事例から慈済会の日本社会への受容について詳細な考察を行っている。

1 東日本大震災における台湾からの支援

二〇一一年三月一一日午後二時四六分、三陸沖を震源とするマグニチュード九・〇の地震が発生した。この地震によって被害をこうむった地域は、北海道から関東地方におよび、死者は一万五八八三人、行方不明者は二六五三人、負傷者は六一五〇人（二〇一三年一二月一〇日現在）であった[8]。後にこの震災は、東日本大震災と総称されることになる。本災害の支援は、国内にとどまらず海外からも寄せられた。外務省の発表によると、東日本大震災では計一六三の国・地域および四三の国際機関から支援の表明があり、計一二八の国・地域・機関から救援物資や寄付金が寄せられた（二〇一二年一二月二八日現在[9]）。

このように数多くの国、地域、国際機関から支援が寄せられたが、その中でも台湾からのものは迅速かつ規模の大きなものであった。台湾からの東日本大震災支援は、①レスキュー隊の派遣などの人的支援、②義援金・支援金の寄付などの金銭的支援、③救援物資の配布等の物的支援に大きく分けられる。ここでは、以上三つの分野の支援から、慈済会と外交部との関係性を明らかにするために台湾の寄付者から被災者の手元に届くまでの経緯について考察する。

人的支援

三月一一日の震災発生直後、楊進添外交部長（当時・日本の外務大臣に相当）は馬英九総統の指示を仰ぐとともに、台北駐日経済文化代表処（台湾の対日本窓口機関）を通じて、日本側にレスキュー隊派遣の必要性について確認するよう指示した。[10] 翌日、楊外交部長は、㈶交流協会（日本の対台湾窓口機関、以下交流協会）の今井正台北事務所長（当時）に国際緊急援助隊、医療隊、捜索犬の出発準備ができていることを伝えている。[11] そのうえで台湾当局は、黄博村（内政部消防署特別救助隊副隊長）をリーダーとする計二八名のレスキュー隊を三月一四日に派遣した。[12] このレスキュー隊は、内政部（日本の総務省に相当）の消防署特別救助隊、台北市、新北市、台南市の特別救助隊の混成チームで、[13] 一五日に宮城県に入り、一六日、一七日に被災地で捜索活動を行い、一九日に帰国した。[14] なお、レスキュー隊の派遣については、政府派遣以外に、「中華民国捜救総隊」（International Headquarters S.A.R. Taiwan）というＮＧＯも被災地で救助活動を展開した。

金銭的支援

台湾の官民から寄せられた寄付金は、二〇一三年六月三〇日現在、合計六八億五四一九万元で、そのうち六〇億二〇七四万元がすでに被災地支援で執行された。[15]

三月一一日の震災発生直後、台湾当局は、三〇万米ドル（八八〇万三五〇〇元、三月一一日のレート換算）の緊急義援金の支援を表明した。その後、馬英九総統の指示で一億元に増額され、さらに外交部は「海外賑災専戸」（海外災害義援金専用口座）を使って、募金活動を開始した。[16] このような募金活動は、中央省庁（外交部、内政部、交通部等）[17]をはじめとして、地方自治体（新北市、台中市、台南市、高雄市、嘉義市、桃園県、苗栗県、彰化県、雲林県、南投県、南投県草屯鎮、南投県鹿谷郷等）や民間団体（中華民国赤十字会、㈶台湾児童及び家庭扶助基金会、ワールドビジョン、中華社会福祉連合募金協会、中華キリスト教救助協会、慈済会、台南市美好コミュニティ関心協会、㈳民主進歩党、㈶佛光山慈悲社会福祉基金会、㈳台日国際ロータリー親善会等）でも行われた。[18]

東日本大震災における台湾の人々および企業からの寄付金は、基本的に次のような流れで被災者まで届けられた。まず台湾の民間団体（NGOや宗教団体など）や中央省庁、地方自治体が実施する募金活動に、台湾の人々および企業からの寄付金が集約され、次に、日本の公共機関やNGO等を通じて、原則としては被災者に義援金として直接に、もしくは現地の公共機関等に支援金として送られ、間接的に被災者の受益となるよう使用された。但し、慈済会は、台湾での募金活動から被災地での義援金（慈済会の場合は住宅被害見舞金）の配布までその一切を自らの組織と関係するネットワークを通じて行った。

物的支援

震災発生直後、台北駐日経済文化代表処は交流協会に対して、支援の必要性について打診した。交流協会は三月一二日に、台北駐日経済文化代表処に対して、①簡易ディーゼル発電機（五〇〇台以上）、②簡易コンロ、石油ストーブ（五〇〇台以上）、③ビニールシート、寝袋（五〇〇枚以上）、④コート、保温下着（長袖シャツ等）を含む防寒衣料（一〇〇〇枚以上）、⑤防寒用手袋（一〇〇〇セット以上）、⑥乾パン等の乾燥保存食の六項目の救援物資を要請した。要請を受けた外交部は、台湾のNGOや個人に救援物資の寄付を呼びかけた。[19] その結果、国内のNGOや宗教団体、企業からつぎのような救援物資が寄せられた。[20]

①中華民国赤十字総会（保温用ジャンパー、毛布、寝袋計一二五〇〇点）
②法鼓山（寝袋三五三六点、防寒用コート六〇〇〇点、乾燥保存食等）
③中華民国一貫道総会（発電機三〇台、防寒衣料二〇〇〇点、毛布二〇〇〇枚、掛け布団一〇〇枚、寝袋五〇〇〇点）

④義美食品公司（クラッカー・乾燥保存食など二〇〇〇箱）
⑤慈済会（毛布五〇〇〇枚、レトルトご飯四〇〇箱、ナッツ類一〇〇箱）
⑥国際仏光会中華総会（寝袋五七六点、保存食品、マフラー五〇〇枚、防水カーペット九五セット、乾燥菓子・おやつ類、保温用コート一万点など）

さらに外交部は、独自で保存食品（五万元相当）、石油ストーブ二〇台、発電機五〇〇台を購入し、民間からの救援物資と合わせて、一四日に八〇トン分の救援物資を中華航空を利用して東京に輸送し、[21]二二日から二四日にかけて気仙沼市や南三陸町、山元町等の被災地に送った。[22]残りの三二〇トンは、台湾の陽明海運、エバーグリーン海運、万海海運などによって輸送され、到着した救援物資は被災地まで運ばれた。[23]最終的に合計で九〇九六箱、約五六四トンの救援物資が、約二五の航空便・船便で日本に送られた。[24]なお、外交部経由の救援物資は日本の税関ですべて免税とされている。

外交部経由の救援物資は、①寄付者から配布先の指定がなく、交流協会が配布先を決定した物資、②台湾の民間団体・政府機関から日本の指定機関に寄付された物資、③台湾の民間団体の本部から日本の支部に対して贈られた物資の三つに分けられ、各被災地に送られた。[25]

慈済会については、第一回目の救援物資を外交部経由で輸送した。しかし、それ以降は、すべて自らの組織と関係するネットワークを利用して被災地まで救援物資を輸送した。また、被災者への配布は慈済会のボランティアによって行われた。なお、慈済会からの救援物資についても日本側で免税扱いとなっている。

以上、東日本大震災における台湾からの人的、金銭的、物的支援のおおよその内容である。台湾の政府機関は、震災発生直後から支援の準備を行い、民間組織や個人に対して協力を要請し、特にＮＧＯや宗教団体などは、外交部からの要請に応え、外交部と密接に連携をしながら支援を行っている。慈済会についても、震災発生直後の段階では、外交部からの協力要請に応えている。その後は完全に独自のネットワークで支援を行った。

2　慈済会の国際救援活動

慈済会の組織概要

慈済会の起源は、一九六六年に釈証厳によって設立された「仏教克難慈済功徳会」に求めることができる。その後、八〇年に病院の設立資格を取得するために財団法人の認可を受け、さらに九四年には全国規模で活動を展開する団体となった。二〇一〇年には国連経済社会理事会からNGO特殊協議資格（NGO in Special Consultative Status with ECOSOC）が与えられており［張　二〇一二：五一―五四］、台湾を代表する仏教系NGOと捉えてよい。

慈済会の慈善事業は「志業」と呼ばれ、慈善、医療、教育、人文分野の「四大志業」と、一九九一年以降に新たに加えられた国際救援、骨髄バンク、コミュニティ・ボランティア、環境保護から構成され、合わせて「一歩八法印」（一歩歩くと八つの足跡ができる）と呼ばれる［張　二〇一二：八四］。これら慈済会の慈善事業は主に、中核メンバーである「委員」や「慈誠隊」、病院や学校、記念施設などの建設、その他の慈善事業に一〇〇万元以上寄付した者が任命される「栄誉董事」、個人情報（名前や住所、身分証の番号）を登録した寄付者である「会員」などの二次組織によって支えられている［張　二〇一二：一二六―一二九］。

二〇一一年現在、委員は四万七〇〇八人（うち海外は六四一九人）、慈誠隊は計二万五七八五人（うち海外は二三〇五人）［何　二〇一二：五四四―五四五］、会員に至っては世界に数百万人いるといわれる。

慈済会の国際救援活動

慈済会は、世界五一の国・地域に五一七の拠点［何　二〇一二：五四二—五四三］を置き、各地で慈善活動を展開している。慈済会における国際救援活動は、一九九一年に発生した湾岸戦争での戦災孤児支援およびバングラデシュでの水害における支援活動から始まった。活動内容としては、食料、衣服、穀物の種、薬品の配布のほか、建物（家屋や学校）の建築、水源開発、無料診療などの活動を展開している［仏教慈済基金会　二〇一〇：四四］。慈済会はこのような国際救援活動を行う上で、いくつかの活動原則を定めている。代表的なものとして「現地で取得したものは、現地に還元する」や緊急災害時の「真っ先にかけつけ、最後まで残って援助を続ける」、その他、重要な活動原則として「直接、重点、尊重、確実、迅速」という五つの原則があげられる［高　二〇〇五：一二三—一二四］。この五つの原則の内容は次のとおりである(26)。

①直接の原則

ボランティアと専門的な人員は直接被災地に深く入り、災害の情況を実地調査する。被災者のニーズに基づいて救援物資を直接集める。ボランティアを動員して実地調査に基づいて被災者の名簿を確認し、物資を被災者に手渡し、心からの配慮と祝福の意を表わす。

②重点の原則

広大な被災地すべてに配慮することは不可能なため、最も被害の大きい被災地、あるいは最も援助が届いていない地区を選択し、限りある資源を最も必要としているところに集中することで、最大の効果を発揮する。

③尊重の原則

現地の風俗、民情、宗教、文化伝統を尊重、理解する。友達の立場で協力し、相手を顧み、尊重する。衣服、食糧、医薬品などは等しくその品質に注意し、感謝の心で、両手で救援物資を差し上げる。

④確実の原則

災害発生の実際の情況によって残された時間を把握し、その上で災害状況の調査や資料等を収集する。最短時間で計画を完成させ、最速で適切な物資を用意し、援助する。

⑤迅速の原則

実際に被災地の最も切実なニーズを理解し、最も適切な援助をする。実行可能で、効果があり、素早いもので、多くの効果がある救助でなくてはならない。救援物資の無意味な浪費はしない。

以上のような活動原則のほかに「政治の話をしない、商売の話をしない、布教しない」などが定められている〔高　二〇〇五：一三三〕。このような原則は、一九九一年に中国の華中・華東地域で発生した水害支援の際に設定された。その後、中国では二七の省・市・自治区で慈善活動を展開し、二〇〇八年には中国国内で活動する非公募基金会として正式に政府より認可された〔仏教慈済基金会　二〇一〇：四〇〕。慈済会が「政治の話をしない、商売の話をしない、布教しない」などの原則を設定した背景には、ひとつには国外のNGOが、政府による管理が厳しい中国社会で慈善活動を展開するためには、政府からの信頼を獲得する必要があったためと考えられる。二〇一二年二月に中国の国家宗教事務局などの関係機関が出した「宗教界が慈善活動に従事することを鼓舞し規範することに関する意見」（以下、「意見」と省略）では、宗教界が公益慈善活動に従事することへの支持を示したうえで、遵守すべき基本原則として、「慈善活動中の布教活動の禁止」および「社会の公共利益、市民の合法的な権益活動の障害とならないこと」などを定めている〔国家宗教事務局政策法規司　二〇一三：二一―八〕。このことから中国政府は、宗教系NGOがある程度、慈善活動を行うことは許容しているが、布教活動や市民による通常の活動（商売等）にまで宗教系NGOの活動の影響がおよぶことを禁止している。「意見」そのものは二〇一二年に出されたものだが、慈済会が設定した活動原則は、前述の「意見」のなかで中国政府が禁じているような内容をいち早く察知し、具現化したものといえよう。なお、慈済会が中国での支援の際に設定した活動原則は、その後の慈済会における国際救援活動全体の原則となっていく。

慈済会が前述のような活動原則を定めたもうひとつの要因は、活動原則の内容が、慈済会の基本的な教えの中に内包されているからである。慈済会には「慈済十戒」という証厳による根本的な教えがあり、その一つに「政治活動やデモ行進には参加しない」と定められている。また、慈済十戒を体現するものとして、前述の活動原則にもつながる「合理合法の原則」なども定めている。「合理」とはすべての人が共感という心を持つという意味で、「合法」とは支援国の政府を尊重し、現地の法律を遵守することを指す(27)。以上のことから慈済会の活動原則は、政府による管理が厳しい中国社会で活動を展開するために設定されたという要因のほかに、そもそも団体として政治や政府機関と一定の距離を置くよう注意を払っているということがあげられる。

また、慈済会が政治や政府機関と一定の距離を保つ背景には、台湾人の持つ宗教観・政治観も関係していると推測される。二〇〇九年の『台湾社会変遷基本調査計画第五期第五次調査計画執行報告』のなかの「宗教指導者は政府の政策決定に影響を与えるべきではない」という質問に対して、回答者(一九二七人)の内、五〇パーセントが「非常に同意する」、三八パーセントが「同意する」と回答している[傅 二〇一〇:二四四]。このことから、慈済会は台湾社会に潜在的に広がる宗教観を具現する形で活動原則を策定している可能性がある。また、慈済会が中国で「非公募基金会」として認可された背景には、台湾と同様に漢族中心社会であり、人々の社会観念に親和性があったために多くの人に活動が受け入れられたと推測できる。

3　東日本大震災における慈済会の支援活動と受益者をめぐる考察

慈済会による東日本大震災支援の概要

慈済会は、東北地方太平洋沖地震発生の当日、午後には花蓮市の慈済会本部に総指揮センターを設置し、支援活動を開始している。慈済会による支援の内容は、①被災地における救援物資の配布、②被災者に対する住宅被害見舞金（以下、見舞金）の支給、③幼稚園、小中学校に対する学校給食費およびスクールバス運行経費の支給の三つに分けられる。

まず、救援物資の支援については、三月一四日に第一次救援物資（毛布五〇〇〇枚、インスタントライス四〇〇箱、ナッツ一〇〇箱）が東京に空輸（前述の外交部輸送便に同梱）され、慈済会のボランティアが一五日に被災地調査を行ったうえで、一六日から一七日にかけて茨城県大洗町で炊き出し支援を実施した［何　二〇一二：三六二］。大洗町での支援の後、慈済会のメンバーのネットワークで三浦陽子岩手県議会議員（当時）の協力を得た慈済会は、二四日に一六名のボランティアによる慈済第一次賑災団（慈済第一次被災者支援団）を組織（台湾、日本のメンバーによる混成隊）し、特に津波被害の大きかった大船渡市に入り、三浦議員、戸田公明市長等と会見し、被災地での調査や支援について協議のうえ、翌日から市内六か所でインスタントライス、絨毯などの生活物資を約三五〇〇人に配布した［何　二〇一二：三六五］。その後、救援物資の配布は陸前高田市など東北各地で行われた。

つぎに、見舞金の配布は、六月七日から本格的に開始され、最終的に、岩手、宮城、福島県（県外へ避難した被災者を含む）の九万六九七四世帯に対し、計五〇億一六四二万円を支給した［台湾仏教慈済基金会　二〇一二：八―九］（表1）。また、支給活動には四二八三人のボランティアが動員された［何　二〇一二：四二二］。

慈済会は見舞金の給付にあたって、①見舞金配布情報の被災者への広報、②被災者リストの貸与（世帯主の名前、世帯員数、住所が記載されたもの）、③支給会場の提供、④支給当日、会場への相談役の配置の四点について自治体に協力を要請している。[28] しかし、被災者名簿の貸与については、当初多くの自治体が個人情報保護の観点から難色を示し、活動の実施が難航した。[29] 前述のとおり慈済会には「直接の原則」があり、寄付者からの気持ちを直接被災者に届ける、また寄付者に対するアカウンタビリティの実現という観点から、見舞金は被災者に直接手渡さなければならないという事情があった。

見舞金の支給額については、全壊・大規模半壊・半壊を問わず、①居住地の自治体発行の罹災証明書（コピー可）、②受取人の身分証明書（免許証、保険証など）、③印鑑があれば、単身世帯で一世帯あたり三万、二、三人世帯で一世帯あたり五万、四人以上の世帯で一世帯あたり七万円が支給されるという内容であった。この全壊・大規模半壊・半壊を問わず世帯の人数によって均等に見舞金を給付する方針は、証厳の指導に基づくものであるという。[30]

表1　慈済会による住宅被害見舞金支給内訳

場所	世帯数	金額（万円）
岩手県		
洋野町	27	135
久慈市	261	1,353
野田村	461	2,419
田野畑村	232	1,214
岩泉町	187	919
宮古市	3,989	19,945
山田町	2,773	14,103
大槌町	3,608	17,918
釜石市	3,680	18,262
大船渡市	3,355	17,253
陸前高田市	3,574	18,726
宮城県		
気仙沼市	8,071	41,489
南三陸町	2,909	16,037
石巻市	29,555	149,451
女川町	2,563	12,889
東松島市	10,235	54,889
松島町	1,307	7,093
利府町	734	4,004
七ヶ浜町	1,092	6,134
塩竈市	3,285	16,589
多賀城市	4,326	21,862
名取市	3,254	17,566
亘理町	2,743	15,529
山元町	2,846	15,280
福島県		
相馬市	1,590	8,860
他県避難者	317	1,723
計	96,974	501,642

出典：台湾佛教慈済基金会『311東日本大震災支援活動報告』2012年、8-10頁に基づき筆者が表示

見舞金の支給時に、相談役として職員の配置を自治体に依頼した背景は、被災者名簿や罹災証明書で何らかの問題が発生した場合の対応を依頼するためである。例えば、気仙沼市での支給活動では、市役所のスタッフが慈済会のボランティアと被災者名簿の確認作業を行い、名簿に掲載されていなかった被災者にも見舞金を支給できた［台湾仏教慈済基金会日本分会　二〇一一：六八］と述べていることからも読み取れよう。但し、見舞金の支給会場での自治体職員の配置・協力は、すべての会場で得られたわけではない。その場合は、仮に被災者名簿について何らかの問題が生じても慈済会のボランティアでは確認できないため、被災者が自ら自治体に確認するという方法をとっている。なお、見舞金の支給は、役所や役場で行われた事例は少なく、多くは受給者が大勢集まっても問題ないような大規模商業施設や公共施設で行われた。

見舞金支給の当日の役割は、「協調係」「総務係」「財務係」「交通係」「香積係」「引導（案内係）」「査詢（一次受付）」「核章（二次受付）」というように細かく分けられて行われた。各役割の業務内容は以下の通りである。

・協調係：スタッフのまとめ役。会場の窓口や、市町村の担当窓口との交渉・調整。
・総務係：会場に不足している物資（テントやペン、定規など）の準備。
・財務係：見舞金の準備。配布世帯数、金額の集計、管理。
・交通係：ボランティアの移動するバスや備品を運ぶトラックの手配など。
・香積係：炊事係。
・引導（案内係）：見舞金を受け取りに来た者の案内係。
・査詢（一次受付）：被災者の身分の確認、見舞金の該当条件、罹災証明書の確認。
・核章（二次受付）：二重受領の確認。見舞金の手渡し。受領印の押印確認。

［台湾仏教慈済基金会日本分会　二〇一二：一五］

金子によると、見舞金は、お金が見えないように菩提樹の葉の形のカバーがされた和紙製の三つ折り封筒に入れられ、深いお辞儀をして両手で手渡されたという［金子　二〇一三：四］。その他、慈済会の東日本大震災支援や国際救援活動について記載されたリーフレット、証厳の著書『静思語』から抜粋した言葉が書かれたリーフレット等も配布された。

以下、慈済会による東日本大震災支援の初期段階から救援活動が展開された岩手県釜石市および陸前高田市と、後半期から活動が開始された宮城県東松島市を事例としてさらに詳細に考察を進める。

釜石市への支援

釜石市へは、「住宅被害見舞金支援」および「学校給食費、スクールバス運行経費支援」が実施された(31)。慈済会による釜石市への支援は、前述の三浦議員の協力で野田武則市長が紹介され、二〇一一年三月三一日に慈済会のボランティア十数名が、釜石市に入り仮設住宅のあった昭和園などを視察し、被害状況を確認したことに始まる。釜石市の場合、救援物資については震災後十分な量が届いていたため、慈済会からの支援の申し出を断っている。したがって、釜石市では救援物資の支援は行われていない。

①住宅被害見舞金支援

釜石市の被災者に対する慈済会の見舞金の支給活動の広報は、六月上旬に市役所発行の通信で行われた。そして、六月九日から一一日（シープラザ釜石）、七月一八日（シープラザ釜石）、七月二二日および二三日（在京の釜石市出身者対象、日本分会にて支給）、八月四日（他県に避難している釜石市住民に郵送）に支給され、最終的に三六八〇世帯に一億八二六二万円が配布された［台湾仏教慈済基金会　二〇一二：八］。

慈済会は、前述のとおり見舞金の支給について、被災者ひとり一人に対する見舞金の手渡し、そのために必要な被災者名簿の貸与、支給会場の手配を釜石市に要請している。市役所は、当初、個人情報保護の観点などから受け入れに消極的であった。しかし、現金や通帳が津波で流された被災者が多く、行政自体も早急に現金を支給できる状況ではなく、被災者にとって現金は必要不可欠なものであると結論付け、市長の決裁で慈済会からの見舞金支給の受け入れを決定した。

釜石市役所は、配布当日には多くの被災者が訪れることを想定して、支給会場に設置する被災者名簿を三部作成した。そして、「一切複写しないこと」、「終了後すみやかに返却すること」を条件に貸与した。名簿は最終的に、八月四日の釜石市民の他県避難民に対する見舞金の郵送終了後、八月一二日に回収した。

釜石市役所は、慈済会が宗教団体であるという側面については、すでに立正佼成会や天理教などの国内宗教団体から支援を受けていたので特に問題になるとは捉えていない。また、当日、慈済会のリーフレット等が配布されたり、待ち時間に歌を歌うということがあったが、当時、慈済会からの支援をとりまとめていた熊谷充善港湾振興課長は、「封筒の中の現金が直接見えないようにしたり、色々な模様を入れたりと、被災者の感情を一番に考えた取り組みをされていた」と評価している。また来場した被災者が、宗教団体だから見舞金を受け取らなかったというようなことはなく、布教と感じることはなかったと述べている。同じく、震災当時、教育委員会で慈済会とかかわりを持った村井大司教育委員会事務局総務課長も、一市民として、住宅半壊で見舞金を支給いただいたが、特に勧誘されることはなく、「お疲れ様でした」という言葉をかけていただいたと述べている。ここから釜石市における見舞金受給者の多くは、慈済会の見舞金支給活動を布教とは捉えていないことが読み取れよう。

但し、市役所としては、見舞金はその情報を得た被災者のみが受け取ることができるという性質上、完全な平等が確保されていないという理由から、直接、来られた被災者の対応は行わず、原則見守るという方針を採用している。熊谷課長は、市が義援金の配布を行えば、半年ほど調査を行い、二、三か月に一度は支給を行うとしても、最

表2　慈済会による釜石市に対する学校給食・弁当支援内訳

	対象校名	提供食数(食)
幼稚園	第一、鵜住居、平田、小川	14,691
小学校	釜石、双葉、白山、平田、小佐野、甲子、鵜住居、栗林、唐丹	234,317
中学校	釜石、甲子、釜石東、唐丹、大平	127,317

出典：釜石市『釜石市学校2011年第2、第3学期給食事業報告書（財団法人台湾佛教慈済慈善事業基金会様支援分）』に基づき筆者が表示

後の一人まで調査を行わなければならず、非常に時間がかかってしまう。そのことと比較すると慈済会の見舞金支給のスピードは非常に早かったと指摘している。ここからも慈済会の「真っ先にかけつけ、最後まで残って支援する」や「確実の原則」が実際の活動のなかである程度具現化されていることが読み取れる。

②学校給食費、スクールバス運行経費支援

慈済会は、釜石市で第一回目の見舞金配布を行ったところ、市の教育委員会と今後の支援について協議を行った。慈済会は元々、東日本大震災の支援内容として、一九九九年に台湾で発生した九二一大地震やその他、中国やインドネシアなどですでに十分な実績のあった学校建設援助を想定しており、釜石市の教育委員会にも学校建設援助を提案したが、釜石市では当時、被災した学校の今後の計画が確定しておらず実現には至らなかった。そこで、教育委員会は当時、予算が確保できていなかった学校給食費およびスクールバス運行経費の支援について打診し、八月二九日に、正式に慈済会と野田武則市長との間で支援についての協定が締結された。

学校給食費の支援について、釜石市では震災前まで、市立小学校九校に対してセンター方式による完全給食を提供し、中学校には事前に注文した生徒に対して弁当を提供する方式を採用していた。しかし、震災によって、学校給食センターの設備施設等が損壊し、弁当を提供していた業者も津波によって被災したため、給食・弁当の提供が困難となった。四月初旬から施設設備の修繕を開始し、六月一日から小学校の給食、幼稚園、中学校への弁当提供を再開し、これらの費用は保護者の負担軽減のため

無料としていた。そこで慈済会は、二学期からの給食、弁当費の全額を支援することとなった。慈済会は、八月一八日から二〇一二年三月三一日まで、市内の幼稚園四園、小学校九校、中学校五校に計三七万六三二五食分（表2）の経費、一億一二六二万二〇〇二円（表4）を支援した。なお、慈済会からの支援については、「給食だより」を通じて保護者に対して伝えられている。例えば、小学校で配布された「一〇月給食だより」には「保護者の皆様へお知らせ：小学校給食は、平成二三年八月より平成二四年三月まで『台湾慈済基金会』の支援にて無料で提供させていただくことになっております」と記載されている[32]。

つぎにスクールバス運行経費の支援について、釜石市は元々、遠距離通学の児童生徒の通学手段として、九台のスクールバスを所有し、小学校六校、中学校五校で運行していた。しかし、津波被害で五台が流されてしまった。また、児童生徒も津波被害で、市内外の避難所や仮設住宅、賃貸住宅、親戚宅等に避難し、さらに鵜住居小学校、唐丹小学校、釜石東中学校の校舎も津波被害に遭い、他校で授業を再開せざるを得ない状況となっていた。その結果、バスが流されたにもかかわらず、小学校九校、中学校五校すべてでスクールバスが必要となっていた。スクールバスそのものは、震災後NGO団体から九台が寄贈され、その他、市内の旅行社に通学用バスの運行委託を行い、合計二四台、一二コースで運行を開始し、約八〇〇名の児童生徒の通学手段を確保していた。慈済会は、釜石市との協定に基づき、①東前地区～釜石小学校～釜石中学校、②橋野地区～釜石中学校～双葉小学校～小佐野小学校、③日向地区～釜石中学校～双葉小学校～小佐野小学校、④箱崎白浜地区～釜石中学校～双葉小学校～小佐野小学校、⑤本郷地区～唐丹中学校～平田小学校、⑥山谷地区～唐丹中学校～平田小学校の運行コース（表3）について、六月一日から九月三〇日までの運行経費二六二五万七五〇円（表4）を支援した。

表3　慈済会によるスクールバス支援内訳

利用区域	運行コース	利用人数	運行車両
釜石小学校・釜石中学校利用分	東前地区～釜石小学校～釜石中学校	釜石小学校59人、釜石中学校48人	中型バス３台
鵜住居小学校・釜石東中学校利用分	橋野地区～釜石中学校～双葉小学校～小佐野小学校	鵜住居小学校45人、釜石東中学校55人	大型バス２台
鵜住居小学校・釜石東中学校利用分	日向地区～釜石中学校～双葉小学校～小佐野小学校	鵜住居小学校63人、釜石東中学校36人	マイクロバス３台
鵜住居小学校・釜石東中学校利用分	箱崎白浜地区～釜石中学校～双葉小学校～小佐野小学校	鵜住居小学校17人、釜石東中学校６人	ワゴン車２台
唐丹小学校・唐丹中学校利用分	本郷地区～唐丹中学校～平田小学校	唐丹小学校11人、唐丹中学校８人	マイクロバス１台
唐丹小学校・唐丹中学校利用分	山谷地区～唐丹中学校～平田小学校	唐丹小学校15人、唐丹中学校７人	マイクロバス１台

出典：釜石市『釜石市スクールバス運行事業報告書（財団法人台湾佛教慈済慈善事業基金会支援分）』に基づき筆者が表示

表４　慈済会からの学校給食費、スクールバス運行経費支援金内訳(単位：円)

年月	学校給食費支援金	スクールバス運行経費支援金	合計	手数料	差引額
2011年６月分	0	9, 010, 750	28, 869, 772	15, 934	28, 853, 838
７月分	0	6, 715, 000			
８月分	8, 537, 022	4, 607, 000			
９月分	16, 415, 904	5, 918, 000	22, 333, 904	12, 666	22, 321, 238
10月分	17, 373, 684	0	17, 373, 684	10, 186	17, 363, 498
11月分	17, 395, 724	0	17, 395, 724	10, 197	17, 385, 527
12月分	14, 061, 108	0	14, 061, 108	8, 530	14, 052, 578
2012年１月分	9, 837, 640	0	9, 837, 640	0	9, 837, 640
２月分	19, 747, 804	0	19, 747, 804	0	19, 747, 804
３月分	9, 253, 116	0	9, 253, 116	0	9, 253, 116
合計	112, 622, 002	26, 250, 750	138, 872, 752	57, 513	138, 815, 239

出典：釜石市提供資料に基づき本論の関係箇所のみ表示

陸前高田市への支援

慈済会による陸前高田市への支援は、「救援物資支援」と「住宅被害見舞金支援」が実施された。陸前高田市へは、釜石市と同様に三浦議員の調整によって入っている。初め、市長が対応し、その上で当時救援物資の担当をしていた財政課が紹介され、陸前高田市における支援の慈済会のカウンターパートとして協力関係を構築した。

①救援物資支援

陸前高田市における慈済会の救援物資支援は、三月二六日と二七日に、市内のオートキャンプ場（モビリア）などに置かれた避難所で、計二五一二名の被災者に対して行われ、インスタントライスや毛布、衣類等が配布された。

元々慈済会は、単独での市内避難所への救援物資の配布を想定していたが、避難所の数が多く、その場所も不明瞭であったため、効率性を重視して市の担当者に案内人の協力を要請している。当時、慈済会の対応をした熊谷正文財政課長は、慈済会の救援物資支援について、毛布やスカーフなどの救援物資を避難所にまとめて置いていくのではなく、被災者ひとり一人に丁寧に配布している様子を見て、日本人の支援のやり方とは異なると感じたと当時の印象を述べている(33)。また、慈済会の救援物資支援について、慈済会が支援に入った頃は、すでに毛布などの物資が相当数届いていたが、一部、被災者に行き届いていないところがあり、一二〇〇枚以上の毛布の支援は、被災者にとって大きな助けとなったと好意的に捉えており、慈済会からの救援物資支援が、有効な支援として機能したと推測できる。

②住宅被害見舞金支援

慈済会による陸前高田市への見舞金の支給は、六月一〇日から一二日（モビリア、長部地区コミュニティセンター、高田小学校）、七月一七日（高田小学校）に実施され、最終的に三五七四世帯に、一億八七二六万円を支給した［台

湾仏教慈済基金会　二〇一二・八」。

　慈済会は釜石市と同様に、陸前高田市に対しても当初は、学校建設支援を提案した。しかし、陸前高田市は、市内の公共施設を海外の団体が建設する事例はないとして、申し出を断っている。その上で、被災者に対する見舞金の支給を提案している。提案を受けた慈済会は、内部での検討の末、見舞金の支給を決定した。支給にあたって、陸前高田市は支給の日時・会場などを広報紙を通じて被災者に通知したが、釜石市と同様に市は原則、慈済会の活動にはかかわらないという方針を採用した。その理由は、市が関与する場合、見舞金を受け取れない人が出ないよう確実に支給しなければならないからと釜石市と同様の理由をあげている。

　被災者名簿の貸与については、他の部の部長や課長と相談の上、紙に印刷したものを貸与している。名簿の記載内容は、ほぼ釜石市と変わらないが、住所に関しては番地までは明記せず、行政区を記載している。例えば「高田町」には一区から一七区まであるので、被災者の住所が該当する区まで記載している。市役所の職員は、この被災者名簿の記載内容等で対応が必要な場合のみ、協力を行った。その他、例えばオートキャンプ場での支給活動の場合は、議会の副議長で仮設住宅の自治会長となっていた人などに協力をお願いしている。

　陸前高田市が慈済会という宗教団体から支援を受けることについては、熊谷課長によると、そもそも支援の当初は、慈済会が宗教団体であるという認識はなく、六月の見舞金の支給の際に初めて宗教団体と認識したと述べている。また、見舞金の支給活動を見ても、布教している様子はなかったと述べている。ただ、見舞金を支給する側である慈済会のボランティアが、受け取り側である被災者に対してお礼を述べていたことには驚いたと指摘している。

　さらに、今回の慈済会からの支援について熊谷課長は、直接被災者に対して現金を支給するという支援は、支援全体から見て特殊なものであり、もし初めに被災者への見舞金の直接支給の話が出ていたらお断りしていたかもしれない。交通機関が麻痺している中で何度も訪ねてこられたことは信用構築のうえで重要だったと総括している。また、受益者である被災者は、宗教団体だから受け取らないということもなく、感謝していたと述べている。

東松島市への支援

東松島市では、「住宅被害見舞金支援」が実施された[34]。慈済会による東松島市への支援は、釜石市や陸前高田市の場合と異なり、慈済会からの働きかけによるものではない。石川食品という市内の食品加工卸業者が、釜石市で慈済会の支援活動を知り、その内容を市に伝え、東松島市の方から七月上旬ごろに慈済会に支援を依頼している。東松島市からの支援要請を受けた慈済会は、見舞金の支給対象者が何人いるかやボランティアの宿舎などに関して東松島市と話し合い、東松島市は宿舎（市コミュニティセンター）の手配、支給会場の確保、事前の広報、当日の受付および駐車場の整理、対象者名簿の貸与について協力することとなった。

なお、東松島市では被災者への現金支給支援を日本財団も実施した経緯があり、その際に対応した市福祉部福祉課が慈済会についても対応するよう調整していたが、他業務が多忙のため、最終的に市復興政策部復興政策課が対応することとなった。実際の支給活動は、九月一〇日から一一日（矢本・小松・大曲・大塩地区：市コミュニティセンター、赤井地区：赤井市民センター、鳴瀬地区：小野市民センター）、一〇月二四日（市コミュニティセンター）に行われ、一万二三五世帯に計五億四八八九万円が支給された。なお、東松島市では、一万八五五世帯に罹災証明書が交付されていることから、罹災証明書交付世帯の約九四パーセントが慈済会から見舞金を受け取ったことになる。

具体的な支給について、一回目の支給では大勢の受給者が来場することを予想して、市コミュニティセンター、赤井市民センター、小野市民センターの三会場で支給された。

東松島市では、支給現場に三名の職員を配置し、住民と慈済会のトラブルや受付時の混雑、駐車場での自動車整理などの対応をした。古山守夫復興政策部長によると、例えば、被災者名簿についていえば、個人情報が記載されているので行政も関与していることをある程度示す必要があったと述べている。また、支給日当日は、駐車場が満車となり、公道まで車列ができてしまい駐車場整理が急遽必要になったという。

東松島市が慈済会という宗教団体から支援を受けることについては、当初、市役所のなかでも布教目的ではないのかという声が出たという。慈済会による見舞金の支給はすでに他の自治体でも行われており、実績があったので、問題なしと判断し、市長の了解の上で実施している。但し、実際に見舞金を受け取りに来た被災者のなかには、世帯主名や世帯員数、住所等の個人情報を記載することに抵抗感を示し、見舞金の受け取りを辞退した方も各会場にわずかながらいたという。しかし、実際の支給活動では、特に布教目的で行っているようには見えず、あくまで被災者に、世界で集めたお金を支給しているという姿勢で、多くの被災者も布教とは思っていないと指摘している。

古山部長は、見舞金の支給を受けた感想として、当時、預金通帳が流された方もおり、現金を手に入れることが難しかった時に、市内の被災者約一万一〇〇〇人に総額五億円を超える見舞金の現金支給は、被災者から大変ありがたがられたと総括している。なお、被災者名簿については貸与であるため、会場での支給終了後、回収する予定であったが、当日、会場に来られなかった被災者に見舞金を郵送するため、一一月三日ごろまで貸与したという。

学校建設支援については、東松島市としては支援を希望していたようだが、慈済会側の都合で実現には至っていない。

おわりに――慈済会による東日本大震災支援と「官民連動」

以上、慈済会が東日本大震災支援を実現するにあたって、政府機関である外交部、また支援対象である釜石市、陸前高田市、東松島市などの被災自治体といかに接触し、交渉を行い、「連動」を築いてきたのかについて整理した。そこには、慈済会を主たるアクターとする二種の「官」と「民」との「連動」を包括する空間が展開していたことが明確になった。ひとつは、国際的な活動を進めるために、台湾という場において結ばれた「民」たる慈済会と「官」たる外交部との関係である。もうひとつは、日本という場において結ばれた「民」たる慈済会と「官」たる被災自治体との関係である。本稿ではこの二つの空間の差異に着目し、台湾における「官民連動」の姿の一端を呈示するとともに、国際救援活動の実施によって生み出された日本と台湾を包括する形の「連動」空間の拡張とそこにみられたさまざまな様態について考察を行った。

まず、慈済会と外交部との関係性について論じた。台湾当局は、震災発生直後、日本政府の支援要請を受けて、台湾内のNGOや個人等に救援物資の寄付を呼びかけた。支援要請を受けた慈済会は、外交部が用意したコンテナに自らが準備した救援物資を同梱し、日本に輸送した。このことは慈済会と外交部との協働関係を示している。その後、前述したように台湾の日本に対する支援は、世界でも突出したものとなった。その窓口としての機能を外交部は持ち続けた。慈済会の対日支援は、金銭面、物質面で継続されることとなるが、外交部をその窓口として使用することはなく、自らのネットワークを最大限活用し、被災自治体との関係構築を進めていく。つまり外交部と慈済会との間の協働支援は、第一回目の物的支援にとどまり、その後両者の間で協働関係が構築されることはなかったといえる。

このことは東日本大震災支援を慈済会が実施するにあたって、外交部とどのような関係性を持とうとしたのかということを示している。それは次の三つに集約できる。

一つは、「官」からの要請には迅速かつ最大限の協力の意向を示すところにある。二つめは、支援の継続にあたり、外交部との関係が緊密になりすぎないように注意を払う点である。そして三つめは、外交部の支援と重複したり、対立したりしないように努めるということである。

慈済会は、震災発生直後から自動かつ自発的にさまざまな支援の提案を被災自治体に行った。それは救援物資の提供、住宅被害見舞金の支給、学校建設支援というものであった。救援物資提供は、各所で歓迎され、住宅被害見舞金については、相互交渉のなかで受け入れられることとなった、しかし、学校建設支援については、基本的に自治体で受け入れられることはなかった。このなかで台湾の「民」たる慈済会は、日本の「官」たる被災自治体との「連動空間」を拡張するにあたって、どのような交渉過程が展開したかということに着目してみると、初め釜石市や陸前高田市に対しては、学校建設支援を提案したが、受け入れられず、その後、被災自治体との交渉のなかで、受け入れ可能な支援にその内容を転換し、最終的に被災自治体に受け入れられた。それが住宅被害見舞金支援であり、学校給食費、スクールバス運行経費支援であった。このことは、前述の陸前高田市熊谷課長の事前に救援物資支援の実績がなく、「もし初めに被災者への見舞金の直接支給の話が出ていたらお断りしていたかもしれない。交通機関が麻痺している中で何度も訪ねてこられたことは信用構築のうえで重要だった」と述べていることからも読み取れよう。台湾の「民」たる慈済会は、日本の「官」たる被災自治体との「連動空間」を拡張するために丁寧な交渉を重ねていたのである。

つまり、東日本大震災支援という国際的活動を通じて、垣間見える「官民連動」の姿をつぎの二つのようにまとめることは可能であろう。

まず、日本への支援を提供する主体としての台湾という場において構築された「官民連動」、すなわち慈済会と外交部との関係性がそれである。両者は、迅速かつ効果的に支援を実施するという共通の目的のもとで、「官」・「民」それぞれの持つ役割を切り分け、支援を実施した。

二つ目は、台湾と日本とを包摂する慈済会と被災自治体の「連動」である。被災自治体たる「官」から「連動」が拒絶される場面もあった。その後、慈済会が相手の主張に対応するという形で、「連動」に至ったことがわかった。この事実により、台湾内で形成された「連動空間」が被災自治体を包括する形で形成されていることがわかった。このことは、「連動空間」としての漢族型市民社会が弾性を持った空間であることを示している。

最後に本書のキーワードである「メタ理念」との関係性については、本章で取り上げた「官民連動」の空間を規定する思想こそがメタ理念と深くかかわっているのではないだろうか。「民」たる慈済会、「官」たる外交部、そして被災自治体の三つのアクターをめぐる「連動空間」の構築と伸張の過程からメタ理念の一端を垣間見た。

謝辞　本章の執筆にあたって、多くの方々に多大なご協力をいただきました。心よりお礼申し上げます。とりわけ謝富美慈済会元日本分会長、陳量達慈済会日本分会行政主任、顧欽誠亜東関係協会秘書、古山守夫東松島市復興政策部長、熊谷充善釜石市港湾振興課長、村井大司釜石市教育委員会総務課長、熊谷正文陸前高田市財政課長には格別のご配慮を賜りました。ここにお礼申し上げます。

注

（1）「社会団体」（Social Organizations）は、一九九八年に「社会団体登記管理条例」が、「民辦非企業単位」（Civilian Non-enterprise Units）は、一九九八年に「民辦非企業単位登記管理暫行条例」が、「基金会」（Foundation）は、二〇〇四年に「基金会管理条例」が制定された。

（2）たとえば賈西津は、中国は自らの制度、文化的背景という特殊性を持っていると前置きをした上で、中国の民間非営利組織の発展を「連帯革命」の一部であると分析している［賈　二〇〇四：二〇］。また、崔月琴は「連帯革命」の潮流は、中国の改革開放と社会変革の歴史的段階と符合し、民間の力の促進、特に環境分野の民間非営利組織の発展を促したと指摘している［崔　二〇〇九：二一―二二］。その他、夏学鑾らは中国における民間非営利組織発展の背景は、西洋諸国のような福祉国家の危機ではなく、経済・政治体制の転換によると指摘したうえで、市民社会が生まれている最中であると述べている［夏　二〇〇九：四六］。また、王名も中国はすでに市民社会への一筋の道を歩んでいる［王　二〇〇九：七］と述べている。

（3）中国全国総工会、中国共産主義青年団、中国全国婦女連合会など、中国人民政治協商会議に参加している八団体およびその基層組織を指す［康　二〇一一：九］。

（4）中国文学芸術界連合会、中国作家協会など、政府によって登記が免除された二五団体およびその基層組織を指す［康　二〇一一：九］。

（5）慈済会では慈済（ツーチー）と呼称する［金子　二〇一一：七三］。

（6）内政部『内政統計年報』http://sowf.moi.gov.tw/stat/year/list.htm、二〇一三年一〇月七日検索。

（7）今井淳雄「中国における民間非営利組織の発展と『中国的市民社会』の可能性についての一考察」『公益学研究』Vol. 一二、日本公益学会、二〇一二年および、今井淳雄「中国の公益財団と伝統思想の関連性についての考察――『非公募基金会』を事例として」『アゴラ（天理大学地域文化研究センター紀要）』第九号、天理大学地域文化研究センター、二〇一二年を参照のこと。

（8）警察庁「平成二三年（二〇一一年）東北地方太平洋沖地震の被害状況と警察措置」警察庁緊急災害警備本部、http://www.npa.go.jp/archive/keibi/biki/higaijokyo.pdf、二〇一四年一月七日検索。

（9）外務省「諸外国等からの物資支援・寄付金一覧」外務省、http://www.mofa.go.jp/mofaj/saigai/pdfs/bussisien.pdf、二〇一三年一〇月七日検索。

（10）台北駐大阪経済文化弁事処「外交部が日本の宮城県沖地震にお見舞いの意、義援金贈呈を表明」http://www.taiwanembassy.org/content.asp?mp=247&CuItem=187514、二〇一三年一〇月七日検索。
（11）台北駐日経済文化代表処「外交部：日本政府に1億台湾元の震災義援金寄贈、国内に救災募金呼びかけ」http://www.taiwanembassy.org/content.asp?mp=202&CuItem=187476、二〇一三年一〇月七日検索。
（12）台北駐大阪経済文化弁事処「台湾の捜索救援隊が羽田空港に到着」http://www.taiwanembassy.org/content.asp?mp=247&CuItem=187877、二〇一三年一〇月七日検索。
（13）同右。
（14）交流協会「台湾からの支援（東日本大震災）」http://www.koryu.or.jp/ez3_contents.nsf/04/6BE18444C925CE364925785C00299F24?OpenDocument、二〇一三年一〇月七日検索。
（15）外交部「日本三一一大地震台湾捐款単位及金額一覧表」http://www.mofa.gov.tw/Home/TopicsUnitDownLoad/a4db126d-5387-4daa-898d-739e10464d1d、二〇一三年一〇月七日検索。
（16）台北駐大阪経済文化弁事処、前掲ウェブサイト、http://www.taiwanembassy.org/content.asp?mp=202&CuItem=187476、二〇一三年一〇月七日検索。
（17）日本の国土交通省に相当。
（18）外交部、前掲ウェブサイト。
（19）台北駐大阪経済文化弁事処「日本が台湾に緊急救援物資の提供を要請、外交部は寄付を呼びかけ」http://www.taiwanembassy.org/content.asp?mp=247&CuItem=187878、二〇一三年一〇月七日検索。
（20）台北駐大阪経済文化弁事処「日本の震災に対し外交部が国民に義援金を呼びかけ」http://www.taiwanembassy.org/content.asp?mp=247&CuItem=187878、二〇一三年一〇月七日検索。
（21）同右。
（22）台北駐大阪経済文化弁事処「NGO国際佛光会が東日本大震災の被災地に救援物資を贈呈」http://www.

taiwanembassy.org/content.asp?mp=247&CuItem=192362、二〇一三年一〇月七日検索。

(23) 同右。

(24) 外交部「日本三一一震災国内各界捐助震災物資及処情形」http://www.mofa.gov.tw/Home/TopicsUnitArticleDetail/eb851f07-d1b2-4938-8661-aac684b48525、二〇一三年一〇月七日検索。

(25) 二〇一三年八月二三日に実施した顧欽誠外交部亜東太平洋司・亜東関係協会秘書への聞き取り調査に基づく。

(26) 慈済志業文化中心「賑災原則」『大愛包容地球村（一九九一―二〇〇〇年）』慈済志業文化中心、二〇〇〇年、http://www2.tzuchi.org.tw/case/book-charity2/order/0.htm、二〇一三年一〇月七日検索。

(27) 慈済基金会「合理與合法」http://www.tzuchi.org.tw/index.php?option=com_content&view=article&id=187%3A2008-11-06-03-19-25&catid=88%3Acharity-missions&Itemid=346&lang=zh、二〇一三年一〇月七日検索。

(28) 二〇一三年六月三日に実施した陳量達慈済会日本分会行政主任への聞き取り調査に基づく。

(29) 同右。

(30) 二〇一二年八月六日に実施した謝富美元慈済会日本分会長への聞き取り調査に基づく。

(31) 二〇一三年八月八日に実施した熊谷充善釜石市産業振興部港湾振興課長および村井大司釜石市教育委員会事務局総務課長への聞き取り調査に基づく。以降、慈済会による釜石市への支援について特に注がない限り、この聞き取り調査の結果に基づく。

(32) 「10月給食だより」釜石市学校給食センター。

(33) 二〇一三年八月九日に実施した熊谷正文財政課長への聞き取り調査に基づく。以降、陸前高田市の支援について特に注がない限り、この聞き取り調査の結果に基づく。

(34) 二〇一三年八月一〇日に実施した古山守夫宮城県東松島市復興政策部長への聞き取り調査に基づく。以降、東松島市への支援について特に注がない限り、この聞き取り調査の結果に基づく。

参考文献

◆日本語（五〇音順）

金子昭『驚異の仏教ボランティア――台湾の社会参画仏教「慈済会」』白馬社、二〇〇五年。

金子昭「東日本大震災における台湾・仏教慈済基金会の救援活動：釜石市での義援金配布の取材と意見交換から」『宗教と社会貢献』第一巻第二号、二〇一一年。

金子昭「仏教慈済基金会による東日本大震災支援――大規模な義援金配布活動とその後の継続支援状況」『二〇一三年度天理台湾学会第二三回研究大会研究発表要旨・資料集』天理臺灣学会、二〇一三年。

釜石市『釜石市学校二〇一一年度第二、第三学期給食事業報告書（財団法人台湾仏教慈済慈善事業基金会様支援分）』釜石市。

釜石市『釜石市スクールバス運行事業報告書（財団法人台湾仏教慈済慈善事業基金会様支援分）』釜石市。

高淑娟『宗教NGOの国際福祉援助に関する研究――台湾・仏教慈済基金会の活動を事例に』佛教大学大学院博士論文、二〇〇五年。

レスター・M・サラモン「福祉国家の衰退と非営利団体の台頭」『中央公論』第一一号、中央公論社、一九九四年。

台湾仏教慈済基金会『三一一東日本大震災支援活動報告』台湾仏教慈済基金会、二〇一二年。

台湾仏教慈済基金会日本分会『日本慈済世界』第一一五期、台湾仏教慈済基金会日本分会、二〇一一年。

台湾仏教慈済基金会日本分会『日本慈済世界』特別号、台湾仏教慈済基金会日本分会、二〇一二年。

ユルゲン・ハーバーマス著、細谷貞雄・山田正行訳『公共性の構造転換――市民社会の一カテゴリーについての探求』未来社、第二版、一九九四年。

初谷勇『NPO政策の理論と展開』大阪大学出版会、二〇〇一年。

溝口雄三『中国の衝撃』東京大学出版会、二〇〇四年。

◆中国語（ピンイン順）
崔月琴「転型期中国社会組織発展的契機及其制限」『吉林大学社会科学学報』第四九巻第三期、吉林大学、二〇〇九年。

仏教慈済基金会『大愛灑人間』仏教慈済基金会、二〇一〇年。

傅仰止・杜素豪主編『台湾社会変遷基本調査計画第五期第五次調査計画執行報告』中央研究院社会学研究所、二〇一〇年。

国家宗教事務局政策法規司編『宗教界十字公益慈善活動相関政策法規匯編』宗教文化出版社、二〇一三年。

何日生編『慈済年鑑二〇一一』財団法人仏教慈済慈善事業基金会、二〇一二年。

黄暁勇主編『中国民間組織報告（二〇一一―二〇一二）』社会科学文献出版社、二〇一三年。

賈西津「民間組織的定義與分類」『民間組織通論』時事出版社、二〇〇四年。

康暁光『中国第三部門観察報告（二〇一一）』社会科学文献出版社、二〇一一年。

梁昆、夏学銮「中国民間組織的政治合法性問題―一個結構―制度分析」『湖北社会科学』二〇〇九年第三期、湖北省社会科学連合会・湖北省社会科学院、二〇〇九年。

王名「走向公民社会―我国社会組織発展的歴史及趨勢」『吉林大学社会科学学報』第四九巻第三期、吉林大学、二〇〇九年。

張栄攀『慈済語彙　新版』慈済伝播人文志業基金会、二〇一二年。

第Ⅲ部　宗教文化としてのメタ理念

第10章　東芝創業者・田中久重と仏教天文学

――日本の近代化と伝統的技術

岡田正彦

はじめに

東芝の創業者、田中久重（からくり儀右衛門、一七九九～一八八一）について研究し、多くの著作を残した今津健治は、田中久重の卓越した技術力と構想力を称えながら、次のように述べている。

磨き抜かれた優れた製作技術は、単に丹精こめた手先の器用さや根気の強さによってのみもたらされるものではない。それはむしろ生活形態を包括的に視野のなかに収め、しかも知的な、ことに数理的な構想力がその原動力であったと考えるべきであろう。江戸時代の日本の社会にはそうした技術をシステム化されたものとして認識する知的雰囲気があり、それに応えて製作に励む人々がいた。それは田中久重が時間と空間の意識に明確なものをもっていたことによっても明らかであろう。そうでなければ万年時計や無尽灯を作れなかったはずである(1)。

さらに今津は、「田中久重が抱いていたという天体から人体に至る自然界を視野に入れた構想力」は、アジアの近代史に通底する文明史的な課題であるとする。

たしかに、「からくり」という伝統的な技術のうえに西洋の近代的な技術を積極的に取り込み、「からくり」の技術者としての才能と西洋近代の技術や知識を接合していった久重の発明品には、人々の生活を根底から変革するというよりは日本の伝統と西洋の文明を接ぎ木し、新しい技術によって人々の生活をより豊かにしていくという発想がある。

たとえば、久重の代表的な発明品の一つである「無尽灯」は、日本人の生活に根づいていた「行燈」の不便な点や問題点を改良するために新しい技術を応用し、より丈夫で使いやすいように工夫した灯火器であった。こうした技術改良は、しばしば日本の近代化の特徴として指摘される「和魂洋才」の発想だけでは説明できない。そこには、日本的な精神と西洋の近代技術の対立はなく、むしろ従来の生活をより豊かにしていこうとする技術革新の延長線上に、新たな技術が接合されている。

こうした「西洋と東洋」、「伝統と近代」を分断するのではなく、接合していく発想の背景には、「近江大掾」と称した久重が学んでいた天文学や算学の知識があった。窮理学の知識を実用面に応用すれば、田中久重の生みだした多くの発明品になる。とはいえ、科学的知識や技術は人々の日常生活と結びつくことによって、はじめてその有用性を発揮できるのである。久重の発明品の意義をより深く理解するためには、日本の伝統的技術と新たな知識をつないでいく、彼の構想力を明らかにする必要があるだろう。

田中久重の画期的な発明品の背景に、独特な時間と空間の意識にもとづく構想力があったことは確かである。しかし、久重の思想の変遷をたどるための文献史料は、残念ながらあまり残されてはいない。その一方で、久重の製作した多くの発明品には、彼の「構想力」を知るうえで貴重な情報が豊富に散りばめられている。

本稿では、久重の発明品のなかでも異彩を放つ「須弥山儀」、「万年時計」、「視実等象儀」という和時計の連作と、当時広く展開していた「梵暦（仏教天文学）」との関わりに注目しながら、これまでその重要性が指摘されながらも具体的に多くを語られていない、田中久重の構想力の源泉について考えてみたい。このことは、「和魂洋才」といった言葉で簡単に語られがちな、日本の近代化のプロセスについて再考することにもつながるだろう。

田中久重と仏教天文学――須弥山儀と梵暦運動

まず、田中久重の伝記の定本ともいうべき、田中近江翁顕彰会編『田中近江大掾』及び今津健治『からくり儀右衛門』をもとに、簡単に田中久重の生涯を年譜形式でふり返ってみよう。


寛政一一年（一七九九）　筑後（現久留米市）に生まれる。

文化四年（一八〇七）　寺子屋に学ぶ（この頃から木工や金属細工をはじめる）。

文化一三年（一八一六）　べっこう細工職人であった父の死去。（『田中近江大掾』の年譜では一四年）

文政二年（一八一九）　雲切人形製作（この後、多くのからくり人形を製作し、からくり人形師としての名を高める）。

文政三年（一八二〇）　風砲（気砲）製作（この後、郷里を離れて大阪、京都、江戸など諸国を巡り、からくり興行を行なう）。

天保五年（一八三四）　大阪に居住し、懐中燭台を発明する。

天保八年（一八三七）　伏見に移り、「無尽灯」を発明する。

弘化四年（一八四七）　土御門家へ入門し、天文学を学ぶ。須弥山儀の製作にかかる。

嘉永二年（一八四九）　嵯峨大覚寺より「近江大掾」の印可状を受ける（五一歳）。

嘉永三年（一八五〇）　須弥山儀及び縮象儀を製作。

嘉永四年（一八五一）萬歳自鳴鐘（万年時計）完成。この頃、広瀬元恭のもとで蘭学を修す。

安政元年（一八五四）佐賀へ移り、これより佐賀藩精煉方にて蒸気船や蒸気機関車、大砲や電信機などの開発に関わる。

元治元年（一八六四）久留米藩に招かれる。

明治六年（一八七三）久留米から上京して電信機を製作する。

明治七年（一八七四）「懐中略暦」発行。

明治八年（一八七五）銀座の煉瓦街に店舗をかまえる。

明治一〇年（一八七七）佐田介石の依頼により「視実等象儀」を製作。内国勧業博覧会に出品される。

明治一四年（一八八一）田中久重死去。


『田中近江大掾』には、久重が書き残した自筆の年譜の翻刻も掲載されている。このなかで、久重自身が自ら製造した最初の精密機械として特に名前を挙げているのが、「須弥山儀」と「万年時計」である。

からくり人形師として、各地で興行を続けていた久重は、その技術力を生かして気砲を改良した「無尽灯」を製作し、従来の行燈の機能を飛躍的に改良した照明器具を完成した。その後、京都に出て「機巧堂」という屋号のもとで機械職人としての仕事を本格化した久重が、次に関心を持っていた和時計の技術と天文学の知識を組み合わせて製作したのが「須弥山儀」である。嘉永四年の機巧堂の引札のなかでも「世ニ類ナキ奇器ナリ」と紹介されているように、これは極めて特異な装置であった。引札の記述によれば、一年間の太陽の運行と一月間の月の朔望、二十八宿の位置などを自鳴鐘が告げる時に合わせて表示したとされている。

この「須弥山儀」の背景にある天文学理論は、田中久重の独創ではなく、江戸時代の仏教僧・普門円通（一七五四〜一八三四）によって体系化された「梵暦／仏教天文学」であった。円通本人は、田中久重より一世代前の人物であるが、幕末から明治期にかけて、円通の体系化した梵暦理論をもとに、多くの門弟たちが各地で活発な活動を展開した。その内容と規模は、同時期の仏教系の思想運動としては特筆すべきものである。

久重は、弘化四年に土御門家に入門し、天文暦学を学んで須弥山儀を製作したとされているが、この過程で梵暦についても詳しく学んだはずである。今津健治は、久重本人は須弥山説を信奉していないとしているが、久重が製作した須弥山儀は、梵暦の基礎から応用までを深く理解していなければ、決して製造することはできない装置であった。

円通とその門弟たちは、享保の禁書令緩和（一七二〇）によって、地球説や地動説にもとづく西洋近代科学の自然観が一般に広がりはじめるなかで、これに対抗して仏典中の須弥山を中心とする円盤状の宇宙像（須弥山説）の正当性を主張し、世界が平らであることを論証するために、極めて精緻な暦算の理論を体系化した。

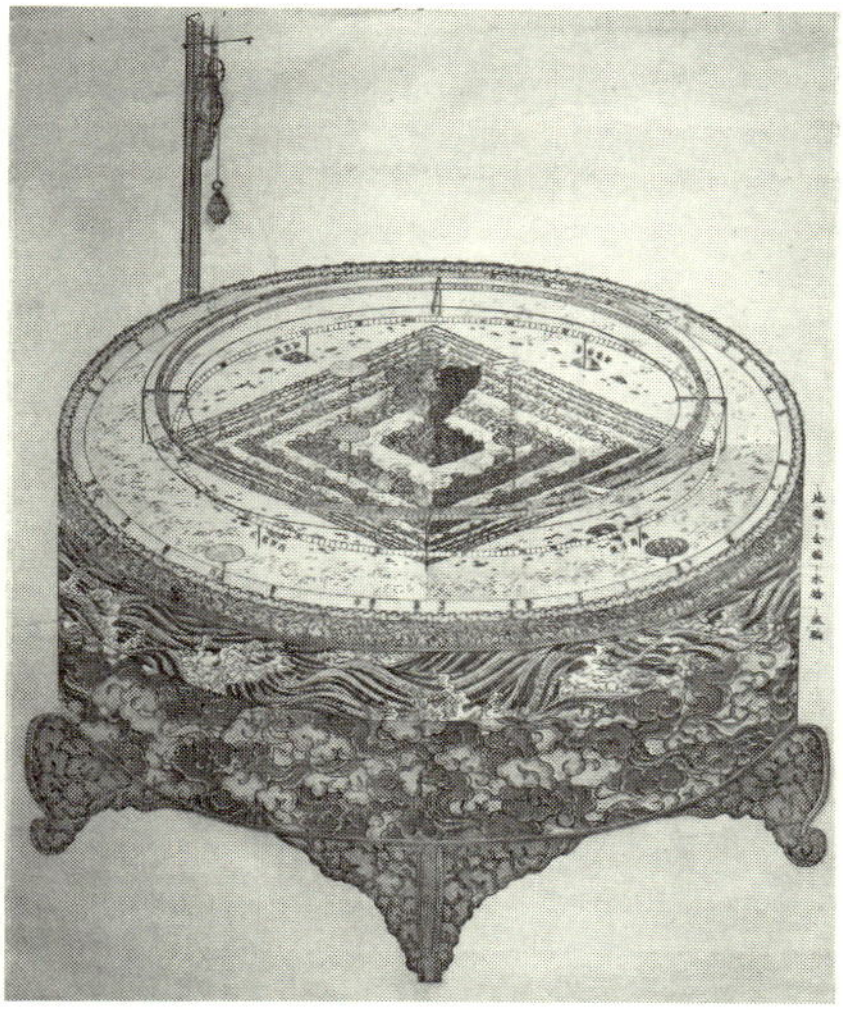

文化10年刊「須弥山儀銘并序」（宮島氏蔵）

文化七年（一八一〇）、円通が主著である『仏国暦象編』（全五巻）を刊行すると、円通の理論に影響を受けた人々は師説を学ぶとともに、各所で仏暦を頒布したり、仏教諸宗派の学林等で暦学を講義したり、各地で私塾を開いて天文学を教えたりしながら、広範な活動を明治期まで続けることになる。また、天文儀器が広まった当時の時代状況を反映してか、円通や門弟たちは「須弥山儀」や「縮象儀」と呼ばれる装置を製作し、須弥山説にもとづく天文学理論の正しさをデモンストレーションしようとした。実際に製作された須弥山儀や縮象儀も現存しているが、図版も刊行されて広く流通している。

円通を「梵暦開祖」とする「梵暦社中」の思想運動の歴史は、①円通の指導による運動の初期、②円通の理論の解釈をめぐって梵暦運動が二派に分立した中期、さらには③分立した二派を統合しながら時代に即応した新理論を模索する末期、というほぼ三期に区分することができる。田中久重が独自の「須弥山儀」を製作したのは、梵暦運動が二派に分かれた中期のことであった。

円通の没後、師説の解釈をめぐって梵暦社中の人々は、梵暦の天文学としての精確さを重視して師説を批判的に検証し、より精緻な暦算を体系化した天龍寺の環中を中心とする「同四時派」と、師説の絶対性を主張して各地に頌徳碑を建立し、具注暦としての仏暦の頒布や梵医方にもとづく売薬などを広く行なった、大行寺の信暁を中心にする「異四時派」に大きく二分されることになる。久重が製作した須弥山儀の意義は、こうした梵暦運動の歴史をふまえなくては、決して理解することはできない。また、久重による須弥山儀の製造自体が、梵暦運動の歴史に重大な影響を及ぼしているのである。

仏典中の多彩な物語の背景となっている基本的宇宙像は、世界の中心に存在する巨大な須弥山を方形や円形の山脈と大海が同心円状に取り巻く円盤状の世界（須弥界）である。須弥界の最も外側に位置する大海には、東西南北に四大洲が配置されている。我々の住む世界は、このうちの南に位置する閻浮提洲（瞻部洲）である。円通は、この円盤状の世界の実在を前提にして、南洲の大地から観察される天象のメカニズムを説明しようとした。

太陽と月は、須弥山の中腹を横旋しているので、巨大な須弥山に太陽の光が遮られることによって昼夜が生じ、須弥山を周回するリング状の太陽の行道が移動することで季節の変化が生じる。円通は、須弥山の中腹を横旋する太陽の行道が季節に応じてスライドし、逆台形型の須弥山に太陽の光が遮られて、時間や四季の変化が生じると考えた。

南洲の夏至には、須弥山を廻る太陽の行道は南洲の側で最も高くなり、須弥山に向かって内側へ移動する。一方で、太陽の行道の大きさ自体に変化は無いため、同じ日に北洲では冬至となり、太陽の行道は北側では最も低くなって北洲の外側へ移動する。こうして、須弥山を中心とする世界（須弥界）では、四大洲の季節は順次交代する（異四時説）と考えたのである。

しかし、この考え方では冬至と夏至は上手く説明できるが、春分と秋分を説明することはできない。須弥山の周囲を横旋する太陽の行道は、南洲の側から見て春分と秋分ではそれぞれ東と南に大きく傾くことになり、春分では午前が長くなる一方で秋分には午後が長くなり、実際の天象には合わなくなるからである。

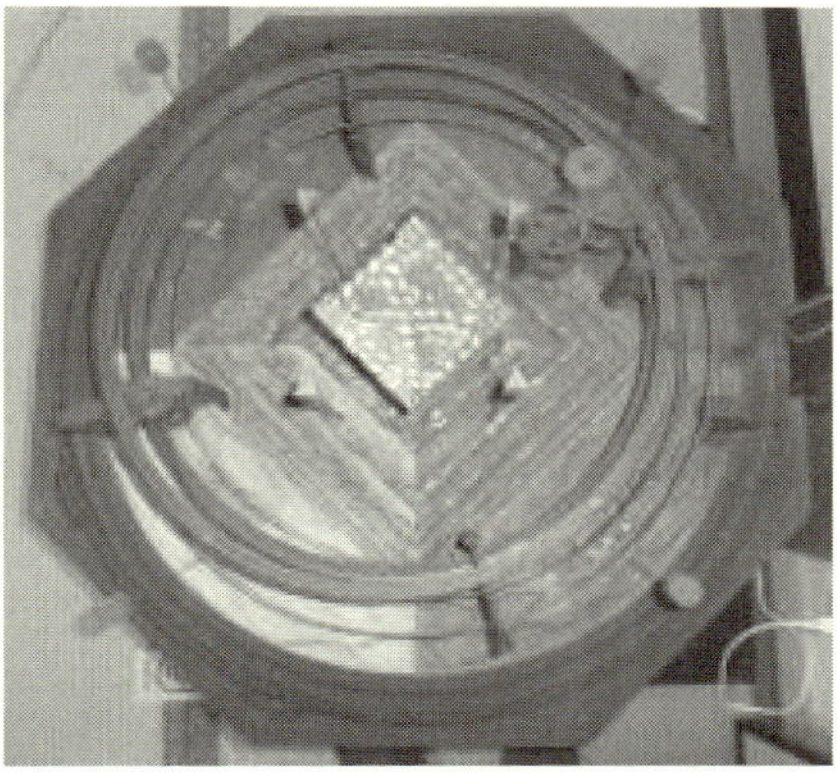
静岡県清水市・龍津寺所蔵「須弥山器」

円通は、須弥山儀の図版をもとに太陽と月の行道を表すリング状のレールが偏芯運動を行ない、可動式のレールの上を日球と月球を固定したリングが自動で移動する初期の「須弥山器」を製造した。重錘を動力とし、調速機能を備えたこの儀器はかなり精巧なものであり、同タイプの装置の一つは、現在、静岡県清水市の龍津寺に保存されている（写真）。

しかし、実際にこのような装置を使って一年間の太陽の軌道を表示すると、冬至と夏至は上手く説明できても春分と秋分を説明する理論の矛盾は逆に際立ってしまう。この師説の矛盾を解消するために、須弥界の天体の動きを説明する新たな理論を提唱したのが弟子の一人の環中であった。彼は、東西南北の四洲の季節は順次交代するのではなく、同時に変化する（同四時説）と主張した。

須弥山を取り巻く東西南北の四洲の季節は同時に変化する、と考えれば日月の行道リングの偏芯運動ではなく、須弥山を中心にして横旋する太陽の軌道の収縮によって、季節の変化を説明することができる。太陽の軌道が最も狭く高い位置を通過する日は、東西南北のどの洲でも夏至になり、太陽の軌道が最も広く低くなる日は、どの洲でも冬至になる。師説の修正を目指した環中の新説をモデル化し、同四時説の正確さをデモンストレーションするために、自鳴鐘を備えた天文和時計として製作されたのが、田中久重作の須弥山儀であった。

新説の旧説に対する優越性は、実際に須弥山儀を製作すれば一目瞭然である。このため「同四時派」の人々は、自分たちの理論の正当性をデモンストレーションするために時計仕掛けの宇宙儀である「須弥山儀」を多数製作し、「梵暦開祖」の説を神聖視する「異四時派」の人々に対抗しようとした。この「同四時派」の人々に、決定的な技術支援を提供したのが田中久重だったのである。

須弥山儀と和時計の技術――三体の須弥山儀

田中久重に須弥山儀の製作を依頼したのは、晃厳という僧侶であった。晃厳は、同四時説を提唱した環中の門弟であり、嘉永元年（一八四八）に刊行された新型の須弥山儀と縮象儀の図版に、環中とともに賛文を附している。環中の賛文によれば、師である円通の須弥山儀は「製造草昧」であって、いくつも修正すべき点がある。須弥界の四洲の季節は同時に変化するという「同四時説」にもとづいて、季節の変化に応じた昼夜の長短、太陽・月・星宿の位置関係を和時計の時刻表示に合わせて正確に表示すること（繫之以自鳴鐘随節氣分晝夜之脩短、循時刻辨太陽之所經令鳴鐘相應）が、新しい須弥山儀の機能であった。

新型の須弥山儀の製作を依頼された久重は、少なくとも習作を含む三体の須弥山儀を製作している。同時期に久重は、土御門家に入門して天文・暦学を学んだとされているが、梵暦の研究にもかなりの時間を費やしたことは間違いない。

円通の主著である『仏国暦象編』は、全五巻の大著であり、古今東西の天文説や仏典、古典の引用が縦横に散りばめられている。本書の内容を理解したうえで、極めて精緻な理論体系の矛盾を指摘し、新型の須弥山儀を製作することは決して簡単ではなかったはずである。

一体目は、N.H.N. Mody, Japanese Clocks（1932）に写真が掲載されている「須弥山儀」である（写真のみ）。モディの和時計コレクションは、戦災によって焼失したとされており、ブリキ製であったとされるこの須弥山儀は現存していない。しかし、外枠をはずした内部の機械構造の写真が残されており、この機械構造に田中久重の独創的な技術が使われていることから、久重が完成版の須弥山儀を製作する前段階の習作と位置づけられている。

N.H.N. Mody, Japanese Clocks 掲載「須弥山儀」

モディの記録によれば、高さ一尺一寸一分、周囲三尺三寸五分。割駒式不定時法の和時計と二十四節気を文字盤化した年時計に従って、太陽と月の模型と二十八宿の星宿リングが「同四時説」にもとづく天体の運行を表示した。これが田中久重作の須弥山儀の習作だとすれば、晃厳が製作依頼をした弘化四年（一八四七）～嘉永三年（一八五〇）までの間に造られたものだろう。久重作より後の須弥山儀は、様式的にはこの須弥山儀を原型とする一方で、ゼンマイ式時計の技術を複製することができずに重錘式になっている。モディの写真には、時間が経過してもゼンマイの動力を低下させない久重独自のフュージー機構も写されていることを考えると、この須弥山儀を久重作とするのは妥当な判断ではなかろうか。

もう一つは、セイコー時計資料館に保存されている「須弥山儀」（熊本、大橋時計店より寄託）である。これも田中久重の習作であれば、弘化四年〜嘉永三年頃に製造されたものであろう。この須弥山儀に関しては、解体修理を担当した土屋榮夫氏による詳細な調査の記録がある。

この調査のなかで土屋氏は、構造の類似性と機械部の精度の比較から田中久重は、まずモディのコレクションを製作し、続いてセイコー時計資料館の須弥山儀を製作。最終的に、次に紹介する龍谷大学の須弥山儀を製作したと考えている。様式の面からみても、この判断は妥当であると思われる。

セイコー時計資料館の須弥山儀は、モディのコレクションと同じくゼンマイ式の時計技術を使っている。ゼンマイを巻くネジの意匠は美しく、国立科学博物館の田中久重作「視実等象儀」（二七三頁に写真）と比較すると両者の共通点がよく分かる。本体の胴中央部には割駒式の和時計を配し、天蓋部には二十四節気を文字盤化した年時計があって、和時計の割駒と連動している。ただ、龍谷の須弥山儀以後には必ず設置されている月時計はない。一日時計と年時計に応じて、天蓋部から伸びている太陽と月の模型及び二十八宿を表示する星宿リング（牛宿・いなみぼしを含む）が回転し、季節に応じた天体の運行を表示した。二十八宿は不等間隔に配置されており、月の動きと連動して特定の日の星の位置をある程度の精度で表示できたのではなかろうか。

日球と月球は二十四節気を表示する「節気リング」の上部を回転しながら、上下運動とともに中心の須弥山からの距離を伸縮しながら、同四時説にもとづく日月の「内路」から「外路」への移動（傍行）と須弥山の中腹を廻る軌道（周行）を表示する。節気リングに書かれた二十四節気は、日月の行道の変化を知る目安であろう。北斗七星を表す円盤は、ここでも南洲の上空に配置されている。

三体目は、龍谷大学大宮図書館所蔵の「須弥山儀」である。直径六六・五センチメートル、高さ五五センチメートル。モディのコレクションや大橋時計店の須弥山儀に比べると一回り大きく、造りも精巧であり、田中久重の須弥山儀の完成品と考えられている。これも弘化四年〜嘉永三年頃に製造されたものだろう（現品には、「弘化五戊歳作　田中儀右衛門」の銘あり）。

胴部の中央には、割駒式の日時計と月時計（大小の月を表示した）を備えており、長針と短針がそれぞれ日付と不定時法の時間を表示した。天蓋部には、これらと連動した年時計（二十四節気を文字盤化）があり、日球と月球は同四時説に従って内路から外路への移動を表示した。さらに現在では失われているが、二十八宿の星宿リングも連動していたことは、星宿リングを支える四本の軸棒が残っていることから明らかであろう。

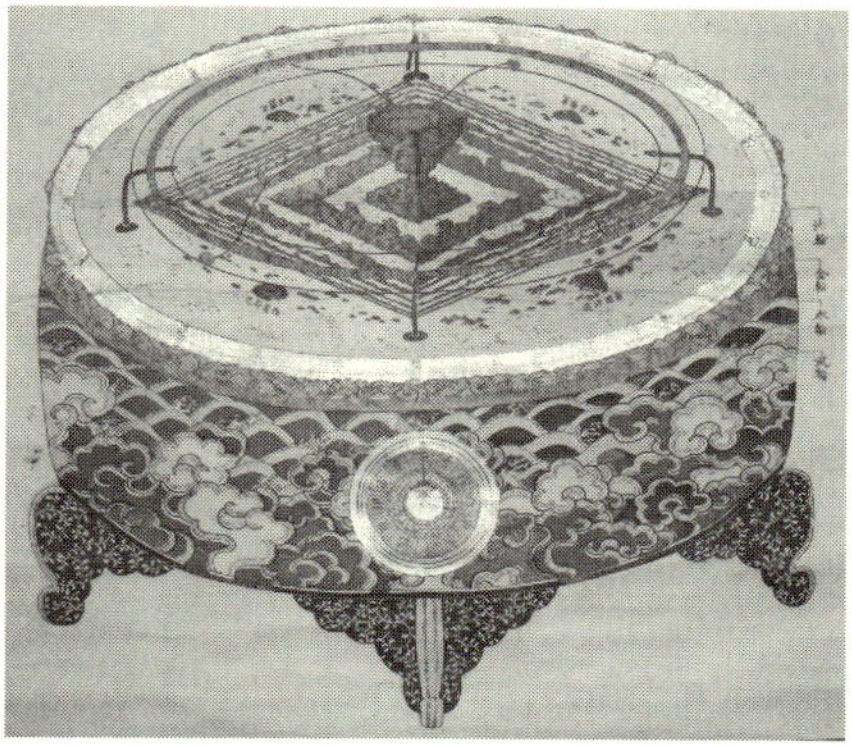
嘉永元年刊「須弥山儀図」（宮島氏蔵）

一年時計、月時計、割駒式の日時計を並行して動かし、これを天体観測と合致する宇宙論のモデルと組み合わせる手法は、同時期の西洋で地動説の普及に使われたOrreryに酷似（時刻に従って天体の位置を表示するという意味で）しており、田中久重という天才的な技術者と交わることによって、須弥山儀は梵暦理論をデモンストレーションする「からくり」のレベルから、一気に天体運行時計としての精度を与えられた。

嘉永元年（一八四八）に図版化された、環中の「須弥山儀図」にほぼ正確に合致しているのが、この須弥山儀である。内路と外路の中間に位置する「日月廻星輪」及び節気の表記は存在しない（あるいは、失われている）が、本来は日時計、月時計、年時計の組み合わせに応じて日球は百八十路、月球は十五路の行道をスライドしながら、それぞれの傍行と周行を表示することができたはずである。

田中久重が製造した新型の須弥山儀は、全く新たな創作であって、しかも梵暦開祖である円通の説に反論するための儀器であった。須弥山儀の製作を久重に依頼したのが晃厳だとすれば、嘉永元年の「須弥山儀図」は、むしろ完成した須弥山儀を模写した図版とも考えられる。なぜなら、久重の須弥山儀における日月のモデルや和時計、月時計、年時計といった発想は、この当時のどの梵暦関係文献にも見られないものであり、ほぼ久重の独創であって、それらの技術が次に製作された「万年時計」にそのまま生かされているからである。環中の「須弥山儀図」が、久重の須弥山儀を模写したものだとすれば、二つの習作を経て節気リングは簡略化された可能性もある。

田中久重がプロトタイプの須弥山儀を製作すると、他の人々も同形式（同四時説）の須弥山儀をいくつも製作するようになる。しかし、誰も久重のゼンマイ技術を真似ることはできなかった。このため、久重作より後の須弥山儀は重錘式になり、時代が下るにつれて技術的には後退することになる。

初期の「須弥山器」とは、根本的に異なる新型の須弥山儀を製作することは、梵暦理論の深い理解が無くては不可能である。これまで、田中久重による和時計の製作技術は、土御門家に入門して天文暦学を学んだことと結びつけられてきた。しかし、須弥山儀の製作過程で工夫された技術の多くが、後に万年時計に結実する久重の技術的インスピレーションの源泉になったことは間違いない。

時系列で考えても、久重が土御門家に入門して熱心に天文学を学び、「近江大掾」の印可を受けて蘭学に没頭していくのは、「須弥山儀」の製作過程で梵暦理論を深く学んだ後のことである。円通の梵暦理論に代表されるような、近代的な知識や技術を既存の価値観や生活様式に接ぎ木していく思考様式が、久重の技術者としての方向性に何らかの影響を及ぼしたことは否定できないだろう。和時計の不定時法を自動的に表示する機構を造るためには、年時計と月時計、一日時計を併設しなくてはならないが、それには時間のシステムの根底にある宇宙論を学ばなくてはならない。「須弥山儀」の製作は、久重の天文学への関心にとって、かなり決定的な意味を持っていたと思われる。

万年時計と須弥山儀・縮象儀——和時計の技術と宇宙論の深化

「須弥山儀」の製作過程で多くのインスピレーションを得た久重は、嘉永四年（一八五一）に和時計の最高傑作とされ、江戸時代の日本の技術水準の高さを代表する「萬歳自鳴鐘」（万年時計）を製作する。この和時計は、復元された時計が二〇〇五年の愛知万博にも出品されて話題になった。

この時計には、極めて精巧な独自の技術を駆使して、七種類の天体の動きや生活時間を同時に表示する機能がある。底部のゼンマイ動力によってすべてが同時に連動する表示機能の一つ目は、本体の上部に位置する「天象儀（天球儀）」である。これは、一年間の太陽と月の動きを模型で表している。また、六面に文字盤を配した本体正面には、冬と夏の昼夜の長さに応じて、時刻区分が変わる不定時法を自動表示する和時計が配置されている。

東芝未来科学館所蔵「萬歳自鳴鐘（万年時計）」（複製）

夏は昼の時間の間隔が長くなり、冬は夜の時間の間隔が長くなる不定時法の一年間の変化を表示するために、久重は「虫歯車」と呼ばれる独創的な歯車を考案し、特殊な回転運動を可能にしたことは良く知られている。さらには、二十四節気、十干十二支、月齢などが六角柱の各面に表示され、それぞれその日の干支や月の満ち欠けなどを自動的に知ることができるように工夫されている。

曜日・時刻を表示する盤面では、一週間で一周する短針が曜日を示し、長針は和時計と連動して時刻を刻んだ。久重は、輸入された西洋式の時計を分解して詳しく分析し、残りの盤面に精巧に作り上げた洋時計を配して、和時計の時刻と洋時計の時刻を同時に表示できるようにした。

なぜ、久重は洋時計の精巧さを知りながら、これを和時計と併存させようとしたのか。

東西の時法の違いは、同じ天体のシステムのもとで観測される事象を観測する、人々の文化と生活の違いである。天体の運行自体は、本体上部の「天象儀」が示すように、どちらの文化に属する人間が観測しても同じである。しかし、その意味するところは一様ではない。現在のように夜間の照明設備が発達した時代なら、昼夜の時間間隔に変化のない洋時計の方が生活に適しているが、人々の生活が自然のリズムと連動していた江戸時代の人々にとっては、季節によって時刻の間隔が変わる不定時法の方が、生活感覚に合っていたのかもしれない。

久重が「万年時計」の製作を始めたのは、嘉永三年（一八五〇）頃とされている。これに先立って、久重は梵暦社中の晃厳の依頼によって、「須弥山儀」及び「縮象儀」を製作した。洋時計と和時計を併存させる久重のバランス感覚の背景には、円通の門弟たちが展開した梵暦理論を学び、天文理論の多様性を経験したことが、大きく影響しているのではないだろうか。

一八五〇年当時、梵暦は西洋の天文学説と併存しえる仏教天文学の体系であり、各宗派には梵暦関係の人々が招かれて、天文学の講義を行なっていた。当時の梵暦は、新しく導入された西洋の天文学や旧来の暦算と拮抗する仏教天文学としての地位を維持していたのであり、これが根底から覆されるのは、明治期以後のことである。

久重の万年時計が、文化的・社会的制約を超越した、客観的な基準である洋時計の時法を理解しながら、生活感覚に即した和時計の不定時法を併存させていることは、円通の門弟たちが、西洋天文学の理論を理解しながら「須弥界」の実在を合理的——ときには、実験も含めて経験的——に証明しようと努力した足跡と重なって見えてくる。

円通と弟子たちの活動が、近代科学の知見を応用して仏典中の世界観を再構築する営みであったように、久重の万年時計は、当時の日本人の生活に必要とされていた不定時法の和時計と新しい技術や知見を接ぎ木して、より精巧で有用なシステムを構築するものであった。

田中久重自身は、「新製天計説」と題した手記のなかで、万年時計について次のように述べている。

嘉永元年刊「縮象儀図」（同志社大学蔵）

今予ノ新製スル所ノ天計ハ、普通ノ時計ノ如ク掃除ヲ為スベカラズ。一其端ヲ起コセバ、則チ一年一月一日之限、一時一刻一分之界、毫モ違失無シ。昼夜長短人ノ加減ヲ假ズ、天度ニ随テ自ラ旋転ス……此ノ器ニ依リテ刻限ヲ定メ、則チ周時ヲ成サバ、天然ノ若ク、明ラカニ人為ヲ假ザル之妙用ヲ察スルト云フノミ[2]。

人為を超えた自然の秩序は、異なる文化のもとでは異なる時法のもとで表現される。不定時法の一日も洋時計の一日も、万年時計の上部に取り付けられた天象儀が表示する、同じ太陽と月の動きにもとづいている。

この天象儀の原型になったのは、「萬歳自鳴鐘」の直前に須弥山儀とセットで製作された縮象儀であった。須弥山を中心とする円盤状の宇宙像が、地上からは天蓋上の天球として観測されるメカニズムを説明する縮象儀は、須弥山儀の天体運行時計としての精度を高めるために製作された。縮象儀は、田中久重作のモデルだけが現存し、龍谷大学大宮図書館に所蔵されている。

京都から観測された太陽と月の毎日の動きと、季節に応じた日月の行道の変化を時計仕掛けで自動表示する縮象儀の構造は、万年時計の天象儀と酷似している。久重が製作した縮象儀は、嘉永元年に図版として刊行されているが、これも円通の構想した初期の縮象儀とは全く意匠も構造も異なる新型であり、田中久重の創意が反映されている。日本列島を中心に描き、京都から観測される天象の季節に応じた変化を自動表示する久重作の縮象儀の機能は、万年時計の天象儀とほぼ同じであり、時期を考えても二つの和時計の連続性は否定できない。

須弥山儀とセットで縮象儀を製作し、天象の表示と季節に応じた時刻表示を連動させる天体運行時計を製作したことは、時期的な連続性を考えても万年時計の技術や構想に大きく影響したことは間違いないだろう。また、現存する縮象儀の構造を知るうえで、ほぼ同じ時期に製造された万年時計の天象儀の調査は大きく役立つはずである。愛知万博の際に解体修理された万年時計の構造については、NHKのテレビ番組なども放送されて広く知られるようになった。門外漢の筆者には力及ばないが、様式上の類似性ばかりでなく、機械部分の構造の類似性についても比較研究すれば、両者の連続性はより明確になるだろう。

田中久重と佐田介石——視実等象論と日本の技術

万年時計を製作した後、京都を離れた久重は、佐賀藩や久留米藩で蒸気機関や電信技術などの画期的な発明を続ける。しかし、この時期に新しいタイプの和時計を製作した記録は見られない。久重がもう一度興味深い和時計を製作するのは、明治六年に久留米から上京した後のことであった。しかし、明治七年には自ら「懐中略暦」を造ったという記録があり、万年時計の製作後も天文学に対する関心は失われていなかったと思われる。

明治八年、久重は銀座にのちの東芝の源流となる工場兼店舗を開業する。こうして晩年の再出発を始めた久重に、新たな和時計の製作を依頼したのが、明治期の梵暦運動をけん引した立役者の一人である、佐田介石（一八一八〜一八八二）であった。

佐田介石が久重に製作を依頼した「視実等象儀」は、介石が自らの新説をデモンストレーションするために考案した装置であり、須弥山儀と縮象儀を統合する天体運行時計であった。

介石によれば、人間の認識による「視象」は、たとえば西洋天文学で大きさ「八十二萬二千一百四十八里」とされる巨大な太陽が、地上から見れば「僅カ七八寸」に見えるように「実象」とは異なる。こうした認識のズレが生じる原理として、介石は「大小ト廣狭ト視遠近ト視高低」という「四種ノ視象」を挙げ、「視実両象ノ理」にもとづく「視実等象論」を展開した。こうした介石の構想が、佐賀から上京した晩年の田中久重の手によって、精巧な天体運行時計に仕立てられるのである。

国立科学博物館所蔵「視実等象儀」
（浅草寺より寄託）

明治八年、銀座に工場兼店舗を構えた田中久重が、晩年の珍品として製作した「視実等象儀」は、明治一〇年の内国勧業博覧会に出品されて衆目を集めた。これも本体中央部に、不定時法の割駒式和時計を配置した自鳴鐘であり、ほぼ同じ意匠のものが二体現存している。

一体目は、東京の国立科学博物館に展示されている「視実等象儀」である。この儀器は、明治一〇年（一

熊本市立熊本博物館所蔵「視実等象儀」（内部）

八七七）に佐田介石の依頼によって田中久重が製作し、内国勧業博覧会に出品されて評判を呼んだ。かつて浅草寺に保管されていたものが、現在は上野の国立科学博物館に寄託されている。直径は三七センチ、高さ六一・五センチ。美しい意匠のネジや台座は、久重作の須弥山儀や万年時計を髣髴させる。

視実等象儀は、展象と縮象の矛盾を解消する梵暦の新理論を説明する装置であり、かつて久重が製作した須弥山儀とは根本的に意匠が異なる。しかし、実象天を支える心棒の周囲には、割駒式の和時計が設置されており、視象天と実象天の動きは、季節や時刻の変化に連動して表示されるようになっている。実象天のモデルは、須弥山儀の天蓋部と同じように日球や月球、二十八宿の星宿リングの回転によって表示され、視象天は地上から観測される天球のモデルの回転運動によって表示される。ゼンマイ式の機構や細部の意匠を見ても久重作であることがよくわかる。しかし、月時計と年時計との連動はなく、万年時計や須弥山儀に比べて時計部分の機構は単純である。これは装置自体の製造目的の違いを反映したものだろう。

二十八宿を表示する星宿リング（牛宿・いなみぼし含む）は、やはり不等間隔に配置されている。日球と月球の動きを制御する、天頂部の構造自体は須弥山儀と良く似ているので、月の行道と星宿の位置は「仏暦」と符合するように工夫されていたのではなかろうか。

もう一体は、熊本市立熊本博物館所蔵の「視実等象儀」である。佐田介石の出身寺院である、正泉寺より寄託されているが、水害等の被害にあったため保存状態は決して良くはない。しかし、解体して保存されているため内部の機械構造の細部を確認することが可能である。熊本の視実等象儀は外部の意匠から内部の構造に至るまで、東京の視実等象儀とほぼ同じであり、同時期に製作されたと考えられる。どちらかが習作である可能性もあるが、明治一〇年に製作されたものと同型の視実等象儀が、後に再発注された可能性もあるだろう。

小林正彬氏が翻刻した田中久重の日記には、明治九年六月二日「熊本県正泉寺介石卜申僧来」と記されている。三か月後の記載では、「佐田等象斎介石」と正式な名称がつかわれているので、この間に初見であった両者の交流が深まったのではなかろうか。同年一〇月から一一月にかけては、視実等象儀に使用するガラスの発注や支払い、台座部分の受け取りなどに関する記述がある。ここでも名前の表記は、「佐田介石殿」や「佐田介石君」となっており、介石と久重の距離が、かなり近くなっていることを感じる。佐田介石は、明治一〇年以前にも視実等象儀を製作したが、これは火災によって焼失したとされている。しかし、この視実等象儀は、久重が製作したゼンマイ式の天体運行時計には機能的にまったく及ばなかっただろう(3)。

現存する熊本の視実等象儀は、内部の構造や外部の意匠を見る限り、明治一〇年以後に製作されたことは明白であり、久重本人あるいは久重没後に再発注されたものだろう。初代田中久重は、明治一四年に没しているので、これ以後の製作であれば二代目が製作したものであろうか。

東京の田中製作所で晩年の事業を行なった久重は、自らの意に添わない発注には応じないが、興味を持った機械の製作には没頭していたと言われている。上京後の明治七年に「懐中略暦」を刊行するなど、この時期にあらためて天文学や宇宙論への関心を示していた久重にとって、もともと郷里の近い佐田介石の依頼は魅力的に感じられたのであろうか。久重は、須弥山儀と万年時計を製作した技術を傾注して、割駒式の和時計を中央に配した視実等象儀を完成させる。

京都で「機巧堂」の最初期に須弥山儀を製作したことと、上京して後の「田中製造所」を開業したばかりの久重が視実等象儀を製作したことは、時期的にも何らかの呼応関係があるように思われる。明治一〇年の「内国勧業博覧会」に出品された視実等象儀は、かなり広く衆目を集めた。京都の機巧堂時代の須弥山儀と、東京銀座の田中製造所の視実等象儀は、それぞれ久重にとって人生の転機となる時期に製作された、極めてユニークな和時計であった。

まとめ

須弥山儀及び縮象儀・万年時計・視実等象儀というユニークな和時計の連作は、幕末から明治期の日本を代表する天才的技術者であった、田中久重の「からくり職人」としての技術の粋を集めた精密機械であった。

これらの和時計を製作した久重の技術力と構想力については、これまでも多くの人々が言及してきた。しかし、天体運行時計として製作されたこれらの和時計の背景に、一貫して「梵暦／仏教天文学」への強い関心が存在していたことは、ほとんど知られていない。

円通及びその門弟たちの仏教天文学は、静止した円盤状の宇宙像の実在を証明する科学論という側面を強調すれば、現代の人々には時代錯誤の妄想のように見えるかもしれない。しかし、彼らは古今東西の天文学説や古典に精通した、当時の優れた知識人たちであった。門弟たちの中には、後に数学者や天文学者として大成した人物もいれば、もちろん仏教思想家として活躍した人々もいる。

また、彼らの活動と関わりながら製作された田中久重の和時計の連作は、当時の日本の技術の頂点とも言えるような高い水準の天体運行時計であった。梵暦や須弥山儀は、決して無知や妄想の産物ではないのである。須弥山儀・縮象儀と視実等象儀の製作の中間期間に、田中久重が歴史的な名品である「萬歳自鳴鐘（万年時計）」を製作したことは、梵暦に関わった当時の人々の知識や技術が、極めて高い水準にあったことを示している。

西洋の近代科学の成果を深く理解したうえで、須弥山説にもとづく仏教天文学や仏教科学の構築を目指した梵暦と、日本の伝統的な技術と西洋の最新技術を接合していく久重の営みには親和性がある。近代の新しい知見と技術は、必ずしも西洋的である必要はない。現在と未来の人々の生活を豊かにしていくための技術は、常に過去の蓄積のうえに積み重ねられるのである。田中久重の場合は、自らの身につけた伝統的技術を西洋の新しい技術と入れ替えるのではなく、古い土台のうえに新しい知見を重ねていった。このことが、万年時計に見られるような、極めてユニークな技術の開発につながったのである。

円通の梵暦は、旧来の仏教思想を西洋近代科学の新たな知見を通して再構成するなかで生まれている。久重の発明も、旧来の技術を改良するために新たな知見を導入するなかで開発されたものであり、この点においては両者に共通する部分があったのではなかろうか。少なくとも、久重の発明を支えた「数理的な構想力」や「時間と空間の意識」と梵暦／仏教天文学の関係は、発明家として久重の生涯を通じて続いていたことは間違いない。このことを残された和時計の連作は、静かに物語っているように感じるのである。

注

（1）今津健治『からくり儀右衛門――東芝創業者田中久重とその時代』ダイヤモンド社、一九九二年、五頁。
（2）浅野陽吉『田中近江』中原明文堂、一九三〇年、五一頁。他にもこの文書は、さまざまな文献に転載されている。
（3）小林正彬「日本機械工業と『からくりや儀右衛門（6）』」『関東学院大学経済学部研究論集』第八八集、一九七一年、七五～八三頁。

主要参考文献

岡田正彦『忘れられた仏教天文学——十九世紀の日本における仏教世界像』ブイツーソリューション、二〇一一年。

田中近江翁顕彰会編『田中近江大掾』一九三一年（今津健治編・一九九三年復刻版）。

今津健治『からくり儀右衛門——東芝創業者田中久重とその時代』ダイヤモンド社、一九九二年。
N.H.N. Mody, *Japanese Clocks*, the Charles E. Tuttle Company, Inc., 1967 (first edition, 1932).
梅林誠爾「佐田介石の『視實等象儀』（熊本博物館所蔵）調査報告」『文彩』第9号、熊本県立大学文学部、二〇一三年。

土屋榮夫「田中久重作　大橋時計店蔵　須弥山儀」（二〇〇〇年　調査報告・未刊）。

佐々木三郎「龍津寺の須弥山儀の作動及び構造について」（二〇一二年　調査報告・未刊）。

※宮島一彦氏より、貴重なコレクションの写真を提供していただいた。

第11章　イスラームのメタ理念「ハラール」の食品産業
——日本におけるその変遷と新たな動向

鷹木恵子

はじめに——グローバル経済のなかでのイスラーム圏市場の拡大

経済のグローバル化の進展やまた環太平洋経済連携協定（ＴＰＰ）の締結が現実のものとなりつつあるなか、日本においても一つの新しい経済戦略として、イスラーム圏市場を対象としたハラール産業への関心が[1]、近年、急速に高まりつつある。

世界のムスリム（イスラーム教徒）人口は、二〇一〇年には約一六億人で世界総人口の二三・二パーセントであったが、二〇三〇年には約二二億人、約三五パーセントを占めるようになると予測されている[2]。今後二〇年ほどの間に世界人口の約三人に一人がムスリムになるという予測のなかで、その拡大するイスラーム圏市場を対象に、イスラーム法に則った商品・サービスを提供するハラール産業が、現在、世界的にも急速な広がりをみせてきている。その世界市場規模は、二〇〇六年時点ですでに二兆ドルという試算があるほか［Ayan 2013：XVii］、ハラール食品産業のみでも、その世界市場規模は五八〇九億ドル［茂野　二〇〇九：二］、五九一〇億ドル［ブランド総合研究所編　二〇一三：一一］などという試算数値がみられる。

「ハラール halāl」とは、イスラームの用語で「許された」「合法的な」という意味のアラビア語で、「神から禁止された」「タブー」を意味する「ハラーム ḥarām」と対をなす語である。

「ハラール」の理念については、ムスリムが大多数である国や地域においては、それは自明な生活の前提でもあることから、従来はハラールか否かが特に強く意識されたり、「ハラール性」が社会的な問題となることはほとんどなかった。しかし、グローバル化のなかで多様な民族や宗教信徒との接触や交流が増え、物資や金融の取引などが盛んになるなかで、ムスリムも「ハラール」という理念により敏感にならざるを得ない状況が生まれてきたと言える。

他方、ムスリム以外の人々のあいだでも、イスラーム圏市場の拡大を前に、「ハラール」の商品・サービスの生産や開発を新たなビジネス・チャンスと捉え、積極的にそれに挑戦しようとする動きが広まってきている。こうしたハラール産業は、今日、食品部門と無利子金融部門でその伸張が著しいが、実際にはその他に医薬品、化粧品、皮革製品、衣料品、観光業、運送・貯蔵業など、実に多くの産業部門と関わる可能性をもつものである。

国家レベルで、まず「ハラール」の問題に率先して取り組み始めたのは、世界最大のムスリム人口を抱えるインドネシアと多民族国家のマレーシアである。マレーシアでは、すでに七〇年代からこの問題に国内的に対処してきていたが、一九九九年にこの両国が中心となって、インドネシアのジャカルタで「世界ハラール食品評議会」（WHFC：World Halal Foods Council）が設立された。そして二〇〇一年以降は、その総会がほぼ毎年開催されることとなり、そうした動きが世界的にも大きな影響を及ぼすものとなってきている。この第一回評議会総会では、ハラール認証の世界統一基準策定のガイドラインについて検討がなされた［武藤　二〇〇四：一八一―一八二］。すなわち、従来、何をもって「ハラール」とするかについては各国で基準がまちまちであったが、この国際会議を通じて世界標準ハラール規格が検討・認知され、それに従って各国関係機関から「ハラール認証」が発給されるようになったのである。

さらにマレーシアでは、二〇〇四年には首相自らが国家の経済戦略としてハラール・ハブを宣言したことから、その後は官民の関係諸機関の設立も相次ぎ、毎年多数の国際会議やセミナー、展示会などが開催されるようになっている。このような世界のムスリム人口の増加傾向や、マレーシア・インドネシアを中心としたハラール産業の推進もあって、近年、急速に世界各地でハラール産業への関心が高まりをみせてきているのである。

本稿では、「ハラール」をイスラームのメタ理念の一つとして捉え、このような世界的な「ハラール産業」の潮流を背景に、日本でもここ数年、「ハラール」の理念を掲げた経済活動が急速に普及してきていることから、日本におけるその歴史的変遷と新たな動向について、特に食品産業を中心に考察してみたい。

日本におけるハラール食品産業は、それを歴史的に通観してみる時、その主たる担い手、顧客対象、事業目的などから、大きく三つの特徴をもつ動向に分けて捉えられるように思われる。やや結論を先取りするかたちで述べるならば、それらの区分には重複する部分もあるが、まず①「滞日ムスリムによる、国内ムスリム向けのハラール食品産業」、すなわち、日本で暮らすムスリムが自らのニーズや国内の同胞ムスリムたちのそれに応えるために開始したハラール食品産業がまずみられ、次に②「日本人による、異文化理解・交流型の国内ムスリム向けのハラール食の提供事業」、すなわちムスリムではない日本人が、ムスリムからの要請を受け、あるいはムスリムと協力・協働して、ムスリムの信仰や食の規範を理解して、ハラール食の提供を開始したという、主に研修機関や大学食堂などでの異文化理解・交流型の動向である。そして最後に近年急速に広がりをみせてきている、③「日本企業による、国内外のイスラーム圏市場を対象としたハラール認証取得のうえでのハラール食品産業」、すなわち、拡大するイスラーム圏市場の潜在的購買力を見据えて、新たな企業経営戦略としてハラールのメタ理念を積極的に受け入れ、それを掲げた商品開発を行い、またハラール認証取得のうえでそのハラール食品を国内外のイスラーム圏に向けて販売するという動向である。

すなわち、同じく「ハラール」というイスラームのメタ理念を掲げつつも、その経済活動の主たる担い手や顧客対象、事業目的には異なるものがみられ、日本におけるハラール食品産業は歴史的には新しい潮流や付加価値などを伴って、変容や拡大をしてきているのである。

以下、本論においては、まず1では「ハラール」をイスラームの一つのメタ理念として捉え、この理念がとりわけグローバル化のなかでより意識化され社会経済化されてきたことについて述べてみたい。続いて2と3と4では、以上の三つに大別される日本におけるハラール食品産業の変遷と新たな動向についてそれぞれ明らかにする。そしてそれを踏まえて、「おわりに」では、今後のハラール食品を含むハラール産業の可能性とまたその課題について検討してみることにしたい。

したがって、本稿はイスラームという信仰に帰依する事業経営者が、その宗教的信条に基づく「ハラール」というメタ理念をもつ商品・サービスの経済活動を実践している事例ばかりではなく、ムスリムではない日本人が異文化のメタ理念である「ハラール」を理解し、それを尊重した異文化理解型・交流型のハラール食の提供事業や、またその異文化のメタ理念をむしろ積極的に受け入れて商品開発をし、新たな企業経営戦略へと結びつけている事例を、ともに考察対象として取り上げるものである。

日本におけるムスリム人口は未だ総人口の一パーセント以下であり、日常生活のなかではそれほど目立つ存在ではないかもしれない。しかし、グローバル化時代の現在、多様な民族や宗教信徒との接触交流が増すなかで、異教徒の理念や異文化の習慣の理解を踏まえた企業経営や事業展開は今後一層必要かつ重要なものになるだろう。「ハラール」とは、日本の企業や組織そして一般市民にとっても、そうした異文化理解の鍵となるメタ理念の一つと言えるものである。

1　イスラームのメタ理念「ハラール」と「ハラーム」

イスラームのメタ理念としてここで挙げる「ハラール」と「ハラーム」という二つの用語は、まずイスラームの聖典『コーラン』のなかでは、第7章高壁の章157節と第16章蜜蜂の章116節において対の概念として登場しているものである[3]。

周知のとおり、イスラーム法のシャリーアは、コーラン、スンナ（預言者の言行）、イジュマー（合意）、キヤース（推測）の四つを法源として体系化された法であり、「宗教的」生活のみならず、「世俗的」生活全般をも規定しているもので、「儀礼的規範」（イバーダート）と「法的規範」（ムアーマラート）から成る。そしてシャリーアにしたがって生きるムスリムの行為は、次の五範疇（al-ahkām al-khamsa）に分けられるとみなされている。

① ワージブ：ムスリムとして義務とされている行為、義務行為
② マンドゥーブ：望ましい行為、推奨行為
③ ムバーフ：行っても行わなくてもよい行為、許容行為
④ マクルーフ：行わない方がよい行為、忌避行為
⑤ ハラーム：神によって禁止された行為、犯せば罰せられる行為、禁止行為

すなわち、「ハラーム」とはこの五範疇の一つであり、「ハラール」の語はこの五範疇にはないが、ハラームの対概念であることから、一般的解釈ではハラーム以外のことが全て含まれる。

『コーラン』のなかで飲食の「ハラール」と「ハラーム」に言及している箇所としては、まず「ハラール」については、第16章114節に「……アッラーがあなたがたに授けられた、合法にして善いものを食べなさい……」とあるほか、「ハラーム」の対象となる飲食物については、第2章173節、219節、第4章43節、第5章3節、90―91節、第

6章145節、第16章115節で明示されている。[4] そしてそれらにしたがい、イスラームでは、以下の飲食物が禁じられている。すなわち酔う飲み物（酒・アルコール類）、豚肉および豚に由来するもの、死肉、血、野獣、肉食動物、猛禽類、イスラーム法に則らず屠殺された動物の肉、[5] アッラー以外の名で供えられたもの、偶像にささげられた肉である。

こうしたイスラームの食の規定は、実際にはそれ以前からユダヤ教にもコーシェルの食物規定がより細かくみられたことから、ムスリムにとっては当初から全く馴染みのないものではなく、イスラーム共同体のなかではむしろ自明のこととして受け入れられてきた。そして、こうした「ハラール」や「ハラーム」の理念が、社会的により敏感に意識されたり、議論や関心の対象とされるようになったのは、長いイスラームの歴史のなかでもここ数十年ほどのこととして捉えられる。そのことは、例えば、このテーマについて書かれた次の古典的な著書の解説などからもうかがい知ることができる。

ユースフ・カラダーウィー著の『イスラームにおけるハラールとハラーム』と題された著書は、一九六〇年にアラビア語で出版されたものであるが、一九八五年にその英訳本がイギリスで出版され、さらにその後も複数の海外の出版社から刊行されている。[6] 言わば、このテーマについての古典的文献である［Al-Qaradawi 1988］。[7]

著者のカラダーウィーは高名なイスラーム学者で、本書はエジプトのアズハル大学イスラーム文化研究所からの要請を受けて書かれたものとされている。冒頭で著者は、欧米に暮らすムスリムたちのイスラームに対する不十分な理解や不適切な行為・行動、また欧米の人々のもつイスラームへの偏見や誤解を正す目的で、本書を著したと説明している［Al-Qaradawi 1988 : 1］。本論の内容は、ハラールとハラームの説明に続き、飲食、衣類・装飾品、家庭日用品、インテリア、ペット、仕事、結婚と家庭生活、夫婦関係、避妊、離婚、親子関係、信仰と慣習、ビジネス交渉、娯楽と遊戯、社会関係、ムスリムと非ムスリムの関係など、実に多岐にわたる事象について包括的に論じ説明したものである。

カラダーウィーは、本書を執筆するにあたり、このテーマに関してはまとまった書物がなかったことから、多数の文献資料を渉猟・参照して、対立するさまざまな見解、すなわち西洋的近代的見解の一方、頑迷な保守的解釈に基づいた見解などの双方を検討し、時代の要請に見合う中庸的立場から執筆したと述べている。そしてこの著書がこのテーマで書かれた最初の書物であるとも記している［Al-Qaradawi 1988 : 2-3］。

本書のこうした解説から明らかとなる興味深い事実とは、エジプトのアズハル大学という歴史あるイスラーム学最高峰の研究機関において、本書が出版される一九六〇年までハラールやハラームに関するまとまった研究書籍がなかったということ、そのため本書がアズハル大学イスラーム文化研究所からの要請で書かれたということである。すなわち、ハラールやハラームという理念は古くから知られてきていながら、二〇世紀後半ともなって、移民の増加や異文化接触・交流が盛んになるなかで、ムスリムの行動規範としてより意識化され、社会宗教的にも再認識されるものとして顕在化してきたということを明らかにしている。

一九一三年から三六年にかけて出版された *The Encyclopaedia of Islam* は、全九巻のイスラーム大百科事典であるが、この事典の ḤALĀL の項目には「合法的なという意味で、ḤARĀM の反意語」と記されているのみで、ḤARĀM の項目でもその解説は僅か数行に留まっている［Houtsma et al.（eds.）1987（1927）Vol. Ⅲ : 238, 262］。また一九六五年から二〇〇九年にかけて出版された新版の *The Encyclopaedia of Islam*（New Edition）においては、この二語はいずれの項目も「see SHARĪʿA（シャリーアを参照せよ）」と記されているのみで［Lewis et al.（eds.）1971 : 90, 173］、独立した解説が為されていないことなども、この二つの用語が従来は大きな関心対象にはなっていなかったことを傍証しているように思われる。

カラダーウィーの著書が公刊された一九六〇年代はまた、エジプトでは初めて無利子のイスラーム銀行の設立が試みられた時期に相当する。イスラームで禁止されている利子（リバー）を取らない銀行、すなわちハラールである金融を含めたイスラーム経済の議論が盛んになり始めるのもこの時期である。

このように「ハラール」というメタ理念は、『コーラン』のなかにもあるとおり、イスラームの当初から存在していたものであるが、時代的にはここ数十年ほどのあいだに社会的にまた世界的にも再意識化・再認識されまた経済的関心の対象となってきたものであり、特に最近のそれへ関心の高まりは、「ハラール」に関するグーグルのニュース項目の数が、二〇〇四～五年頃には毎月二〇～三〇件であったが二〇一三年には毎月八〇～一〇〇件と急増してきているという事実からも確認することができよう(8)。

武藤も、二〇〇〇年以前には日本の食品原料・素材メーカーが東南アジアへの製品輸出に際し、ハラール認証取得要請で頭を悩ますことは皆無ではなかったにせよ、ほとんどなかったと述べている［武藤 二〇〇五：二六五］(9)。すなわち、ほぼ二〇〇〇年前後の世界ハラール食品評議会の設立とその総会開催の頃から、「ハラール化」の動きが顕著になってきたものと判断される。

表1（二八八～二八九頁）の年表は、ハラール産業に関連する出来事を世界の動向と日本の動向とに分けてそれぞれまとめたものである(10)。日本に関しては、イスラームに関連する動向として主要なモスクや関連組織団体の設立なども含めて記したものである。この年表は未だ十分なものとは言えないが、しかしこの年表からも世界と日本におけるここ数年の「ハラール」への関心の高まりは読み取れるだろう。

世界の動きとしては、アメリカでは既に一九八二年に在米ムスリムらによってIFANCA（Islamic Food and Nutrition Council of America）が設立され、ハラール認証の発給を開始している。この組織は現在でもアメリカで最も有力なハラール認証団体の一つであるが、歴史的には未だ設立三〇年ほどの機関である。

二〇〇〇年以前では、一九九六年にオーストラリアで第一回ハラール食品国際会議が開催されている。精肉輸出で知られるオーストラリアでのこうした会議の一早い開催には頷けるものがあろう。一九九九年には、既述のようにインドネシアで世界ハラール食品評議会（ＷＨＦＣ）が設立され、二〇〇一年からほぼ毎年その総会やセミナーが開催されている[11]。マレーシアでは二〇〇四年に第一回世界ハラール食品見本市が開催され、首相によるハラール・ハブ宣言があり、その後二〇〇六年には第一回世界ハラール・フォーラムの開催、二〇〇八年にはグローバル・ハラール・サポート・センター開設など、官民のハラール関連団体の設立も相次いでいる。

西欧諸国でも、二〇〇〇年代中頃からハラール関連の新しい動きが目立っている。イギリスでは二〇〇五年の世界食品マーケット（ＷＦＭ）で初めてハラール食品が展示され、二〇一〇年にはイギリス初のハラール産業パーク開設計画が発表され、またオランダでも、二〇〇九年にヨーロッパ初の世界ハラール・フォーラムの開催、二〇一〇年にはスペインでも欧米のハラール認証会議が開催されている。同年、フランスではパリ・ハラール食品サービス・サロン開催（三月）に続き、その秋にはヨーロッパ初のハラール専用港湾がマルセイユに開港（九月）、二〇一二年には第二のハラール専用港湾がベルギーのゼーブルージュに開港している。

中国でも二〇〇九年に初のハラール・サミット（八月一八日、銀川）が開催され、翌二〇一〇年にはパキスタンでもグローバル・ハラール会議が開催されている。中東諸国でも二〇一一年にクウェートで第一回ハラール産業・サービス湾岸会議（三月二四日）の開催、その翌二〇一二年にはサウジアラビアでも第一回ハラール・コントロール国際会議の開催、二〇一三年秋にはアラブ首長国連邦ドバイで第三回グローバル・ハラール貿易・ロジスティックス・サミットが開催（一〇月二二・二三日）されている。また二〇一三年六月には、ロシアでも初のハラール・サミットがサンクトペテルブルグで開催（六月四〜七日）されている。

このように、最近の数年間に世界各地で「ハラール」という用語を掲げた「第一回」または「初」とされる会議や展示会さらには専用港湾の開設などが相次いでみられるようになっており、これらの事実からも、今まさに新し

表1　世界と日本におけるハラール産業に関する年表

年	世界のハラール産業をめぐる動向
1972	馬：通商法制定（初めてハラールに言及）
1975	馬：通商法にハラール条項追加、JAKIM が認証を発行
1982	米：IFANCA（Islamic Food and Nutrition Council of America）ハラール認証開始
	馬：輸入食肉全てにハラール認証を義務化
1989	尼：イスラーム評議会の下、食品・薬品・化粧品検査研究所設立（1/6）
1996	豪：第1回ハラール食品国際会議（メルボルン）
1999	尼：世界ハラール食品評議会（WHFC）設立（ジャカルタ）
	仏：初のハラール・サンドイッチピザ・チェーン店開店
2001	尼：「味の素」事件の発生（1/5）
	尼：第1回世界ハラール食品評議会総会（ジャカルタ　3月）
2002	馬：第2回世界ハラール食品評議会総会（クアラルンプール　7/22）
2004	尼：第3回世界ハラール食品評議会総会で組織名を「世界ハラール評議会」（WHC）に改称（ジャカルタ　2/11）
	仏：同国初ハラール・フォアグラの輸出
	馬：イスラーム開発局承認の海外ハラール認証団体リスト公表（7/1）
	馬：第1回世界ハラール食品見本市開催、首相ハラール・ハブ宣言
	尼：イスラーム学者評議会付属食品・薬品・化粧品検査協会承認海外ハラール認証団体リスト公表（7/13）
2005	南ア：第4回世界ハラール評議会総会（ケープタウン）
	馬：ハラール認証の申請オンライン化
	英：世界食品マーケット（WFM）で初ハラール食品展示（ロンドン）
	米：IFANCA、Halal.com のネット開設
2006	馬：第1回世界ハラール・フォーラム開催
2007	馬：第7回世界ハラール評議会総会開催（ペタリンジャヤ）JAKIM ハラール・ハブ部（プトラジャヤからサイバージャヤへ移転）

年	日本におけるイスラームとハラール食品産業の動向
1935	神戸ムスリムモスク設立
1938	東京回教寺院設立
1952	日本ムスリム協会設立
1966	イスラミック・センター・ジャパン設立
1982	アラブ・イスラーム学院開校（東京・港区）
1987	日本初の滞日ムスリムによるハラール食品店開業
1989	名古屋モスク設立
1990	東京：全日本ハラール食品協会設立
1991	埼玉：一ノ割モスク設立
1995	群馬：伊勢崎モスク設立
1998	神奈川：海老名モスク、千葉：行徳モスク設立
1999	埼玉：戸田モスク、東京：大塚モスク、富山：富山モスク設立
2000	東京ジャーミィ再開設、浅草モスク設立、栃木：足利モスク設立
2001	日本ムスリム協会内に教務部設立、茨城：つくばモスク設立
	愛知：新安城モスク、香川：高松モスク、静岡：富士モスク設立
2002	東京：八王子モスク、岐阜：岐阜モスク、新潟：新潟モスク設立
2003	拓殖大学イスラーム研究センター設立
	新大久保にハラール食品店 Jafar Family 開店
	群馬：館林モスク設立
	愛媛：新居浜モスク設立
2005	栃木：小山モスク設立
	京都：京都モスク設立
2006	神奈川：横浜モスク、埼玉：所沢モスク設立
	愛知：豊田モスク、名古屋湾モスク、静岡：浜松モスク、長野：坂城モスク、広島：東広島モスク、大阪：大阪モスク設立
2007	北海道：札幌マスジド設立
	宮城：仙台マスジド設立（10月）

	米：*HalaL Consumer* No. 11以降のネット閲覧可
2008	馬：グローバル・ハラールサポート・センター開設（KL）
2009	中国：ハラール・サミット開催（8/18 銀川）
	蘭：欧州初の世界ハラール・フォーラム開催（ハーグ）
2010	西：欧米ハラール認証会議開催（5/12 バルセロナ）
	仏：ハラール食品・サービス・サロン開催（3/30-31 パリ）
	仏：欧州初のハラール港、マルセイユに開港（9月）
	英：同国初ハラール産業パーク開設計画発表（ハラール産業会長）
	ベルギー：第4回ハラール食品評議会開催（3/26ブリュッセル）
	パキスタン：グローバル・ハラール会議開催（カラチ）
2011	クウェート：第1回ハラール産業・サービス湾岸会議開催（3/24）
2012	馬：世界ハラールリサーチ・サミット（WHRS）開催（KL）
	ベルギー：ヨーロッパ第2ハラール港の開港（ゼーブルージュ）
	サウジアラビア：第1回ハラール・コントロール国際会議（リヤド）
2013	馬：世界ハラール・フォーラム（WHF）開催（4/3-6） 国際ハラール見本市（MIHAS）同時開催 世界ハラールリサーチ・サミット同時開催
	仏：ハラール・エキスポ開催（4/8-9 パリ）
	加：ハラール・フード祭開催（6/1-2 トロント）
	UAE：第3回グローバル・ハラール貿易・ロジスティックス・サミット開催（ドバイ）
	露：第1回ハラール・サミット開催（6/4-7 サンクトペテルブルグ）
	馬：世界ハラール週間会議（クアラルンプール）
	UAE：第1回グローバル・イスラーム経済サミット（11/23-24 ドバイ）
	仏：ハラール・サミット開催予定（2/5-6 パリ）
2014	仏：ハラール・エキスポ開催予定（4/8-9 パリ）

2008	埼玉：本庄市のハラール肉を日本発で UAE に輸出
2009	茨城：アンワレマディーナマスジド設立（小美玉）
2010	大阪：NPO 法人日本ハラール協会設立（3月発足、10月法人化）
	埼玉ムスリム文化協会設立（10/12）
2011	佐賀：有田町の原田醤油、ハラール認証取得（11月）
	佐賀：唐津市の吉村商店、ハラール・フード鯵アン餃子開発販売
2012	福岡：特定非営利活動法人日本アジアハラール協会設立（5/8）
	東京：一般社団法人ハラル・ジャパン協会設立（10月）
	長野：ひかり味噌、味噌業界初のハラール認証取得（12/12）
2013	大阪：ハラル和牛 web 販売開始（1/31）
	福岡：国内初「ハラール食品」見本市開催（2/25）
	熊本：イスラーム圏観光客対応勉強会開催（2/27）
	東京：ハラール・デリ営業開始（ハラル弁当業）（4/1）
	東京：一般社団法人日本ハラル推進協会設立（6月）
	東京：イスラミック・センター・ジャパン第1回ハラール料理教室開催（6/2）
	千葉：ハラル対応ホテル&レストラン現地視察・セミナー開催（7/3 幕張）
	栃木：小山でハラル・マルシェ開催（7/13）
	大阪：茨木モスク法人化、ハラール認証を発給活動開始
	横浜：新横浜ラーメン博物館でハラールのラーメンを提供開始（9月から）
2014	日本政府：「強い農業作り交付金」に60億円の「ハラール優先枠」

（注）：国名漢字表記は、尼：インドネシア、馬：マレーシア、米：アメリカ、豪：オーストラリア、英：イギリス、仏：フランス、蘭：オランダ、西：スペイン、加：カナダ、露：ロシアとする。

い「ハラール産業」の潮流が世界的に胎動・興隆してきていることを確認できると思われる。

2　日本におけるムスリムとハラール食品産業

さて、このような世界のハラール産業の動向のなかで、日本におけるハラール食品産業はどのような展開をみせてきたのだろうか。

現在、日本にいるムスリム人口は、推定で一〇万人〜一三万人とされ、総人口の一パーセントにもはるかに及ばない数である。(12) そうした日本でマイノリティとして暮らすムスリムたちは、これまでハラールの食品について、どのように対応してきたのだろうか。

表1にもあるように、日本で最初のモスク設立は神戸での一九三五年に遡る。その三年後の一九三八年には東京ジャーミーの前身である東京回教寺院が設立されている。一九五二年には日本人ムスリム四二人が発起人となり、日本ムスリム協会が設立された。日本人ムスリムの徳増によれば、一九六五年頃は日本国内にいるムスリムは二〇〇〇人ほどで、ごく少数であったという［徳増　二〇〇五：三二‐三三］。その当時と比較するならば、ここ半世紀間の変化は著しく、現在では年表に書ききれないほど全国各地ほとんどの県にモスクや礼拝室（ムサッラー）がみられるようになっている。

ハラール食品との関連では、日本に暮らすムスリムのなかでも、さらにその少数派である日本人ムスリムと海外から来日して暮らすようになった滞日ムスリムとでは、やや異なる事情を抱えていたと考えられる。

母国で暮らす日本人ムスリムは、筆者の知る日本人ムスリムの方々の話や生活ぶりからも、イスラームへの入信後、豚肉や豚起源のものやアルコール類を避けてはいるが、ハラール肉・ハラール食品入手のために奔走しているという人たちはそう多くはない。ハラール食品の入手がもともと困難な祖国の環境を知っている日本人ムスリムは、日常生活では豚やアルコールを避けた食事を基本としつつも、「ハラール」性については一般的により大らかで、ハラール食品の入手が困難な環境に順応し、日本で得られる食料品のうちでハラームなものを避けつつ生活しているというのが大方の傾向であるように思われる。

現在は配布停止となっているが、名古屋モスクでハラールの食品リストを作成して配布していたように、日本人ムスリムの多くは日本で入手できるもののなかから「ハラール」の食品を選択して食生活を送っていたと言えるだろう(13)。

他方、外国から来日して暮らすようになったムスリムにとっては、ハラール食の事情はやや異なっていたと考えられる。彼らにとっては、異国日本での生活のなかで祖国と同じような食生活をすることは、ハラール肉はもとより、その民族料理特有の食材や香辛料などとも関わる問題であったからである。滞日ムスリムの生活状況を長く調査してきた社会学者の樋口によると、滞日ムスリムが急増する一九七〇年代以前から、ハラール肉を扱っていたのは横浜に本社を置く商社で、大使館関係者や寄港するムスリム船員向けに輸入・販売していたとされている［樋口 二〇〇七：一二四］。

また滞日ムスリムの多くが必要とするスパイスや豆類、カレーの缶詰やピクルスの需要に関しては、上野のアメ横にある豆問屋がそうしたハラール食品業界に参入した草分けで、ガルバンゾーやレンズ豆、アターと呼ばれる全粒粉のほか、肉やスパイスも揃えていたという［樋口 二〇〇七：一二四―一二五］。

そしてハラール肉に関しては、八五年頃から滞日ムスリムのなかにその商社からまとめ買いをして知人に販売する者が現れ、その後、ムスリムの留学生のなかからハラール食品の卸売り・小売を手がける者がでてくるようになり、そうした店舗が最初に開設されたのが一九八七年のこととされる。この年には他にも数社がハラール食品の卸売りを始めていることから、樋口はこの年を「日本のハラール食品業界元年」とも捉えている［樋口　二〇〇七：一二五］。

一九八四年～八八年まで筆者が筑波大学に勤務していた当時、マレーシアからの留学生がハラール肉の入手が困難なことから、来日後二年間一度も肉を口にせず、タンパク源としては魚と卵だけで暮らしていたという話を聞いて驚いたことがあった。その留学生は、日本の生活でムスリムの留学生の多くは、二つのことで特に頭を悩ませると話していた。一つは礼拝場所の確保であり、次が食事の問題である。当時、筑波大学に在籍していたムスリムの留学生たちは、第一の問題を解決するために大学側に礼拝室の提供を申し入れたが、国立大学が特定の宗教に配慮をするのは難しいとのことで、それが認められなかったため、各自少額ずつ寄付金を出し、アパートの一室を借りてそこを礼拝室として使用するようになっていた。そして二番目の問題に関しては、ほぼ同じメンバーが中心となり、代表者が輪番で週末に東京まで出向いてハラール肉を大量に購入して分配したり、近隣の農家から家畜、主に鶏を購入して自ら屠殺してその肉を分配するということを行っていた。

この筑波大学時代の話も、樋口がハラール食品業界元年とする一九八七年と相前後する頃のことであり、日本でハラール食品の入手が少しずつ容易になっていった時期とちょうど重なり合っている。

樋口らによると、八〇年代末のハラール食品店のほとんどは、アパートの一室を使った「簡易店」や自動車を使った移動販売であり、店舗を持っていたのは、五、六軒に過ぎなかったという。当時は、ビザの関係もあり、市場の見通しが立たないことから、一時的な副業として食品を扱う人が多かったとしている［樋口他　一九九八：八］。

九〇年代に入り、日本人と結婚して安定的な滞在資格を得る人が出てくると、企業家思考を持つ人も増え、店舗を借りて営業するケースも現れ、海外から直接ハラール肉を輸入する人も出てきたという(14)。そしてハラール食品店は、一九九二～九四年頃に急増し、九五年には倒産する店も目立ったが、新たに開店する店もあったことから、数としては横ばいで、業界全体としては安定期に入ったとしている［樋口他　一九九八：八―九］。

そしてこれらの食品店では、ハラール肉ばかりでなく、それぞれのムスリムの出身国の料理を作るための食材、多様な香辛料や豆類、缶詰、乾物、ナンやチャパティ、また馴染みのある菓子やジュースなども売られていたことから、それらの店舗はハラールであると同時にそれぞれの民族料理・郷土料理のための食材供給所でもあったことが理解できよう。

これらのハラール食品店やその販売業は、日本で暮らす外国人ムスリムたちが、自らの信仰に基づく必要性やまた異国暮らしのなかでの自文化の食生活の必要性そして同胞のムスリムたちのために開業したハラール食品ビジネスであり、すなわち、「滞日ムスリムによる、日本国内ムスリムのためのハラール食品産業」という特徴をもっていたと捉えられる。桜井も、日本人との結婚で安定した在留資格を得たムスリムたちのあいだに、ハラール食料品店を始める者が多かったと指摘している［桜井　二〇〇三：一六六―一六七］。日本で家族をもち、日本に根を下ろして生活していく過程で、自らの信仰にも叶う仕事として、「ハラール食料品店の経営」は確かにそれに適した職業の一つであったと思われる。すなわち、ムスリムにとって、それは「ハラール」というメタ理念に基づく「信仰の実践と食生活のニーズと収入創出活動」という三つの要件を満たしてくれる職業であったということになろう。

現在ではインターネットの普及もあり、ハラール食品はネット通販などでも容易に入手できるようになっている。その点では、滞日ムスリムにとってはハラール食品の問題は以前ほど困難ではなくなりつつある。一方、こうした滞日ムスリムによる国内ムスリム向けのハラール食品販売業は、もともとその市場規模が限定的であることから、トランスナショナルにビジネスを展開拡大している中古車販売業などとは対照的に［福田　二〇〇七］、伸び悩みの状況にあるともされている。事実、二〇〇〇年代後半にはＪＲ新大久保駅付近に六軒みられたハラール食品店

新大久保にあるハラール食品店

ハラール食品店の内部

かつて新大久保にあったハラール料理店とその前に出ていた看板（2011年に閉店）

のうち、その半数の三軒がここ二～三年のあいだに廃業となり、[15]また経営者などが入れ替わっている（前頁写真参照）。

3 日本の研修機関や大学食堂でのハラール・メニューの広がり

さて、以上の滞日ムスリムによる国内同胞のムスリムを対象としたハラール食品の事業経営とはまた異なるハラール食の産業が、近年、日本でみられるようになっている。すなわち、冒頭で挙げた②「日本人による、異文化理解・交流型の国内ムスリム向けのハラール食の提供事業」であり、主に研修機関や大学などの食堂の「ハラール・メニュー」がそれに相当する。

その先駆的な事例には、まず独立行政法人の国際協力機構ＪＩＣＡの食堂が挙げられる。東京・幡ヶ谷にあるＪＩＣＡ東京の研修・宿泊施設は一九八五年に開設されたが、その当初より、世界各地からの研修員のために、食堂では宗教的戒律に配慮したメニューを提供している。その食堂のホームページには、研修で海外からきた人たちが困らないように、いろいろな国の食事が用意されているとされ、イスラームの食の戒律に配慮したハラール肉使用のメニューやハラールのケーキなども紹介されている。[16]

こうしたＪＩＣＡの研修・宿泊施設は全国に一一か所あるが、それらの食堂はＪＩＣＡの直営ではなく、委託業者によるものであるため、メニューの内容は一律ではない。またＪＩＣＡでは、ハラールフードの取扱いについては、ハラール認証のような厳しい統一的方針は定めていない。しかし、食堂業務の仕様には「宗教的戒律に応じて選択できるようメニューを設定する」という要件を入れており、これに基づいて委託業者との交渉でメニューが決められているとのことである。したがって、研修員の歓送迎会などでも、ムスリムでも食することができるメ

表2　ハラール・メニューを提供している日本の大学の食堂

大学名	学食名	備考
北海道大学	北部食堂 中央食堂2階	2005年11月に初めてハラルフード・デーを開催、2009年9月からハラル・ランチ・プレート提供テスト、2010年4月からハラル・ランチ通常提供。平和と国際連帯活動の一環
東北大学	青葉山キャンパス生協食堂 工学部中央食堂 文学部食堂	2007年4月から外部業者へ委託して提供、08年4月からはイスラム文化協会の協力の下、大学食堂独自で複数のハラール・メニューを提供。東北大学国際化推進プロジェクトの一環
筑波大学	2B棟　カフェ・マルハバン	2011年から提供。カフェ改修工事中はハラール弁当を提供
東京大学	本郷キャンパス第二食堂	2006年12月から提供
東京工業大学	大岡山生協食堂（第1・第2食堂）	2010年6月から東工大イスラーム協会の協力の下、食材・調理器具・工程を確認して提供
東海大学	湘南キャンパス8号館食堂	2011年から提供（カレーとカブサ）
早稲田大学	大隈ガーデンパレス	2013年4月から提供
山梨大学	大学生協食堂	2013年12月から2品目各20食提供。食材は大学生協東京事業連合が馬政府の許可したものを一括で仕入れている
国際大学	大学食堂	2011年11月から日替わりでのメニュー提供
金沢大学	生協自然研食堂	2011年5月1日付でタイ国中央イスラーム評議会からのハラール認証を所得し、ハラール・メニューを提供
豊橋科学技術大学	大学食堂	2010年よりハラールフードを提供
名古屋大学	生協「ブレンドリィ南部」食堂	2008年6月から提供。ムスリム留学生と相談・協議し、調理場調理器具などもハラール専用のものが整えられて実現。留学生教育センターが『ムスリムの学生生活～ともに学ぶ教職員と学生のために』を2012年に発行
京都大学	生協食堂	2006年4月から提供
立命館大学	びわこ・くさつキャンパス食堂 衣笠キャンパス食堂	2009年から提供 2013年9月から提供
同志社大学		2013年4月から「ハラール1」（ハラール認証を受けた食材のみのメニュー）「ハラール2」（豚とアルコール不使用メニュー）を提供
大阪大学	吹田・豊中・箕面全キャンパスで提供	1993年に吹田キャンパスで初めて提供
岡山大学	生協学生食堂	2007年から提供、食材は専門業者から仕入れ、専用の調理器具を使用。「食を通じた異文化理解につながれば」との期待
広島大学	会館食堂、東食堂	ハラール認証マーク入のメニューを提供
九州大学	伊都キャンパス・センター2号館食堂 QASIS	2009年からハラール料理コーナー開設、福岡在住のエジプト人経営のレストランと共同してハラール食を提供
立命館アジア太平洋大学	学生食堂	2000年開学以来、ハラールフードを提供

ニューが必ず用意されているとのことであった[17]。

そしてJICAの食堂は一般市民にも公開されているものであることから、宗教的戒律に則ったこうしたエスニック料理はまた、日本人にとっても異文化体験やその理解を深めるものともなっている。

同様に留学生を多数受け入れている国公立や私立の大学などでも、その学生食堂などで特に二〇〇〇年代中頃からハラール・メニューを提供するところが急増している。前頁の表2は、現地調査やインターネットで情報が得られた範囲で、日本のそれらの大学名と食堂と開始年などを挙げてみたものである。

大阪大学は、そのなかでも最も早い一九九三年からハラール・メニューを提供している[18]。京都大学でも、一九九七年にインドネシアの留学生から生協に対してハラール食対応の要望があり、当時の生協専務理事が中心となって、インドネシアの留学生と相談してメニューを考え、ハラールのシールも作り、準備を進めていたことがあったとされる。しかし、インドネシアの留学生たちが「ハラール」と下した判断に対し、他のイスラーム関係者から「ハラール」の基準が明確ではないという苦言が呈され、実施が見送られたという。しかし、その経緯を踏まえて中島達弥店長の代になり、ハラール・メニューを加えるために、京大のイスラーム研究者を通じて紹介されたイスラーム文化センターに問い合わせ、食材や調理工程を監修してもらい、二〇〇六年から「ハラールチキン・エスニック風」という新メニューを提供しているという。その二年後にはケバブなどの新規メニューも追加されている。中島店長は、インタビュー記事のなかで、将来的にはハラール・メニューの他に、さらに制約が厳しいベジタリアンのメニューにも挑戦していきたいとの抱負を述べている[19]。

東北大学でも二〇〇七年から工学部と文学部の食堂でハラール・メニューを提供している。これは、東北大学国際化推進プロジェクトの一環事業とされている。ハラール・メニューの提供は、原材料の吟味に始まり、専用の調理空間や調理器具の使用、調理工程などにも厳しい規制があり、コストもかかることから、当初、東北大ではハラール・レストランからのメニューを学食で販売する外注方式を採用していた[20]。しかしその後、当大学のイスラム文化協会の協力やまたハラール対応の学食のある大学視察などを重ね、二〇〇八年四月からは自力でハラールフードの提供も開始しており、今では一〇点ほどのメニューを用意している［共同通信社編　二〇〇九：二七六―二八〇］。

名古屋大学でも二〇〇八年から学食でハラール・メニューが提供されている。加えて名古屋大学では、二〇一二年に『ムスリムの学生生活～ともに学ぶ教職員と学生のために』と題された和文英文でのハンドブックが作成されている。この冊子は、留学生教育センターの職員とムスリム留学生、さらに埼玉県一ノ割モスクの宗教指導者の協力の下で、作成されたとされている。冊子の副題にもあるように、そこにはムスリムの学生たちと教職員と日本人学生とがともにイスラームを理解し学び合うという相互の文化理解や交流という姿勢が読み取れよう。

このように大学の学生食堂でのハラール・メニューの提供は、今のところ、その実態や規模はさまざまで、金沢大学のように本格的にハラール認証を取得して食堂運営をしているところから[21]、外からの協力者を得て監修した上での経営やまた外注方式まで多様である。また二〇一三年からハラール・メニューの提供を開始した同志社大学の学食の場合は、ハラール認証を受けた食材のみで作られたメニューを「ハラール１」とし、豚とアルコールを使用していないメニューを「ハラール２」として、ハラール性の基準の厳格さによってメニューを二種類に分けている。このように、日本の大学の食堂の「ハラール・メニュー」については、今のところ、統一基準がある訳ではなく、厳格さについても多様であるのが現状といえよう。

ただし、ハラール食の提供は、グローバル化時代の、また日本政府の「留学生三〇万人計画」という政策もあり[22]、今後研修機関や大学などの教育現場などでは、ますますそのニーズは高まるものと考えられる。それはまたハラール食を提供する日本人側にも、異文化理解や国際交流のためのまたとない機会ともなるものである。事実、こうしたメニューを提供している大学や食堂の経営方針には、確かにそうした異文化理解や国際化に向けての開かれた姿勢がみられる。

例えば、北海道大学でのハラール・ランチの提供は「平和と国際連帯活動」の一環とされ、東北大学でも学食のハラール・メニューも既述のとおり、「東北大学国際化推進プロジェクト」の一環として始められている。また京都大学でも留学生からの要望を受けて、ハラール・メニューの提供を開始後、それをさらにベジタリアンにまで広げようともしている。岡山大学の食堂責任者も、「食を通じた異文化理解」という理念を話されていた。

すなわち、こうしたハラール・メニューの提供は、同じく「ハラール」というメタ理念と関わる食品産業ではあるが、先の「滞日ムスリムによる、国内ムスリムのためのハラール食品産業」とはまた異なり、日本人による、異なる宗教や文化背景をもつ研修員・留学生たちへの配慮やその戒律の理解を踏まえたサービス提供であり、そこには同時に自らの国際化、国際連帯、異文化理解・交流へと繋がるものがみられるだろう。こうした特徴を踏まえるならば、大学などでみられる最近のこうした動向は、「日本人による、異文化理解・交流型の国内ムスリム向けの(特にムスリム研修員・留学生向けの)ハラール食の産業」と捉えられるだろう。

なお、二〇〇九年の岸田による報告書では、全国の四八大学のうちハラール・メニューを学食で提供している大学は六校(国立五校、私立一校)とされていたが[岸田 二〇〇九:一二]、今回の筆者の調査では二〇の大学(国立一四校、私立六校)の食堂でハラール・メニューの提供が確認できたことから、僅か三〜四年のあいだにハラール食提供の学食がさらに三倍以上に増えたことになる。

4　日本企業によるイスラーム圏市場向けのハラール食品産業の胎動

以上の「滞日ムスリムによる、国内ムスリム向けのハラール食品産業」と「日本人による、異文化理解・交流型の国内ムスリム向けのハラール食の提供事業」に加えて、ここ数年のもう一つの新しい動向として、「日本企業による、国内外のイスラーム圏市場向けのハラール認証付きの食品産業」を挙げることができる。

「ハラール」認証に関しては、日本ムスリム協会では一九九〇年代の中頃から企業からの要請を受けてその発給を行っていたが、二〇〇一年にその体制を強化するために同協会内に教務部を設立し、その部署と拓殖大学のイスラーム研究センター（海外事情研究所のなかに新設）が連携して企業の要請に対応するようになったとされている［武藤　二〇〇五：三五四～三五五］[23]。

その後、日本国内にも本格的にマレーシアなどで認証資格を得た複数のハラール認証団体が設立されるようになっている。二〇一〇年には大阪にNPO法人の日本ハラール協会が[24]、二〇一二年には福岡で特定非営利活動法人日本アジアハラール協会が[25]、そして二〇一三年六月には東京で一般社団法人日本ハラル（ハラール）推進協会が設立されている[26]。またハラール認証団体ではないが、二〇一二年秋に設立された一般社団法人ハラル・ジャパン協会は[27]、ハラール産業推進のための情報提供や助言、基礎講座・講演会の開催、ハラール産品販売支援、ハラール産業視察ツアーなどを企画し、産業界の人々を繋ぐ活動を行っている。

「ハラール認証」の取得には厳正な審査を伴うが、日本ムスリム協会と拓殖大学イスラーム研究センターでのハラール認証取得の手続きに関しては、以下の過程を踏む。まず①企業等からの「ハラール性研究委託申込書」の提出、②企業と大学間でのその目的・調査担当者・調査期間・経費また秘密保持について明記した契約書の取り交わし、③企業からの情報提供と調査実施（調査の対象は原材料、素材、製品、成分、添加物、触媒等の説明資料ばかりでなく、工場査察も行い、原材料の倉庫の保管状況、製造過程、完成品包装、製品倉庫、流通までも含む）、またラボテストが必要な場合は、サンプルを拓殖大学で調査、④調査結果を日本ムスリム協会教務部特別委員会ハラール担当（またはシャリーア委員会）で協議し、ファトワー的判断を下す、という流れである。[28]二〇〇五年の時点では、三〇社の申し込みのうち、ハラール認証を取得できたのは一〇社ほどとされている［武藤　二〇〇五：三五七―三六二］。

今日では、ハラール認証団体が複数みられるようになり、またそれに関するガイドブックや講習会や助言や支援、関係者交流会も増え、ハラール認証をより取得し易い環境が整いつつあり、実際に取得を目差す企業も増加している。特にTPP交渉などが進展するなか、企業の海外展開戦略として人口増加中のイスラーム圏市場は大変魅力的であり、そのため「ハラール」の理念を積極的に取り入れて商品開発をし、認証取得のうえで新たなビジネス展開に挑戦するケースも増えてきている。

日本政府もまたこうした動きを支援するかのように、農林水産省は二〇一三年八月に農林水産物や食品の「国別・品目別輸出戦略」で、重点地域としてインドネシアやマレーシア、中東などのイスラーム諸国を挙げ、また二〇一四年度予算の概算要求でも「強い農業作り交付金」（三三四億円）に六〇億円の「ハラール優先枠」を初めて設けるようになっている。また同省は、二〇一四年度からハラール対応の施設整備費のほぼ半額を補助する政策方針も決定している。[29]

こうした政策で対象になっているハラール食品産業は先の二つのハラール食品産業とはまた特徴を異にするもので、それはハラールのメタ理念に基にした、「日本企業による、ハラール認証取得のうえでの国内外イスラーム圏市場を対象とするハラール食品産業」という、より営利重視の新たな企業経営戦略と関わるものであろう。

そうしたイスラーム圏市場向けの日本企業製造のハラール食品にはすでにさまざまなものがみられ、具体例としては、畜産物では牛肉、鶏肉、たまご、その加工品のハンバーグ、餃子、牛丼の素、レトルト・カレー、やきとり、ゼラチン、水産物では魚加工品（ひもの）、海苔のほか、農産物とその加工品には、米、米菓子（せんべい、おかき）、小麦粉、うどん、ラーメン、豆腐、干し芋、生姜加工品、和菓子（栗きんとん、まんじゅう）、洋菓子（ロールケーキ）、味噌、醤油、日本茶などが挙げられる［ブランド総合研究所編　二〇一三］[30]。

すなわち、精肉類やその加工品に留まらず、一般的にはそのままでハラールとみなされている農作物やその加工品にも敢えてハラール認証のマークを付すことで、他商品との差異化を図る試みがみられるのである。それらの商品にはまたハラール認証のマークばかりでなく、ネーミングにもこだわりや工夫を凝らしたものが多い。

例えば、大阪ハラルミートコーポレーション（大阪市）の商品は「ハラール和牛」、井上スパイス工業（埼玉県上尾市）のレトルト・カレーは、イスラームと同語根で「平安」を意味する「サラーム」を連想させる「幸いカレー」、また肉を使わず地元の鯵《あじ》を餡《あん》に使った吉村商店（佐賀県唐津市）の餃子は「アジアン・ギョーザ」などと、消費者マインドにアピールする商品名が工夫されている。また東南アジアで現地生産されているグリコのスナック菓子の「ポッキー」は、豚のPork を連想させる名称を避け、「Lucky Stick」と名称を変更して販売されている（写真）。

日本企業のハラール認証付きの食品。左下がグリコのマレーシアで製造の Lucky Stick

こうしたハラール食品のなかには、さらにこれまでイスラーム圏の人々には馴染みが薄かった日本食の食材、味噌や醤油さらに日本茶なども含まれている（次頁写真）。

味噌業界の大手、長野県下諏訪町のひかり味噌会社では、事業のグローバル展開としてイスラーム圏への輸出拡

▲ハラール認証付きの日本の緑茶

◀日本製のハラール食品展示会

大を目指し、二〇一二年一二月に味噌業界で初めてのハラール認証を取得したという。すなわち、「ハラール」という異文化の宗教的メタ理念を積極的に取り入れ、それをむしろ活用することで、イスラーム圏での日本食・味噌の認知と普及に取り組んでいる。二〇一三年一月より出荷を開始し、五年後には年間販売一〇〇〇トン、売上高に対する海外比率一〇パーセントを目標に積極的な海外展開を目指しているという[31]。

こうした動きは、大手企業のグローバルな事業展開としてばかりでなく、中小企業における事業戦略としてもみられる。例えば、佐賀県有田町の原田醤油店は家族で経営してきた醤油メーカーであるが、生産量がピーク時の約三分の一にまで落ち込んでしまった。そのため、販路拡大への望みをかけて二〇一一年一一月にハラール認証を取得している[32]。そしてこの原口醤油のハラール「濃口醤油」は佐賀新聞でも報じられ、福岡市で開催された「ハラール食品見本市」などにも出展されている。

こうした日本の食品製造業におけるハラール認証取得への関心の背景にはまた、世界における日本食ブームとも無関係ではないだろう。『日経ビジネス』の「爆発する日本食経済圏」と題した特集によると［日経ビジネス　二〇一三年七月号：二六―四三］、日本食の人気が目下、世界で急速に高まっており、海外の日本食レストランの数は、二〇一三年三月時点で五万五〇〇〇店舗ほどあり、わずか三年で約二倍に増加したとされている。しかも急成長の牽引役が日本人ではなく、外国人の経営する日本食店の急増であり、それが海外の日本食レストランの八～九割を占めるまでになっているという。これまで日本料理というと寿司や刺し身など高価なものが多かったが、現在ではラーメンやカレーライスなどの庶民的な日本食も人気を集めているという。

日本貿易振興機構（JETRO）の二〇一三年の『日本食品に対する海外消費者意識アンケート調査』でも、「好きでよく外食する外国料理」について、イタリア、中国、香港、韓国で約四分の一の人が「日本食」と回答し、一位であったほか、フランス、台湾でも一番人気となっている［日本貿易振興機構　二〇一三：一五］。同機構の二〇一二年の調査報告書では、マレーシアでも日本食や日本食品への人気が高まりつつあるが、マレー系マレーシア人をより取り込むためにはハラールの問題をクリアすることが課題として指摘されている［日本貿易振興機構　二〇一二：三二］。

また日本の農林水産省では、二〇一三年三月に日本の食文化の素晴らしさを世界にアピールするために「日本食文化のユネスコ無形文化遺産への登録申請」を行い、同年一二月にはその登録が首尾よく決定された[33]。

このように日本食ブームやまた日本食文化のユネスコ無形文化財登録などもあり、今後、日本食をさらに海外に売り込むにあたって、特にイスラーム圏向けには、ハラールのメタ理念を理解し、「ハラール認証」を取得することは日本の食品業界にとっても重要かつ魅力的なものになると思われる。

さらに海外ばかりでなく、最近は日本国内向けにもハラール食品やその食材は、例えば、増加する東南アジアからの観光客、特にインドネシアやマレーシアのムスリム観光客への対応として注目を集め始めている。事実、レストランばかりでなく、ホテルや旅館などでもハラール認証を取得して、ムスリム観光客の積極的誘致に乗り出すところも、この一～二年に急増している。

北海道の留寿都村のルスツリゾートでは二〇一二年にハラール認証を取得して、ハラール専用の調理場を作り、

ホテル・スプリングス幕張内の礼拝室（右）と
同ホテルでのハラール宴会用メニュー試食会

ムスリムの観光客受け入れに対応し始めており、[34] 京都のホテルグランヴィア京都などでも同様のムスリム観光客受け入れ体制を整えているという。また東京の新宿ワシントン・ホテルの場合は、事前予約でアルコールや豚肉抜きの「ハラール」対応の料理を提供しており、帝国ホテルでも客室にメッカの方向を示す印や礼拝マットを用意するという対応をしているとされる。[35] 千葉のホテル・スプリングス幕張でも二〇一三年からハラール・メニューの提供を開始している。このホテルでは、二〇一三年七月にハラル・ジャパン協会主催のハラール・セミナーとハラール対応ホテル視察会が開催され、その機会に筆者もゼミ生たちとともにこのホテルを訪れた折には、ロビーには実際にハラール認証が額に入れられて飾られ、ホテル内には礼拝室も設けられ、また客室にはメッカの方向を示すキブラの矢印や礼拝用絨毯も用意されていた。[36] またこのホテルのハラールの調理場は一般の調理場とは異なる建物にあり、食材管理から調理器具も全て専用のものを使用するという徹底ぶりであった。

こうしたムスリム対応のホテルや旅館では、客室にハラール認証のついたお茶や米菓子や和菓子などを用意するところもあり、それらはまたムスリム観光客の土産物にもなっているという。[37] 横浜観光コンベンション・ビューローでも、東南アジアのイスラーム圏からの観光客誘致の取り組みを推進しており、「新横浜ラーメン博物館」では、二〇一三年七月から、ムスリムの戒律に対応したラーメンやまた菜食主義者に対応したラーメンを実際に提供し始めている。

こうして、日本企業製造のハラール食品やまたムスリム向けのサービスは、今や国内においても観光産業などを中心にその普及が進みつつあることを確認することができるだろう[38]。

おわりに――ハラール産業のもつ可能性とその課題

日本におけるハラール食品の産業は、以上で述べてきたように、同じく「ハラール」というイスラームのメタ理念を掲げつつも、歴史的には担い手やその対象顧客や事業目的によってほぼ三つに大別される異なる動向がみられてきたと言えるだろう。すなわち、①「滞日ムスリムによる、国内ムスリム向けのハラール食品産業」、②「日本人による、異文化理解・交流型の国内ムスリム向けのハラール食の提供」、そして③「日本企業による、国内外のイスラーム圏市場向けのハラール認証付きの食品産業」の展開であり、現在もそうした潮流は変容や新展開を遂げつつ広がりをみせてきている。

最初の①「滞日ムスリムによる、国内ムスリム向けのハラール食品産業」は、今後日本国内のムスリムを対象としているだけでは、その数が増えない限り、市場規模には限界があることから、大きな成長は難しいと判断される。しかし、新たに②や③の動向がみられるようになったことで、それらとの連携による新しいビジネス展開の可能性は充分にあり得る。すなわち、②の異文化理解・交流型のハラール食の提供が、より多くの大学や企業等でも実施されることになれば、①の販路拡大にも繋がるはずである。また①の担い手たちが、日本国内に目を向けるだけでなく、日本製ハラール食品を自らの出身国や地域へと輸出し、すなわち③との連携を図るならば、今後新たなビジネス展開も可能になるように思われる。

また②の「日本人による、異文化理解・交流型の国内ムスリム向けのハラール食の提供」は、今後日本がさらに国内において国際化していく要件の一つとなるものであり、減少ではなく、増加や普及の方向へ向かうと予想される。その場合、自文化と異文化との境界を作る方向ではなく、それを異文化理解や交流へと繋げていくことこそがその課題となるだろう。それはまた二〇二〇年の東京オリンピックの開催といった世界的ビッグ・イベントなどを控えて、日本の社会や文化をより一層成熟させていくものとなることが期待される。

そして③の「日本企業による、国内外のイスラーム圏市場向けのハラール認証付きの食品産業」は、今後のムスリム人口の増加とそのイスラーム圏市場の購買力を想定するならば、グローバル化する経済のなかで、またＴＰＰの締結後の日本の経済戦略としても、魅力的な選択肢の一つであることには間違いないだろう。

しかしながら、こうしたハラール食品産業の広がりの動きの中で、全く問題や課題がないわけではない。「ハラール性」をめぐっては、その認証の世界的基準の認識が広まりつつある一方で、アヤンが指摘しているように、「ハラール認証」は単なるハラールマークのゴム印の問題ではないという面がある［Ayan 2013：126］。すなわち、厳正な解釈判断に基づけば、ハラール性の問題は、ハラール認証の取得の以前もその後も、原材料の生産過程（飼料、肥料、農薬など）、屠殺手法、加工過程（添加物など）、製品化、輸送経路、貯蔵、陳列・販売空間、さらにはその販売で得た利益の分配やその使途に至る全ての過程でのトレーサビリティにまで及ぶものである。

さらに「ハラール」というメタ理念に基づく産業とは、ここで取り上げた食料品に留まらず、栄養補助食品、医薬品、化粧品、衣料品、皮革製品などの消費財に加え、金融・保険業、観光業、教育、介護、運送、貯蔵、陳列などのサービス業その他、実に多様で広範な産業部門とも関わり得るものである。そのため、マレーシアのハラール・ハブ国家戦略では、ハラール産業の経済特区の設置や製造から物流までを一貫して行う「ハラール・スーパーハイウエイ」という物流システムや、同国から中東へ製品を直輸送する「ハラル・エクスプレス」などが重要な役割を果たしてもいる。

しかし、このように言わば何にでもハラール認証を付し、ハラール特区を作るような過度の「ハラール化」の現象は、他方ではフィッシャーが指摘するように、「ハラールのマレーシア化」とも評されるような状況を作り出してもきている［Fischer 2008：31, 37］。すなわち、そうした宗教的価値の付与が、逆説的ではあるが、ハラールではないもの、ハラームなものとの差異を明確化し、その排除や世俗性を顕在化させることにも繋がっているという指摘である［Fischer 2011：69–70］。

ハラール認証は付加価値をもたらす経済戦略として魅力的なものではあるが、同時にハラール認証の厳格化やその氾濫は、その反対のハラーム性や非宗教性、世俗性を逆説的に顕在化させ、ハラール性やその専用スペース・特区が一つの閉じた世界を作り出すことにもなり兼ねないという問題性をも孕んでいるのである。ハラールマークの過剰な氾濫に乗じて、実際に偽装ハラール商品が出回ったり、ハラール認証取得のために賄賂が使われるという問題もすでに起きているとされている［Fischer 2011：76］。またザリーナは、マレーシアでのハラール産業の担い手のほとんどはインド系や中国系の人々で、マレー系のムスリム生産者のなかには、自ら生産している製品のハラール性は自明であるということから、手間や費用のかかるハラール認証取得には消極的な者も少なくないとも指摘している［Zalina 2008：613–614］。

カラダーウィーは、先に挙げた著書のなかで、以下のように論じている。

> ハラールとハラームは、シャリーアというイスラームの全法体系の一部を成すもので、シャリーアの主たる目的とは人類への福利である。シャリーアは、人間から有害なものや厄介な慣習、迷信を取り除き、日々の生活事象を簡明にすることを目的としている。それらの規範は、人間の生活のあらゆる面で、人間を悪から保護し、人間に善をもたらすように考えられている。それはまた共同体の全ての人々、富者や貧者、支配者と被支

配者、男性と女性の全てに恩恵をもたらすために作られており、同時に地球上のさまざまな国や地域や多様な集団の全ての人類に対して、時代や世代を超えて恩恵をもたらすものとして作られているものである［Al-Qaradawi 1988 : 6］。

「ハラール」というイスラームのメタ理念に基づく経済活動もまた、カラダーウィーが述べているように、全人類に対して福利や恩恵をもたらすようなものとなるためには、今後どのような展開が望まれるのだろうか。単にそのトレーサビリティが、宗教的戒律の禁止物質の有無やその排除の問題に留まるのか、あるいは「ハラール」というメタ理念が、今日的グローバル・イシュー、すなわち地球環境問題、貧富の格差是正、労働者への公正な賃金、児童労働禁止、汚職・賄賂の禁止、人権保護や平和構築などといった、より普遍的価値や全人類が共有する諸問題の解決へとも繋がってゆくものとなるかのどうか。そうした点が「ハラール産業」が今後、地球的規模で拡大し受容されていくものとなり得るかどうかの鍵となるようにも考えられる。

注

（1）「ハラール」は、東南アジア諸国などでは「ハラル」と表記されることもあるが、ここではすべて長母音表記を入れた「ハラール」に統一する。

（2）Pew Research Centerによれば、二〇一〇年時点ではキリスト教徒が約二二億人で世界人口の三一・五パーセント、次がムスリム人口で、さらにヒンドゥー教徒は約一〇億で一五パーセント、仏教徒が約五億人で七・一パーセントを占める。ただし、各宗教人口の平均年齢では、世界人口の平均年齢が二八歳であるなか、ムスリム人口のそれは二三歳で、ヒンドゥー教の二六歳、キリスト教の三〇歳、仏教徒の三四歳、ユダヤ教徒の三六歳と比較しても圧倒的に若く、そのため今後、人口増加が見込まれている。Pew Research Religious and Public Life ProjectThe Future of the Global Muslim Population. Janurary 31, 2011. www.pewforum.org/2011/01/27/the-future-of-the-global-muslim-population/（二〇一三・八・一　閲覧）

（3）第7章157節ではその中ほどに、「……かれ（神）は正義をかれらに命じ、邪悪をかれらに禁じる。また一切の善い（清い）ものを合法［ハラール］となし、悪い（汚れた）ものを禁忌［ハラーム］とする。……」とあり、第16章116節には「あなたがたの口をついで出る偽りで、『これは合法［ハラール］だ、またこれは禁忌［ハラーム］です』と言ってはならない。……」とある。日本ムスリム協会『日亜対訳注解　クルアーン』二〇〇九（一九八二）二〇一頁、三三七頁。

（4）『コーラン』のなかで禁じられた食物について述べている第2章173節では、「かれがあなたがたに（食べることを）禁じられるものは、死肉、血、豚肉、およびアッラー以外（の名）で供えられたものである。だが、故意に違反せず、また法を越えず必要に迫られた場合は罪にはならない。」とあり、第5章3節では「あなたがたに禁じられたものは、死肉、（流れる）血、豚肉、アッラー以外の名を唱え（殺され）たもの、絞め殺されたもの、打ち殺されたもの、墜落死したもの、角で突き殺されたもの、野獣が食い残したもの、（ただしこの種のものでも）あなたがたがその止めを刺したものは別である。また石壇に犠牲とされたもの、籤で分配されたものである。これらは忌まわしいものである。」とある。その他、第6章145節、第16章115節でも同様の内容が出てくる。また酒に関しては、第2章219節に「かれらは酒と、賭矢に就いてあなたに問うであろう。言ってやるがいい。「それらは大きな罪であるが、人間のために（多少の）益もある。だがその罪は益よりも大である。」とあり、第4章43節には「あなたがたが酔った時は、自分の言うことが理解できるようになるまで、礼拝に近付いてはならない」、また第5章90節に「誠に酒と賭矢、偶像と占矢は、忌み嫌われる悪魔の業である。これを避けなさい。」とある。日本ムスリム協会『日亜対訳・注解　聖クルアーン』二〇〇九（一九八二）参照。

（5）健全なムスリムが、アッラーの御名を唱え、頚動脈を鋭利なナイフで切って屠り、血抜きをした肉が合法な食肉（ハラール・ミート）とされる。そのため、電気ショックなどで屠畜された肉は非合法である。

（6）一九八八年、一九九四年、二〇〇一年、二〇〇六年、二〇一一年にそれぞれ異なる出版社から刊行されている。ユースフ・カラダーウィー氏は一九二六年エジプト生まれ。幼少期をカタールで過ごした後、エジプトのアズハル大学に進学、一九七三年同大学より博士号取得。二〇〇五年時点ではカタール在住。一九九七年には各地で講演のため来日している［遠藤　二〇〇五：一五九］。なお、本稿でのアラビア語の人名のカタカナ転写では定冠詞のアルは省略し、アルカラダーウィーではなく、カラダーウィーと記す。

（7）この著書の抄訳は、拓殖大学イスラーム研究センターの機関誌『シャリーア研究』にも掲載されており、全訳の出版予定もあるとされている［遠藤訳　二〇〇五、二〇〇六］。

（8）imarat consultants のＨＰサイト http://www.imaratconsultants.com/Imarat_Consultants/Home.html（二〇一三・八・二五閲覧）

（9）インドネシア・イスラーム学者評議会附属機関とマレーシア政府イスラーム開発局という公的機関の協力下で設立。

（10）この表作成にあたり、多数のインターネット・サイトを閲覧したが、その数は厖大であることから、ここではそのサイトのリストは割愛させて頂いた。

（11）組織名は、二〇〇四年の第三回総会で「ハラール」は食品に留まらず、医薬品・化粧品などその他にも及ぶものであることから、「世界ハラール評議会」と改称された。

（12）桜井によれば、外国人・日本人ムスリムを合わせて七万人程度とされているが、この著書を書いた時点でも、その数には一〇万〜二〇万までの幅があるとしている［桜井　二〇〇三：二九、三七］。本文で挙げた数字は、二〇一三年代時点での複数のモスク関係者からの情報に基づく。

（13）一九八〇年代中頃、神戸モスクを訪れた際に、モスクに隣接した建物の冷凍庫に冷凍ハラール肉がたくさん貯蔵されており、モスク関係者の方の話では購入を希望する信徒に分けているとのことであった。したがって、こうした非営業的ルートは以前からもみられていたと思われる。

（14）一九九〇年には、こうした状況を背景に「全日本ハラール食品協会」が設立され、日本企業も含む三〇〜四〇の業者が加盟し、設立後三〜四年間は、毎月会合を持つなど活発に活動をしていたとされる［樋口他　一九九八：九］。

（15）ビルの二階にあったＦＵＪＩというハラール食品の店舗も二〇一一年に廃業となっている。またハラール・メニューを提供していたタイ料理店も二〇一一年に閉店となった他、カバブを販売していた店舗はオーナーが二〇一一年に入れ替わっている。

（16）http : //www.jica.go.jp/tokyo/office/shisetsu/restaurant.html（二〇一三・七・一三閲覧）

（17）ＪＩＣＡの食堂管理者からの聞き取りに基づく情報。

（18）「ハラル食じわじわと日本の大学で導入広がる」http : //www.jakartashimbun.com/free/detail/12999.html（二〇一三・八・一三閲覧）

（19）「ハラール食と国際化」中島達弥さん（京都大学生協　食堂統括店長）http : //ksnet.u-coop.net/interview/012809.php（二〇一三・八・一九閲覧）なお、このインタビューの実施日は、二〇一二年五月一四日とされている。

（20）外注方式でのハラール食の提供は九州大学の食堂でも採用されており、福岡在住のエジプト人経営の食堂のハラール食が学食で提供されている。九州大学生活支援施設紹介 http : //suisin.jimu.kyushu-u.ac.jp/ito_info/seikatsu.html（二〇一三・八・一三閲覧）

（21）金沢大学生活協同組合「自然研食堂ではハラールフードを導入しています」http : //www.kindai-coop.or.jp/topics/fresh/meal/restraunt.html#m04（二〇一三・七・三一閲覧）

（22）文部科学省「今後の留学生政策について」http : //www.mext.go.jp/a_menu/koutou/ryugaku/1338568.htm（二〇一三・八・二九）

（23）イスラミックセンター・ジャパンでもハラール認証を出した記録があるとされる［武藤　二〇〇五：三五五］。

（24）http : //www.jhalal.com/about/jha_profile（二〇一三・八・五閲覧）

(25) http://www.nvc.pref.fukuoka.lg.jp/f_cities/profile/2574（二〇一三・八・五閲覧）
(26) http://www.japan-halal.net/（二〇一三・七・二七閲覧）
(27) http://halal.or.jp/（二〇一三・六・二二閲覧）
(28) ファトワーとは出された質問に対してイスラーム法学者が口頭または書面で提示する法学的な回答のこと。裁判官による判決と比べると、ファトワーには強制的執行力がない点で異なっている。
(29) 「イスラム食おもてなし　増える観光客　広がるお墨付き」『朝日新聞』二〇一三年一一日五日　朝刊38面
(30) 一般社団法人ハラル・ジャパン協会主催のセミナーでの情報も含む。また現地生産のハラール認証付き食品としては、味の素、マヨネーズ、インスタント・ラーメン、クッキー、ポテトチップス、かっぱえびせん、栄養ドリンクのリポビタンDなどがあるとされる［ブランド総合研究所　二〇一一：一二八］。
(31) ひかり味噌株式会社ホームページ http://www.hikarimiso.co.jp（二〇一三・九・一五閲覧）
(32) 「関心高まる『ハラール』巨大イスラム市場への販路期待」http://www.saga-s.co.jp（二〇一三・九・一五閲覧）
(33) 農林水産省のホームページ http://www.maff.go.jp/j/keikaku/syokubunka/（二〇一三・七・一三閲覧）
(34) 「戒律に沿った料理工夫」『読売新聞』二〇一三年九月一七日朝刊16面、「イスラム教徒の来日『歓迎』」『読売新聞』二〇一三年九月一七日朝刊17面
(35) 「東南ア誘客へ戒律対応：イスラム圏に照準」『日本経済新聞』二〇一三年七月一一日31面
(36) 当ホテルの周辺には大型商業施設や幕張メッセ、東京ディズニーリゾートや成田国際空港があり、世界各地からの訪問者がいることがハラール・メニュー導入やムスリム対応のサービスへ繋がったとされる。またハラール食はホテル利用客のみならず、ケータリングとしても提供することで採算は取れているとのことであった。
(37) 一般社団法人ハラル・ジャパン主催の二〇一三年八月二八日ハラール・セミナーでの情報。
(38) 「東南ア誘客へ戒律対応：イスラム圏に照準」『日本経済新聞』二〇一三年七月一一日31面

参考文献

アブ・ハッサン、アクマル　二〇一二「急速に高まる『ハラル認証』への関心と需要」『鶏卵肉情報』12月10日、pp.72-76.
Ayan, Abdullahi 2013 *Accessing the Global Halal Market*. North Charleston：Createspace.
ブランド総合研究所編　二〇一三『ハラル市場年鑑　２０１３』一般社団法人ハラル・ジャパン協会。
Dzana Sokolovic 2012 *Halal Business Park Gracanica*. Av Akademikerverlag.
遠藤利夫　二〇〇五「アルカラダーウィー著『イスラームにおける合法（ハラール）と非合法（ハラーム）』抄訳」『シャリーア研究』第2号、pp.159-183.
――――　二〇〇六「アルカラダーウィー著『イスラームにおける合法（ハラール）と非合法（ハラーム）』抄訳Ⅱ」『シャリーア研究』第3号、pp.97-142.
Fischer, Johan 2008 *Proper Islamic Consumption：Shopping Among the Malays in Modern Malaysia*. Nordic Institute of Asian Studies.
―――― 2011 *The Halal Frontier：Muslim Consumers in a Globalized Market. London*：Palgrave Macmillan.
福田友子　二〇〇七「トランスナショナルな企業家たち――パキスタンの中古車輸出業」樋口ほか『国境を超える――対日ムスリム移民の社会学』青弓社、pp.142-177.
林吉郎　一九九四『異文化インターフェイス経営――国際化と日本的経営』日本経済新聞社。
樋口直人　二〇〇七「越境する食文化――滞日ムスリムのビジネスとハラール食品産業」樋口ほか『国境を超える――対日ムスリム移民の社会学』青弓社、pp.116-141.
樋口直人・丹野清人・樋口里華　一九九八「越境する食文化と移民ネットワーク」『食生活研究』Vol.19, No.3, pp.4-12.
樋口直人・丹野清人　二〇〇〇「食文化の越境とハラール食品産業の形成」『徳島大学社会科学研究』第13号、

pp.99-131.

樋口直人編　二〇一二『日本のエスニック・ビジネス』世界思想社。

Houtsma, M. Th. et al.(eds.) 1987（1927）*E. J. Brill's First Encyclopaedia of Islam 1913-1936*. Vol. Ⅲ. Leiden：E. J. Brill.

岸田由美　二〇〇九『留学生の宗教的多様性への対応に関する調査研究：イスラム教徒の事例を通して』２００７―２００８年度科学研究費補助金　若手研究（B）研究成果報告書。金沢大学学術情報リポジトリ。

共同通信社編　二〇〇九『進化する日本の食――農・漁業から食卓まで』ＰＨＰ選書。

Lewis, B. et al.(eds.) 1971 *The Encyclopaedia of Islam* (New Edition). Vol. Ⅲ. Leiden：E. J. Brill.

武藤英臣　二〇〇四「インドネシアのハラール認証」『シャリーア研究』創刊号　pp.166-186.

――――　二〇〇五「ハラール製品――イスラーム圏市場理解の為」『シャリーア研究』第2号 pp.265-308.

中村廣治郎　一九七七『イスラム――思想と歴史』東京大学出版会。

日本貿易振興機構（ジェトロ）農林水産・食品部、海外調査部マレーシア事務所　二〇一二『マレーシア日本食品消費動向調査』日本貿易振興機構。

日本貿易振興機構（ジェトロ）農林水産・食品調査課　二〇一三『日本食品に対する海外消費者意識アンケート調査（中国、香港、台湾、韓国、米国、フランス、イタリア）7カ国・地域比較』日本貿易振興機構。

日本ムスリム協会　二〇〇九（一九八二）『日亜対訳・注解　聖クルアーン』日本ムスリム協会。

大久保賢イブラヒーム監修　田中京子著　二〇一二『ムスリムの学生生活～ともに学ぶ教職員と学生のために』名古屋大学留学生センター&名古屋大学イスラム文化会。

Pew Research Center 2012 *The Global Religious Landscape: A Report on the Size and Distribution of the World's Major Religious Groups as of 2010*. Washington D.C.：P Pew Research ew Forum on Religious Life and Public Life.

Al-Qaradawi, Yusuf 1988 *Halal and Haram in Islam*. Delhi：Shabih Ahmed for Albooks.

桜井啓子　二〇〇三『日本のムスリム社会』ちくま新書。
佐竹眞明編　二〇一一『在日外国人と多文化共生：地域コミュニティの視点から』明石書店。
茂野綾美　二〇〇九「日本企業によるハラール市場開拓に向けて」『ＭＲＩ　パブリックマネジメントレビュー』February, vol.91, pp.1-5.
拓殖大学　二〇〇五「『ハラール・セミナー』講演記録」『シャリーア研究』第2号、pp.309-373.
店田廣文　二〇〇七『関東大都市圏における在日ムスリムの社会的ネットワークと適応に関する調査研究』平成17～18年度科学研究費補助金基盤研究（C）研究成果報告書。
徳増公明　二〇〇五「日本ムスリム協会会長の挨拶」「ハラール・セミナー講演記録」『シャリーア研究』第2号 pp. 309-373.
富沢寿勇　二〇〇七「グローバリゼーションか、対抗グローバリゼーションか？　東南アジアを中心とする現代ハラール産業の立ち上げとその意義」　小川了編『資源人類学4　躍動する小生産物』弘文堂、pp.317-348.
安田慎　二〇一三「倫理からシャリーア・コンプライアンスへ――オルタナチーブ・ツーリズムとしてのイスラミック・ツーリズムの発展」『観光学評論』Vol. 1-1, pp. 51-67.
Zakaria, Zalina　2008 Tapping into the World *Halal* Market: Some Discussions on Malaysian Laws and Standards. *Shariah Journal*, Vol 16, Special Edition, pp.603-606.

雑誌・新聞記事

「東南ア誘客へ戒律対応：イスラム圏に照準」『日本経済新聞』二〇一三年七月一一日31面
「特集　爆発する日本食経済圏　世界が食いつくブームの裏側」NIKKEI BUSINESS　二〇一三年七月一五日
「蘇れ Nippon：観光地『海外客は面倒』」『読売新聞』二〇一三年八月一九日朝刊1面
「戒律に沿った料理工夫」『読売新聞』二〇一三年九月一七日朝刊、16面

「イスラム教徒の来日『歓迎』」『読売新聞』二〇一三年九月一七日朝刊、17面
「イスラム食おもてなし　増える観光客　広がるお墨付き」『朝日新聞』二〇一三年一一月五日朝刊38面
「和食　世界無形遺産に　ユネスコ一二月登録へ」『読売新聞』二〇一三年一〇月二三日朝刊1面

引用ＵＲＬ

*Pew Research Religious and Public Life Project The Future of the Global Muslim Population. Janurary 31, 2011. http://www.pewforum.org/2011/01/27/the-future-of-the-global-muslim-population/（閲覧 2013/07/25）
*Imarat Consultants HP http://www.imaratconsultants.com/Imarat_Consultants/Home.html（閲覧 2013/08/25）
「ハラール食と国際化」中島達弥さん（京都大学生協　食堂統括店長）http://ksnet.u-coop.net/interview/012809.php（2013/08/19）
「新しい店舗と食堂　二〇〇九　九州大学伊都キャンパス・センター地区」http://www.univcoop.or.jp/coop/newshop/shop09-17.html（2013/08/28）
「国内初『ハラール食品』見本市：イスラム戒律従い豚、アルコール不使用」http://macky866.exblog.jp/17385038（閲覧 2013/08/30）
「お肉屋さんのひとりごと」http://macky866.exblog.jp/（閲覧 2013/8/30）
「関心高まる『ハラール』巨大イスラム市場への販路期待」佐賀新聞二〇一二年七月一九日　http://www.saga-s.co.jp/PagePrint（閲覧 2013/09/16）
「Halal Food　のおはなし」http://colorful-cider.doorblog.jp/archives/12135922.html（閲覧 2013/09/14）
「国立大学法人豊橋技術科学大学の平成二二年度に係る業務の実績に関する評価結果」http://www.tut.ac.jp/about/h-22_kekka.pdf（閲覧 2013/09/14）

あとがき

本書の「はしがき」でも紹介したように、私住原は、共同研究会『宗教哲学と企業経営者の関係をめぐる総合的研究』を二〇一〇年より主催してきた。その研究会で、本書には所収していないが、研究会のゲストスピーカーとして、二〇一一年三月、経営史家由井常彦氏（三井文庫長、日本経営史研究所名誉会長）をお招きし講演していただいた。まさにその研究会の真っ最中に、あの東日本大震災が発生したことも記憶に新しい。

由井氏のお話の中で、昭和二一年終戦後間もなく、公職追放を免れた財界人のトップ（石川一郎、石坂泰三、宮島清次郎、諸井貫一‥等）が集まり、廃墟と化した日本を財界・産業界がどのようにしてゆくのか話し合ったという。その結果として、「経済団体連合会（経団連）」と「日本経営者団体連盟（日経連）」の立ち上げにつながっているそうであるが、その話し合いの中で、日本の国や経済界にとって一番何が欠如しているのかが話題になったとき、一つはエネルギーが無いことが指摘されたが、もう一つは、「宗教性の欠如」ということが共通の認識であったという。

全くモノの不足した終戦直後、エネルギーについては、石炭でも石油でもよい、電力を確保し、機械を動かす力が必要と考えられたのは当然であった。しかし、「宗教性の欠如」という点で、集まった財界のトップの意見が一致したというのは意外である。神頼みの復興を目指したというのでは無論ない。そうではなく、苦しいときにこそ、私心を離れ、無心に公益のために働こうとする経営者が必要と考えたというのである。終戦直後の混乱期、生きてゆくだけでも大変な苦労があった時代であればこそ、逆に公益の精神が求められていると考え、それを「宗教性」ということばで表現したと思われる。背景の一つとして、GHQのマッカーサー元帥は、新渡戸稲造の『武士道』などを通じて、以前から日本の精神文化への尊敬心を持っていたそうであるが、終戦直後の日本の財界人たちが、お互いの悪口を言い合い、誰それを公職追放にすべきだ、などといった陳情に駆け込むような状況を見て、彼は失望し、日本は「四等国」(通常は三等国までしかないが、さらにその下)だと評したという。日本の名誉のためにも、「宗教性」の回復を考えたものとも言えないだろうか。

といって、「宗教」を権力や組織力で押し付けることはできない。そこで、先述の四人は、まず人の上に立つ経営者が、私心を離れ、公益を重んじる姿勢を見せることで、広く社会に影響を及ぼしてゆくという方向性を見出した、というのである。ここにも、宗教というものへの一つの「解釈」が見て取れる。

このような「宗教」の意味合いも、本書の「はしがき」で説明した、宗教の広義の意味に属するものである。そこであらためて、「メタ理念」としての宗教と経営・事業の関係を考えてみると、宗教の教えや思想そのものに絶対的な価値がある、というよりもむしろ、経営・事業を含めた、人間の日々の生活上の具体的な言動に、教えの精神が反映されてこそ価値がある、という一種常識的な結論に至る。

本書において、特定の名称のある宗教から、「宗教的」としか言えない「道」なども含めているが、いずれにも共通する項目として、「解釈」を通じた実践的行為は、その起源がどの「宗教」であるとしても、一定の共感を得られるもの、つまり、本書第6章で大森氏が紹介している、「間主観的」(個人の主観でありながら、他者にも共感をもたれる価値意識)な性格を持つ、という点である。例えば、マザーテレサの生涯の生き様は、カトリックであるからという理由で世界の共感を得たのではない。イエスの教えの中から、彼女が解釈を行って実践をしたことが、広く共感を得たのである。ただしその共感を得るまでには、長い時間の中で継続的な努力が積み重ねられている。

「間主観性」も容易に得られるものではないことが分かる。

私は第二次大戦後の混乱の時代は知らない。しかし、現在もまた、これまでの価値観や常識が大きく覆され、目先の現象だけを追いかけていては道に迷ってしまうばかりか、混乱期にチャンスを掴んだ一部の成功者だけが賞賛され、「勝ち組」「負け組」などという、経済的成功不成功を基準として人間の分類がまかり通る社会となり、精神性つまり宗教性の乏しい時代という意味では、戦後と共通しているのではないかと想像する。そうだとすれば、今一度、私心を離れ、公益を第一に考えながら事業を成功させる経営者が、広く社会にお手本を見せるべき時代の渦中にあると言えないだろうか。

また本書の諸事例で示したように、宗教文化は、グローバルに展開するビジネスにおいては、避けて通れない領域であるばかりでなく、宗教文化に基づく商品自体が、巨大な市場を形成している。自らの宗教性もさることながら、他者の宗教性についてもよりよく知るべき時代が来ていると言える。本書がそのような広がりに応えうるほどの内容を提示しているかは心もとないが、示唆はできているものと思う。

本書の出版にあたっては、特に東方出版社長今東成人氏の寛容なご理解と、また、何か月にもわたり、編集とりまとめの細かい作業をしていただいた北川幸氏のご苦労なくして本書の誕生は考えられなかった。末尾ながら厚くお礼を申し上げたい。

また、本書の出版に必要な費用の一部は、天理大学からの助成を受けたものであり、この点もお礼申し上げたい。

平成二六年三月

住原則也

鷹木恵子（たかき　けいこ）
桜美林大学・人文学系教授。立教大学文学部卒。立教大学大学院文学研究科博士前期課程（文学修士）、後期課程修了（文学博士）。主な著書に、『マイクロクレジットの文化人類学——中東・北アフリカにおける金融の民主化にむけて』（単著、世界思想社）、『北アフリカのイスラーム聖者信仰』（単著、刀水書房）、『チュニジアを知るための60章』（編著、明石書店）、『ポスト石油時代の人づくり・モノづくり』（第３章分担執筆、昭和堂）など。

ラ経営哲学寄付講座非常勤助教などを経て、現在、PHP研究所主席研究員。主な著書に、『「ビジネス書」と日本人』（単著、PHP研究所）、論文に「現代起業家の精神」「松下幸之助の死生観・霊魂観」など。

塩澤好久（しおざわ　よしひさ）
1962年生まれ。株式会社シオザワ社長。東京経済大学卒業後、凸版印刷入社。1990年父の経営する洋紙の卸売り業㈱会社シオザワ入社。1997年同社代表取締役就任。㈳東京青年会議所理事長など歴任。代々の天理教信仰に基づく経営を継承。

大森弘（おおもり　ひろし）
1933年生まれ。近畿大学名誉教授。神戸大学大学院経営学博士課程修了。松下電器産業で勤務後、近畿大学商経学部助教授、教授、2002年退官。主な著書に、『研究開発政策――松下電器の事例研究』（千倉書房）、『松下幸之助　社員を夢中にさせる経営』（PHP研究所）など。現在はチクセントミハイ「フロー体験論」の研究・翻訳に従事。

渡邊祐介（わたなべ　ゆうすけ）
1963年生まれ。PHP研究所松下理念研究部研究部長。筑波大学社会工学類卒業。大阪大学大学院経済学研究科博士課程前期修了（修士号）。主な著書に、『ドラッカーと松下幸之助』（単著、PHP研究所）、『経営理念――継承と伝播の経営人類学的研究』（共編著、PHP研究所）、『ステークホルダーの経営学』（第2部ケース1分担執筆、中央経済社）、『アジア企業の経営理念――生成・伝播・継承のダイナミズム』（第2章分担執筆、文眞堂）など。

今井淳雄（いまい　あつお）
東大阪大学助教・天理大学非常勤講師。天理大学国際文化学部卒。宇都宮大学大学院国際学研究科修士課程修了（修士、国際学）、同大学院博士後期課程在学中。主な著書に『映画で学ぶ国際関係Ⅱ』（三上貴教編、共著、法律文化社）、論文に「中国における民間非営利組織の発展と『中国的市民社会』の可能性についての一考察」『公益学研究』第12巻第1号など。

岡田正彦（おかだ　まさひこ）
天理大学人間学部教授。天理大学卒業後、大正大学大学院博士課程中退、アリゾナ州立大学大学院修士課程修了。スタンフォード大学大学院博士課程修了。Ph.D.(宗教学博士)。主な著書に、『忘れられた仏教天文学――19世紀の日本における仏教世界像』（単著、ブイツーソリューション）、『宗教の詩学――テクストとしての「宗教」を読む』（単著、天理大学出版部）、『国家と宗教（上）』（共著、法藏館）など。

執筆者一覧（執筆順）

住原則也（すみはら　のりや）：編者
1957年生まれ。天理大学国際学部教授．神戸大学文学部卒業後、ニューヨーク大学大学院人類学科修士課程及び博士課程修了。Ph.D.（人類学博士）。主な著書に、『異文化の学びかた・描きかた』（共著、世界思想社）、『経営理念――継承と伝播の経営人類学的研究』（共編著、PHP研究所）、『アジア企業の経営理念――生成・伝播・継承のダイナミズム』（第９章分担執筆、文眞堂）、『Japanese Multinationals Abroad : Individual and Organizational Learning』（分担執筆、Oxford University Press）など。

三好明久（みよし　あきひさ）
宗教法人上野芝キリスト教会主任牧師。慶応義塾大学商学部卒業。Trinity International University 大学院博士課程修了。Ph.D. 主な論文に、“A Gospel of Identity for Japanese Businessmen : A Comparative Study of Christian and Non-Christian Male Middle Manager’s Sense of Identity.”（博士論文）、など。近年は、山﨑製パン創業者飯島藤十郎などキリスト教徒経営者に密着調査。

村山元理（むらやま　もとまさ）
常磐大学国際学部教授・経営学科長。1963年東京生まれ。東京大学（文学修士）、米国州立サウスカロライナ大学修士課程修了（MA）。一橋大学商学研究科後期博士課程修了。最近の著書に『経営学史叢書　ファヨール――ファヨール理論とその継承者たち』（共著）、『経営哲学の授業』（共著）など。経営史・企業倫理・MSRを専攻。

中牧弘允（なかまき　ひろちか）
国立民族学博物館・総合研究大学院大学名誉教授、吹田市立博物館長。宗教人類学・経営人類学。主な著書に、『むかし大名、いま会社』『会社のカミ・ホトケ』『カレンダーから世界を見る』（以上、単著）、『経営人類学ことはじめ』『会社文化のグローバル化』『会社のなかの宗教』（以上、共編著）など。

川上恒雄（かわかみ　つねお）
1966年生まれ。一橋大学経済学部卒業後、日本経済新聞社勤務を経て、エセックス大学大学院社会学修士課程修了（MA）、ランカスター大学大学院宗教学博士課程修了（Ph.D.）。南山大学南山宗教文化研究所研究員、京都大学経営管理大学院京セ

経営と宗教——メタ理念の諸相

2014年３月26日　初版第１刷発行

編　者——住原則也

発行者——今東成人

発行所——東方出版(株)
〒543-0062　大阪市天王寺区逢阪２-３-２
Tel. 06-6779-9571　Fax. 06-6779-9573

装　幀——森本良成

印刷所——亜細亜印刷(株)

落丁・乱丁はおとりかえいたします。

ISBN978-4-86249-227-2　